Les 250
meilleures recettes de
WEIGHT WATCHERS®

Un mot à propos de Weight Watchers ®

Depuis 1963, Weight Watchers connaît une croissance prodigieuse et des millions de personnes deviennent membres chaque année. Aujourd'hui, le nom de Weight Watchers est reconnu comme étant un chef de file sûr et avisé dans le domaine de la gestion du poids. Les membres de Weight Watchers composent des groupes variés qui accueillent des gens de tous âges, des plus jeunes aux plus âgés. Ces groupes se rencontrent dans presque tous les pays du monde.

Les résultats de la perte et du maintien du poids varient selon les individus, mais nous vous recommandons d'assister aux rencontres de Weight Watchers, de suivre le Programme Weight Watchers et de faire de l'activité physique de façon régulière. Vous pouvez composer le 1 800 651-6000 pour connaître le groupe de rencontre Weight Watchers le plus près de chez vous.

Consultants en nutrition : Lynne S. Hill, M.S., R.D., L.D. et William A. Hill, M.S., R.D., L.D.
Photographe : Steven Mark Needham
Styliste : Mariann Sauvion
Merci à tous les membres, membres du personnel et lecteurs du magazine qui nous ont envoyé leurs recettes.

DISTRIBUTEURS EXCLUSIFS:

- Pour le Canada
et les États-Unis:
MESSAGERIES ADP*
955, rue Amherst
Montréal, Québec
H2L 3K4
Tél.: (514) 523-1182
Télécopieur: (514) 939-0406
* Filiale de Sogides ltée

- Pour la France et les autres pays:
INTERFORUM
Immeuble Paryseine, 3, Allée de la Seine
94854 Ivry Cedex
Tél.: 01 49 59 11 89/91
Télécopieur: 01 49 59 11 96
Commandes: Tél.: 02 38 32 71 00
Télécopieur: 02 38 32 71 28

- Pour la Suisse :
INTERFORUM SUISSE
Case postale 69 - 1701 Fribourg - Suisse
Tél.: (41-26) 460-80-60
Télécopieur : (41-26) 460-80-68
Internet : www.havas.ch
Email : office@havas.ch
DISTRIBUTION : OLF SA
Z.I. 3, Corminbœuf
Case postale 1061
CH-1701 FRIBOURG
Commandes : Tél. : (41-26) 467-53-33
Télécopieur : (41-26) 467-54-66
Email: commande@ofl.ch

- Pour la Belgique et le Luxembourg :
INTERFORUM BENELUX
Boulevard de l'Europe 117
B-1301 Wavre
Tél. : (010) 42-03-20
Télécopieur : (010) 41-20-24
http ://www.vups.be
Email : info@vups.be

Pour en savoir davantage sur nos publications,
visitez notre site: **www.edhomme.com**
Autres sites à visiter: www.edjour.com • www.edtypo.com • www.edvlb.com
www.edhexagone.com • www.edutilis.com

L'ouvrage original américain a été publié
par Macmillan, division de Simon & Schuster Macmillan Company
sous le titre *Weight Watchers - Simply The Best*

Dépôt légal : 4e trimestre 1999
Bibliothèque nationale du Québec

ISBN 2-7619-1520-8

L'Éditeur bénéficie du soutien de la Société de développement des entreprises culturelles du Québec pour son programme d'édition.

Nous remercions le Conseil des Arts du Canada de l'aide accordée à notre programme de publication.

Nous reconnaissons l'aide financière du gouvernement du Canada par l'entremise du Programme d'aide au développement de l'industrie de l'édition (PADIÉ) pour nos activités d'édition.

Les 250 meilleures recettes de WEIGHT WATCHERS®

LES ÉDITIONS DE L'HOMME

Signification des pictogrammes

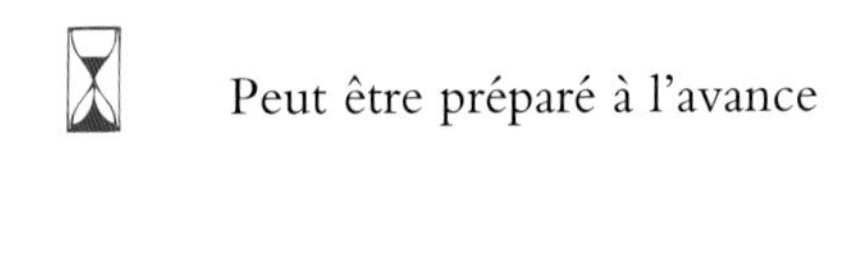

Peut être préparé à l'avance

Cuisson au micro-ondes

Tous les ingrédients cuisent
ensemble dans un seul plat

Préparation rapide

Épicé

Plat végétarien

Introduction

Même s'il vous arrive de temps en temps d'essayer un mets qui vous semble alléchant dans un magazine ou de préparer un plat suggéré dans un livre de recettes, vous avez probablement vos recettes favorites, celles dont vous ne vous lassez jamais: les plats minute pour les soirs où vous rentrez tard à la maison, ceux qui font le bonheur de tous lors des piques-niques ou encore ceux que vous réservez pour les jours de fête parce qu'ils font partie de la tradition familiale.

Si vous suivez le Programme Weight Watchers, vous savez que les groupes de soutien sont très stimulants pour tous les membres: échange de recettes, témoignages de réussite, encouragements lors des périodes plus difficiles, etc. Ce livre rend un vibrant hommage au pouvoir bienfaisant du partage. Près de 2000 membres, employés et lecteurs du magazine de Weight Watchers nous ont fait parvenir leurs recettes préférées, que nous avons révisées, essayées et goûtées à plusieurs reprises avant de sélectionner les 250 meilleures d'entre elles. Nous avons ensuite choisi les huit recettes les plus intéressantes auxquelles nous avons accordé un Grand Prix. Pour ce faire, nous avons choisi deux recettes (une créée par un membre et l'autre par un membre du personnel de Weight Watchers) dans chacune des quatre catégories suivantes: repas principaux; repas légers; hors-d'œuvre, soupes et salades; desserts, collations, friandises et boissons. Même si nous avons la conviction que toutes les recettes de ce livre valent la peine d'être ajoutées à votre collection personnelle, nous sommes particulièrement fiers de vous présenter les huit recettes gagnantes: la Chaudrée de poisson Manhattan de Celia K. Schwartz, la Salade de couscous de Kathy Rheinhart, les Pizzas végétariennes aux épinards de Jennifer Straus, les Pommes de terre à l'ail double cuisson de Barbara Gardner, le Poulet braisé Bella de Julie Clawson, les Rouleaux au bœuf de Tonya Sarina, le Gâteau au fromage au chocolat et à l'amaretto de De'Ann Tollefsrud et les Muffins aux bleuets et aux canneberges d'Annette Snoek.

L'un des aspects les plus remarquables de notre concours aura été de découvrir la petite histoire qui se cachait derrière chaque recette reçue. Sur le coupon-réponse, nous avions laissé suffisamment d'espace pour que les participants puissent écrire quelques lignes sur leur vie, leur travail, leurs efforts pour perdre du poids de même que sur leurs mets préférés.

Les recettes que vous nous avez proposées confirment ce que nous soupçonnions déjà : votre horaire est très chargé et vous n'avez pas le temps de préparer des repas « diète » pour vous et d'autres « vrais » repas pour votre famille. Vous nous avez aussi fait part de votre désir de cuisiner des plats santé sans négliger pour autant le bon goût des aliments choisis. Nous sommes très heureux de partager avec vous ces 250 recettes qui, selon nous, sont tout simplement les meilleures.

Chapitre premier

Hors-d'œuvre, collations et boissons

Trempette aux haricots à la mexicaine

Trempette aux haricots à la mexicaine

8 PORTIONS

Brenda Oliver
Nepean, Ontario

La fameuse recette de trempette aux haricots à la mexicaine est habituellement faible en matières grasses mais riche en calories. Brenda nous offre une alternative délicieuse. Vous pouvez l'épicer davantage en la garnissant de piment jalapeño haché. Servez-la avec des croustilles de maïs cuites au four.

1 boîte de 473 ml (16 oz) de haricots pinto, rincés et égouttés

Quelques gouttes de sauce forte au piment rouge, ou au goût

1 tomate, hachée

½ poivron vert, épépiné et haché

250 ml (1 tasse) de salsa

250 ml (1 tasse) de crème sure sans matières grasses

175 ml (¾ tasse) de cheddar sans matières grasses, finement râpé

4 oignons verts, en fines tranches

10 petites olives noires, dénoyautées et coupées en tranches

(Voir photo.)

1. Dans le mélangeur ou le robot de cuisine, réduire en purée les haricots, la sauce au piment et 30 ml (2 c. à soupe) d'eau. Transvider dans un plat de service de 30 cm (12 po) en étendant uniformément la purée pour faire une mince couche.

2. En laissant une bordure de 2,5 cm (1 po) tout autour, recouvrir la purée de haricots avec une mince couche de tomates, une autre de poivrons et une autre de salsa. En laissant toujours une bordure de 2,5 cm (1 po) tout autour, couvrir la couche de tomates avec la crème sure puis avec le fromage. Garnir avec les oignons verts et les olives.

PAR PORTION: 89 Calories, 1 g Gras total, 0 g Gras saturé, 1 mg Cholestérol, 365 mg Sodium, 12 g Glucide total, 2 g Fibres alimentaires, 8 g Protéines, 150 mg Calcium.

PORTION DONNE: 1 fruits/légumes, 2 protéines/lait.

POINTS PAR PORTION: 1.

Trempette au yogourt et au concombre

2 PORTIONS

Karen Marshall
Scarborough, Ontario

Karen est coordonnatrice d'un centre Weight Watchers à Toronto. Elle aime ajouter une touche du Moyen-Orient à plusieurs de ses recettes. Servez cette trempette avec des crudités et des pointes de pain pita grillé. Vous pouvez facilement doubler cette recette.

1 concombre, pelé, épépiné et finement haché

175 ml (¾ tasse) de fromage de yogourt*

15 ml (1 c. à soupe) de jus de citron fraîchement pressé

5 ml (1 c. à thé) d'huile d'olive extravierge

1 gousse d'ail, émincée

1 ml (¼ c. à thé) de sel

1 ml (¼ c. à thé) de poivre noir fraîchement moulu

Brins de persil frais

Dans un bol moyen, mélanger le concombre, le fromage de yogourt, le jus de citron, l'huile, l'ail, le sel et le poivre. Couvrir et mettre dans le réfrigérateur au moins 1 heure pour que les saveurs se mélangent bien. Parsemer de persil et servir.

PAR PORTION: 91 Calories, 2 g Gras total, 0 g Gras saturé, 0 mg Cholestérol, 333 mg Sodium, 9 g Glucide total, 0 g Fibres alimentaires, 7 g Protéines, 224 mg Calcium.

PORTION DONNE: 1 fruits/légumes, 1 protéines/lait, 1 matières grasses.

POINTS PAR PORTION: 2.

** Pour préparer du fromage de yogourt, verser 375 ml (1 ½ tasse) de yogourt nature sans matières grasses dans un filtre à café en papier ou une passoire tapissée de coton fromage déposé au-dessus d'un bol. Couvrir et mettre dans le réfrigérateur au moins 5 heures ou toute la nuit. Jeter le liquide qui s'est accumulé dans le bol. Donne environ 175 ml (¾ tasse) de fromage.*

Guacamole sans remords

6 PORTIONS

Linda A. Grant
Stockton, Californie

« C'était le jour 7 d'une TRÈS mauvaise semaine, raconte Linda. J'avais utilisé toutes mes calories boni et j'étais AFFAMÉE. Tous les légumes crus étaient coupés pour le repas du soir et je ne voulais pas tricher. C'est alors que j'ai pensé à l'une des recettes préférées de Jean Nidetch, fondatrice de Weight Watchers: la soupe aux pois et aux haricots verts. Je me suis précipitée dans le garde-manger. Hélas! il ne restait plus de haricots verts… Le seul légume vert disponible était une boîte d'asperges. Je les ai réduites en purée et à ma grande surprise cela ressemblait à de l'avocat en purée. » C'est grâce à cette merveilleuse découverte que Linda a pu créer cette guacamole qui est encore meilleure si on la prépare avec des asperges fraîches. Servez-la avec des bâtonnets de légumes crus ou des croustilles de maïs cuites au four.

- 24 pointes d'asperges, nettoyées et coupées en deux
- 125 ml (½ tasse) de salsa
- 15 ml (1 c. à soupe) de feuilles de coriandre fraîche
- 2 gousses d'ail
- 4 oignons verts, en fines tranches

1. Dans une grande poêle à revêtement antiadhésif, mélanger les asperges et 125 ml (½ tasse) d'eau et amener à ébullition. Réduire la chaleur et laisser mijoter à couvert environ 5 minutes, jusqu'à ce que les asperges soient tendres mais encore croquantes. Égoutter et passer sous l'eau froide pour refroidir.

2. Dans le mélangeur ou le robot de cuisine, réduire en purée les asperges, la salsa, la coriandre et l'ail. Ajouter les oignons verts et actionner le moteur jusqu'à ce que le mélange soit moyennement crémeux. Transvider dans un bol de service. Couvrir et mettre dans le réfrigérateur au moins 1 heure pour bien refroidir.

PAR PORTION: 22 Calories, 0 g Gras total, 0 g Gras saturé, 0 mg Cholestérol, 96 mg Sodium, 4 g Glucide total, 1 g Fibres alimentaires, 2 g Protéines, 18 mg Calcium.

PORTION DONNE: 1 fruits/légumes.

POINTS PAR PORTION: 0.

Hoummos

8 PORTIONS

Jacquelin T. Duffek
Eastham, Massachusetts

Jacquelin, qui est membre à vie de Weight Watchers, a perdu 40,9 kg (90 lb) au cours des quatre dernières années et elle a réussi à maintenir son poids. Une recette comme celle qu'elle nous présente ici l'a aidée à rester fidèle à son plan alimentaire tout en continuant de manger des mets délicieux. Servez cet hoummos avec des légumes crus pour lui ajouter un peu de croquant et de couleur.

- 10 ml (2 c. à thé) d'huile d'olive
- 2 oignons, hachés
- 3 gousses d'ail, émincées
- 1 boîte de 540 ml (19 oz) de pois chiches, rincés et égouttés
- 45 ml (3 c. à soupe) de jus de citron fraîchement pressé
- 30 ml (2 c. à soupe) de tahini (beurre de sésame)
- 1 ml (¼ c. à thé) de sel
- 1 ml (¼ c. à thé) de poivre noir fraîchement moulu

1. Chauffer l'huile dans une poêle moyenne à revêtement antiadhésif. Ajouter les oignons et l'ail. Cuire, en remuant au besoin, environ 5 minutes, jusqu'à ce que les oignons soient tendres.

2. Dans le mélangeur ou le robot de cuisine, réduire en purée les pois chiches, le jus de citron, le tahini, le sel et le poivre avec la préparation aux oignons. Couvrir et mettre dans le réfrigérateur au moins 1 heure pour bien refroidir.

PAR PORTION: 89 Calories, 4 g Gras total, 0 g Gras saturé, 0 mg Cholestérol, 147 mg Sodium, 10 g Glucide total, 3 g Fibres alimentaires, 3 g Protéines, 37 mg Calcium.

PORTION DONNE: 1 protéines/lait.

POINTS PAR PORTION: 2.

Trempette aux épinards faible en matières grasses

4 PORTIONS

Karen Schultz
Williamsburg, Michigan

Karen aime beaucoup les trempettes et quand elle est invitée à une fête elle se fait une joie d'apporter celle-ci avec elle pour ne pas déroger à son Programme. Essayez-la avec des craquelins sans matières grasses.

125 ml (½ tasse) de crème sure sans matières grasses

125 ml (½ tasse) de fromage ricotta partiellement écrémé

10 ml (2 c. à thé) de jus de citron fraîchement pressé

1 gousse d'ail

2 ml (½ c. à thé) de sel

1 ml (¼ c. à thé) de poivre noir fraîchement moulu

½ paquet de 300 g (10 oz) d'épinards hachés, décongelés et bien épongés

50 ml (¼ tasse) de châtaignes d'eau, hachées

4 oignons verts, en fines tranches

1. Dans le mélangeur ou le robot de cuisine, réduire en purée la crème sure, le fromage, le jus de citron, l'ail, le sel et le poivre. Transvider dans un bol moyen.

2. Incorporer les épinards, les châtaignes d'eau et les oignons verts. Couvrir et mettre dans le réfrigérateur au moins 1 heure pour que les saveurs se mélangent bien.

PAR PORTION: 83 Calories, 3 g Gras total, 2 g Gras saturé, 10 mg Cholestérol, 360 mg Sodium, 8 g Glucide total, 1 g Fibres alimentaires, 7 g Protéines, 171 mg Calcium.

PORTION DONNE: 1 fruits/légumes.

POINTS PAR PORTION: 2.

Salsa à la mangue

4 PORTIONS

Hildie Block
Arlington, Virginie

Fraîche comme une brise tropicale, cette salsa peut servir à mille et un usages. Servez-la pour accompagner du poisson grillé ou utilisez-la comme trempette avec des tortillas à faible teneur en matières grasses. Préparez-en suffisamment pour tous vos invités!

- 2 petites mangues, pelées et coupées en morceaux de 1,25 cm (½ po)
- 4 oignons verts, en fines tranches
- ¼ de poivron vert, épépiné et coupé en dés
- 30 ml (2 c. à soupe) de coriandre fraîche, hachée
- 15 ml (1 c. à soupe) de jus de lime fraîchement pressé
- 0,5 ml (⅛ c. à thé) de piment de Cayenne broyé

Dans un bol moyen en verre ou en acier inoxydable, mélanger les mangues, les oignons verts, les poivrons, la coriandre, le jus de lime et le piment de Cayenne broyé. Transvider dans un bol de service, couvrir et mettre dans le réfrigérateur au moins 1 heure pour que les saveurs se mélangent bien.

PAR PORTION: 56 Calories, 0 g Gras total, 0 g Gras saturé, 0 mg Cholestérol, 3 mg Sodium, 15 g Glucide total, 1 g Fibres alimentaires, 1 g Protéines, 14 mg Calcium.

PORTION DONNE: 1 fruits/légumes.

POINTS PAR PORTION: 1.

Pico de Gallo

6 PORTIONS

Wanda Moore
Madison Heights, Virginie

Wanda et son amie Mary commandent souvent la même salade au poulet grillé au restaurant du coin. Elles demandent toujours une portion supplémentaire de Pico de Gallo pour l'accompagner. Cela a donné à Wanda l'idée de créer sa propre recette. Pico de Gallo signifie « bec de coq ». Il n'est donc pas étonnant que cette salsa soit plutôt épicée. Vous pouvez la servir comme trempette avec des croustilles de maïs cuites au four ou comme garniture avec des pommes de terre au four. Elle est aussi appréciée pour accompagner la salade de poulet grillé.

3 tomates, hachées

1 poivron vert, épépiné et coupé en dés

¼ d'oignon rouge, haché

15 ml (1 c. à soupe) de coriandre fraîche, hachée

10 ml (2 c. à thé) de jus de lime fraîchement pressé

1 piment jalapeño, épépiné et haché (manipuler avec des gants pour prévenir l'irritation de la peau des mains)

1 ml (¼ c. à thé) de sel

Dans un bol moyen en verre ou en acier inoxydable, mélanger les tomates, les poivrons, les oignons, la coriandre, le jus de lime, le piment et le sel. Couvrir et mettre dans le réfrigérateur au moins 1 heure jusqu'au moment de servir.

PAR PORTION: 23 Calories, 0 g Gras total, 0 g Gras saturé, 0 mg Cholestérol, 98 mg Sodium, 5 g Glucide total, 1 g Fibres alimentaires, 1 g Protéines, 8 mg Calcium.

PORTION DONNE: 1 fruits/légumes.

POINTS PAR PORTION: 1.

Salsa aux crevettes

6 PORTIONS

Peggy Villarreal
Mesa, Arizona

Ce hors-d'œuvre à la mexicaine est un moyen sûr de satisfaire notre envie de savourer un plat épicé.

- 240 g (8 oz) de crevettes cuites, décortiquées et grossièrement hachées
- 375 ml (1 ½ tasse) de salsa
- 4 oignons verts, en tranches fines
- 50 ml (¼ tasse) de coriandre fraîche, hachée
- 15 ml (1 c. à soupe) de jus de lime fraîchement pressé
- 1 gousse d'ail, émincée
- 2 ml (½ c. à thé) d'origan séché
- 1 ml (¼ c. à thé) de poivre noir fraîchement moulu
- 1 sac de 210 g (7 oz) de croustilles tortillas

Dans un bol moyen, mélanger les crevettes, la salsa, les oignons verts, la coriandre, le jus de lime, l'ail, l'origan et le poivre. Couvrir et mettre dans le réfrigérateur environ 1 heure afin que les saveurs se mélangent bien. Servir avec des croustilles tortillas.

PAR PORTION: 171 Calories, 2 g Gras total, 0 g Gras saturé, 74 mg Cholestérol, 366 mg Sodium, 26 g Glucide total, 2 g Fibres alimentaires, 11 g Protéines, 102 mg Calcium.

PORTION DONNE: 1 pain, 1 fruits/légumes, 1 protéines/lait, 80 calories boni.

POINTS PAR PORTION: 4.

Aubergine à tartiner

6 PORTIONS

Janet Aloia
Washington, Pennsylvanie

Lorsque Janet a envie de préparer un plat extraordinaire pour ses réceptions, elle pense immédiatement à cette recette influencée par la cuisine du Moyen-Orient. Servez cette tartinade avec du pain pita pour lui donner une allure encore plus exotique.

- 1 grosse aubergine de 720 g (1 ½ lb)
- 14 demi-tomates séchées (non conservées dans l'huile)
- 10 gousses d'ail, pelées
- 30 ml (2 c. à soupe) de jus de citron fraîchement pressé
- 5 ml (1 c. à thé) d'origan séché
- 5 ml (1 c. à thé) d'huile d'olive
- 1 ml (¼ c. à thé) de cumin moulu
- 1 ml (¼ c. à thé) de piment de Cayenne broyé

1. Préchauffer le four à 230 °C (450 °F).

2. Couper l'aubergine en deux dans la longueur et faire 2 fentes profondes dans chaque moitié. Insérer les tomates et l'ail dans les fentes. Placer l'aubergine dans un plat de cuisson de 30 x 20 cm (12 x 8 po). Couvrir et cuire environ 45 minutes, jusqu'à ce qu'elle soit tendre. Laisser refroidir environ 15 minutes pour pouvoir la manipuler sans se brûler.

3. Avec une cuiller, évider la pulpe de l'aubergine, les tomates et l'ail et les mettre dans le mélangeur ou le robot de cuisine. Ajouter le jus de citron, l'origan, l'huile, le cumin et le piment de Cayenne broyé. Réduire en purée et transvider dans un bol de service. Servir à la température ambiante.

PAR PORTION: 58 Calories, 1 g Gras total, 0 g Gras saturé, 0 mg Cholestérol, 11 mg Sodium, 12 g Glucide total, 3 g Fibres alimentaires, 3 g Protéines, 47 mg Calcium.

PORTION DONNE: 1 fruits/légumes.

POINTS PAR PORTION: 1.

Salade sushi en hors-d'œuvre

8 PORTIONS

Peggy Allen
Pasadena, Californie

Vous devrez peut-être vous rendre dans une épicerie asiatique ou une boutique spécialisée pour dénicher tous les ingrédients qui composent cette recette d'inspiration japonaise, mais vos efforts vaudront vraiment la peine. Si le coût du crabe frais est top élevé, n'hésitez pas à acheter du crabe en conserve.

- 45 ml (3 c. à soupe) de vinaigre de vin de riz
- 15 ml (1 c. à soupe) de poudre de wasabi*
- 10 ml (2 c. à thé) d'huile de sésame orientale
- 5 ml (1 c. à thé) de gingembre frais, pelé et râpé
- 240 g (8 oz) de chair de crabe, cuite et défaite en flocons avec une fourchette
- 250 ml (1 tasse) de riz sushi**, cuit et refroidi
- 1 tomate, hachée
- ½ carotte, finement râpée
- ½ concombre, pelé et haché
- 32 feuilles de laitue Boston
- 1 feuille d'algue nori séchée, coupée en languettes (facultatif)

1. Dans un petit bol, mélanger le vinaigre, la poudre de wasabi, l'huile et le gingembre.

2. Dans un grand bol, mélanger le crabe, le riz, les tomates, les carottes et les concombres. Ajouter la première préparation et bien mélanger. Recouvrir les feuilles de laitue avec la préparation au crabe et garnir d'algue si désiré.

PAR PORTION: 84 Calories, 2 g Gras total, 0 g Gras saturé, 28 mg Cholestérol, 85 mg Sodium, 10 g Glucide total, 1 g Fibres alimentaires, 7 g Protéines, 46 mg Calcium.

PORTION DONNE: 1 fruits/légumes, 1 protéines/lait.

POINTS PAR PORTION: 2.

* *Le wasabi est une moutarde de raifort d'origine japonaise. Son goût est vif, piquant et très fort. On peut en trouver dans les épiceries asiatiques et certains supermarchés.*

** *Une fois refroidi, le riz à sushi est luisant et ses grains se détachent bien. On peut en trouver dans les épiceries asiatiques et certains supermarchés.*

Fromage épicé à tartiner

8 PORTIONS

Tonya Sarina
Aurora, Colorado

« Voici ma version très sage et très personnelle d'un fromage à tartiner bien gras que j'aimais déguster à la microbrasserie du coin. » Tonya ajoute que les jours de fête elle aime le servir avec des muffins anglais et des tranches de pomme. Vous pouvez aussi le présenter avec des crudités.

250 ml (1 tasse) de fromage cottage sans matières grasses

80 ml (¼ tasse + 2 c. à soupe) de fromage à la crème sans matières grasses

7 ml (1 ½ c. à thé) de moutarde de Dijon

50 ml (¼ tasse) de fromage asiago ou parmesan, râpé

2 oignons verts, en tranches

1 piment jalapeño, épépiné et haché (manipuler avec des gants pour prévenir l'irritation de la peau des mains)

1. Dans le mélangeur ou le robot de cuisine, réduire en purée le fromage cottage et le fromage à la crème. Ajouter la moutarde. Ajouter ensuite le fromage asiago, les oignons verts et le piment. Actionner le moteur pour mélanger.

2. Transvider la préparation dans un plat de 500 ml (2 tasses) allant au micro-ondes. Cuire à chaleur élevée 3 minutes pour bien réchauffer.
Servir immédiatement.

PAR PORTION: 49 Calories, 1 g Gras total, 1 g Gras saturé, 6 mg Cholestérol, 214 mg Sodium, 3 g Glucide total, 0 g Fibres alimentaires, 6 g Protéines, 77 mg Calcium.

PORTION DONNE: 1 protéines/lait.

POINTS PAR PORTION: 1.

Tourbillons de tortillas (p. 25) et Thé glacé aux fruits et aux épices (p. 36)

Tourbillons de tortillas

12 PORTIONS

Barbara L. Pryor
Cuyahoga Falls, Ohio

Barbara a inventé cette recette parce qu'elle craignait de prendre du poids pendant le temps des Fêtes. Succès garanti!

175 ml (¾ tasse) de fromage à la crème sans matières grasses

125 ml (½ tasse) de crème sure sans matières grasses

250 ml (1 tasse) de cheddar fort sans matières grasses, finement râpé

½ poivron vert, épépiné et finement haché

8 oignons verts, en tranches fines

10 ml (2 c. à thé) de jus de lime fraîchement pressé

9 tortillas de blé sans matières grasses de 15 cm (6 po)

50 ml (¼ tasse) de salsa

(Voir photo.)

1. Dans un petit bol, avec le batteur à main à vitesse moyenne, battre le fromage à la crème et la crème sure jusqu'à consistance onctueuse. Avec le batteur à main à faible vitesse, incorporer le cheddar, les poivrons, les oignons verts et le jus de lime.

2. Placer les tortillas sur une surface de travail. Étendre environ 50 ml (¼ tasse) de la préparation au fromage sur chaque tortilla. Rouler et placer, fermeture vers le fond, sur une assiette. Couvrir de pellicule plastique et mettre dans le réfrigérateur au moins 1 heure pour bien refroidir.

3. Avec un couteau dentelé, couper chaque tortilla en 6 tranches de même grosseur. Déposer sur une assiette de service, fermeture vers le haut. Garnir chaque tranche avec 1 ml (¼ c. à thé) de salsa.

PAR PORTION: 99 Calories, 0 g Gras total, 0 g Gras saturé, 2 mg Cholestérol, 354 mg Sodium, 16 g Glucide total, 1 g Fibres alimentaires, 8 g Protéines, 140 mg Calcium.

PORTION DONNE: 1 pain.

POINTS PAR PORTION: 2.

Boulettes de viande à l'orientale

Boulettes de viande à l'orientale

8 PORTIONS

Rebecca Raiewski
Petaluma, Californie

Rebecca aime beaucoup rester à la maison avec ses trois fils. Elle a d'abord créé cette recette pour les réunions familiales et tout le monde l'a vite adoptée. Elle la sert parfois sur du riz pour un repas minute qui sort de l'ordinaire.

300 g (10 oz) de poitrine de dinde sans peau, hachée

½ poivron vert, épépiné et émincé

4 oignons verts, en tranches fines

75 ml (⅓ tasse) de fine chapelure nature

30 ml (2 c. à soupe) de châtaignes d'eau, émincées

1 blanc d'œuf

15 ml (1 c. à soupe) de sauce soja hyposodique

50 ml (¼ tasse) de sauce aigre-douce

125 ml (½ tasse) de compote de pomme sans sucre

(Voir photo.)

1. Préchauffer le four à 190 °C (375 °F). Vaporiser un moule à gâteau roulé à revêtement antiadhésif avec de l'enduit anticollant.

2. Dans un bol moyen, mélanger légèrement la dinde, les poivrons, les oignons verts, la chapelure, les châtaignes d'eau, le blanc d'œuf et la sauce soja. Façonner 32 boulettes de même grosseur (environ 2,5 cm/1 po chacune). Mettre les boulettes dans le moule. Cuire au four environ 15 minutes, jusqu'à ce qu'elles soient cuites et qu'elles brunissent.

3. Pendant ce temps, dans un plat de 2 litres (2 pintes) allant au micro-ondes, mélanger la sauce aigre-douce et la compote de pomme. Cuire au micro-ondes 2 minutes à chaleur élevée, jusqu'à ce que la sauce soit chaude et bouillonnante. Verser sur les boulettes, bien mélanger et servir avec des cure-dents.

PAR PORTION: 82 Calories, 1 g Gras total, 0 g Gras saturé, 22 mg Cholestérol, 163 mg Sodium, 9 g Glucide total, 1 g Fibres alimentaires, 12 g Protéines, 19 mg Calcium.

PORTION DONNE: 1 protéines/lait.

POINTS PAR PORTION: 2.

Trempette épicée aux crevettes

8 PORTIONS

Patty Paulsen
Monterey, Californie

Lorsque Patty s'est rendu compte que la trempette épicée aux crevettes que lui offrait souvent une de ses amies contenait un peu trop de calories et d'ingrédients difficiles à trouver, elle a décidé de l'adapter pour en faire un mets savoureux et faible en matières grasses. Vous l'aimerez froide ou chaude.

- 150 ml (⅔ tasse) de fromage ricotta partiellement écrémé
- 50 ml (¼ tasse) de fromage à la crème sans matières grasses
- 240 g (8 oz) de crevettes, cuites, décortiquées, coupées en dés
- 1 tomate, hachée
- 1 oignon, haché
- 50 ml (¼ tasse) de piments verts du Chili en conserve, égouttés
- 2 gousses d'ail, émincées
- 1 ml (¼ c. à thé) de sel
- 1 pain italien de blé entier de 240 g (8 oz), coupé en 24 tranches et grillé

Dans une grande poêle à revêtement antiadhésif, à feu doux, faire fondre le fromage ricotta et le fromage à la crème. Ajouter les crevettes, les tomates, les oignons, les piments, l'ail et le sel. Cuire, en remuant au besoin, de 4 à 5 minutes pour bien réchauffer. Transvider dans un bol de service et servir immédiatement avec le pain grillé.

PAR PORTION: 143 Calories, 3 g Gras total, 1 g Gras saturé, 62 mg Cholestérol, 368 mg Sodium, 17 g Glucide total, 2 g Fibres alimentaires, 12 g Protéines, 113 mg Calcium.

PORTION DONNE: 1 pain, 1 protéines/lait.

POINTS PAR PORTION: 3.

Trempette aux légumes grillés

4 PORTIONS

Jane Barg
Princeton, New Jersey

« Je suis toujours à la recherche de petits plats que je peux servir avec des crudités », nous écrit Jane. La cuisson au four met en valeur le sucre naturel contenu dans les légumes. Vous aimerez peut-être ajouter une pincée de piment de Cayenne à cette recette dont Jane a raison d'être fière. Cette trempette est aussi très bonne avec des pointes de pain pita et des croustilles de maïs cuites au four.

- 1 courgette moyenne, en tranches
- 1 courge jaune moyenne, en tranches
- 1 poivron rouge, épépiné, en tranches
- 1 oignon rouge, en tranches fines
- 2 gousses d'ail, pelées
- 1 ml (¼ c. à thé) de sel
- 1 ml (¼ c. à thé) de piment de Cayenne, ou au goût

1. Préchauffer le four à 200 °C (400 °F).

2. Mettre les courgettes, les courges, les poivrons, les oignons et l'ail dans un moule à gâteau roulé. Vaporiser uniformément avec de l'enduit anticollant. Saupoudrer uniformément de sel et de piment de Cayenne. Cuire, en retournant une fois pendant la cuisson, environ 15 minutes de chaque côté, jusqu'à ce que les légumes soient tendres et brunissent légèrement.

3. Réduire les légumes grillés en purée dans le mélangeur ou le robot de cuisine. Transvider dans un bol de service et servir chaud ou couvrir et mettre dans le réfrigérateur au moins 2 heures pour bien refroidir.

PAR PORTION: 33 Calories, 1 g Gras total, 0 g Gras saturé, 0 mg Cholestérol, 140 mg Sodium, 7 g Glucide total, 1 g Fibres alimentaires, 1 g Protéines, 26 mg Calcium.

PORTION DONNE: 1 fruits/légumes.

POINTS PAR PORTION: 1.

Wrapper aux champignons et à la salsa

2 PORTIONS

Merri Fromm
Saint Paul, Minnesota

Merri est graphiste et elle n'a ni le temps ni la patience de faire des recettes longues et compliquées. Sa devise: « La variété des aliments est très importante pour moi. C'est ce qui me rend heureuse et m'encourage à être fidèle à mon Programme. »

250 ml (1 tasse) de champignons, en tranches

½ poivron vert, épépiné et haché

50 ml (¼ tasse) de salsa

15 ml (1 c. à soupe) de coriandre fraîche, hachée

2 tortillas de blé sans matières grasses de 15 cm (6 po), chaudes

1. Vaporiser une petite poêle à revêtement antiadhésif avec de l'enduit anticollant et mettre sur le feu. Ajouter les champignons et les poivrons. Cuire, en remuant au besoin, environ 5 minutes, jusqu'à ce que les légumes soient tendres.

2. Ajouter la salsa et la coriandre. Cuire, en remuant constamment, environ 1 minute pour bien réchauffer. Diviser la préparation entre les 2 tortillas et rouler.

PAR PORTION: 109 Calories, 1 g Gras total, 0 g Gras saturé, 0 mg Cholestérol, 389 mg Sodium, 23 g Glucide total, 2 g Fibres alimentaires, 3 g Protéines, 4 mg Calcium.

PORTION DONNE: 1 pain, 1 fruits/légumes.

POINTS PAR PORTION: 2.

Bâtonnets glacés à la banane

8 PORTIONS

Debra Marzka
Luna Pier, Michigan

Debra aime varier cette recette en utilisant parfois du pouding au chocolat et des fraises fraîches entières ou encore des morceaux d'ananas et un peu de noix de coco râpée. Ce dessert est facile à manger et les adultes l'aiment autant que les enfants.

1 sachet (4 portions de 125 ml/½ tasse de préparation pour pouding à la vanille hypocalorique)

500 ml (2 tasses) de lait écrémé

2 bananes, pelées et coupées en 4 morceaux chacune

1. Préparer le pouding avec le lait en suivant les indications inscrites sur l'emballage.

2. Insérer solidement 1 bâtonnet à crème glacée en bois dans chaque morceau de banane. Placer chaque morceau dans un verre en plastique de 150 ml (5 oz). Verser le pouding dans les verres en les remplissant aux deux tiers. Congeler au moins 4 heures, jusqu'à ce qu'ils soient bien fermes.

PAR PORTION: 59 Calories, 0 g Gras total, 0 g Gras saturé, 1 mg Cholestérol, 192 mg Sodium, 12 g Glucide total, 0 g Fibres alimentaires, 2 g Protéines, 77 mg Calcium.

PORTION DONNE: 1 fruits/légumes.

POINTS PAR PORTION: 1.

Riz brun aux canneberges

4 PORTIONS

Theresa Schlarb
Sacramento, Californie

Plus qu'un simple pouding au riz, cette collation allie la saveur toute particulière des canneberges à la texture consistante du riz brun.

- 500 ml (2 tasses) de riz brun, cuit
- 500 ml (2 tasses) de lait écrémé
- 125 ml (½ tasse) de canneberges sèches
- 30 ml (2 c. à soupe) de cassonade légère bien tassée
- 5 ml (1 c. à thé) de zeste de citron
- 0,5 ml (⅛ c. à thé) de cannelle moulue (facultatif)

Dans une casserole moyenne à revêtement antiadhésif, amener à ébullition le riz, le lait et les canneberges. Réduire la chaleur et laisser mijoter à découvert environ 5 minutes, jusqu'à ce que les canneberges soient tendres. Retirer du feu et incorporer la cassonade, le zeste et la cannelle. Laisser reposer 30 minutes à la température ambiante. Servir chaud ou couvrir et mettre dans le réfrigérateur au moins 2 heures pour bien refroidir.

PAR PORTION: 222 Calories, 1 g Gras total, 0 g Gras saturé, 2 mg Cholestérol, 71 mg Sodium, 46 g Glucide total, 3 g Fibres alimentaires, 7 g Protéines, 167 mg Calcium.

PORTION DONNE: 1 pain, 1 fruits/légumes.

POINTS PAR PORTION: 4.

Collation au yogourt et au granola

2 PORTIONS

Erika J. Shatz
Lemon Grove, Californie

Erika est végétarienne et elle n'a aucune difficulté à suivre son Programme Weight Watchers. Même si elle a l'habitude de faire elle-même son yogourt chaque semaine, elle nous assure que le yogourt vendu dans le commerce convient parfaitement à sa recette. Servez ce yogourt au petit-déjeuner ou à l'heure de la collation.

250 ml (1 tasse) de yogourt nature sans matières grasses

1 petite pomme, évidée et coupée en dés (ou ½ banane, pelée et coupée en tranches)

125 ml (½ tasse) de granola à faible teneur en matières grasses

50 ml (¼ tasse) de canneberges sèches

30 ml (2 c. à soupe) de graines de citrouille

Dans un bol moyen, mélanger le yogourt, les pommes, le granola, les canneberges et les graines de citrouille. Servir immédiatement.

PAR PORTION: 235 Calories, 2 g Gras total, 0 g Gras saturé, 2 mg Cholestérol, 138 mg Sodium, 46 g Glucide total, 3 g Fibres alimentaires, 9 g Protéines, 239 mg Calcium.

PORTION DONNE: 1 pain, 2 fruits/légumes, 1 protéines/lait, 1 matières grasses.

POINTS PAR PORTION: 4.

Carrés aux fruits et à la guimauve

12 PORTIONS

Karen Marshall
Scarborough, Ontario

Karen, qui a perdu 44,5 kg (98 lb), est aujourd'hui coordonnatrice d'un centre Weight Watchers à Toronto. Même si ces carrés à la guimauve ont un air de fruit défendu, il est permis d'en manger avec mesure…

20 ml (4 c. à thé) de margarine hypocalorique

20 guimauves

500 ml (2 tasses) de corn-flakes

24 demi-abricots secs, hachés

125 ml (½ tasse) de graines de tournesol sans sel

50 ml (¼ tasse) d'amandes tranchées non mondées

4 dattes, dénoyautées et hachées

30 ml (2 c. à soupe) de graines de sésame

1 ml (¼ c. à thé) d'extrait de vanille

1. Vaporiser un plat de cuisson de 25 x 15 cm (10 x 6 po) avec de l'enduit anticollant.

2. Dans une grande casserole à revêtement antiadhésif, faire fondre la margarine à feu doux. Ajouter les guimauves et cuire, en remuant constamment, environ 5 minutes, jusqu'à ce que les guimauves soient fondues.

3. Retirer du feu et incorporer les corn-flakes, les abricots, les graines de tournesol, les amandes, les dattes, les graines de sésame et la vanille.

4. Avec les mains humectées, presser le mélange uniformément dans le plat de cuisson. Couvrir et mettre dans le réfrigérateur au moins 30 minutes pour raffermir la préparation.

PAR PORTION: 145 Calories, 6 g Gras total, 1 g Gras saturé, 0 mg Cholestérol, 69 mg Sodium, 22 g Glucide total, 1 g Fibres alimentaires, 3 g Protéines, 34 mg Calcium.

PORTION DONNE: 1 fruits/légumes, 1 matières grasses, 40 calories boni.

POINTS PAR PORTION: 3.

Soda glacé aux canneberges

1 PORTION

Monica Kramer
Tulsa, Oklahoma

La grand-mère de Monica avait l'habitude de servir cette boisson le jour de Noël, mais on peut s'en délecter à longueur d'année puisqu'elle ne contient que peu de calories.

250 ml (1 tasse) de jus de canneberges hypocalorique, froid

50 ml (¼ tasse) de club soda, froid

125 ml (½ tasse) de crème glacée sans matières grasses

Brins de menthe fraîche

Dans un verre givré de 480 ml (16 oz), mélanger le jus de canneberges et le soda. Ajouter la crème glacée, garnir de menthe fraîche et servir immédiatement avec un diablotin (longue cuiller).

PAR PORTION: 145 Calories, 0 g Gras total, 0 g Gras saturé, 0 mg Cholestérol, 70 mg Sodium, 34 g Glucide total, 0 g Fibres alimentaires, 2 g Protéines, 124 mg Calcium.

PORTION DONNE: 2 fruits/légumes, 90 calories boni.

POINTS PAR PORTION: 3.

Thé glacé aux fruits et aux épices

8 PORTIONS

Lois Luttrell
Newcastle, Californie

Depuis plusieurs années, Lois aime préparer des boissons rafraîchissantes en mélangeant diverses variétés de thés et de jus de fruits. Un jour, un ouvrier qui aidait à la décoration de sa maison lui a dit: « C'est tellement bon que vous devriez mettre votre thé en bouteille et le vendre dans tout le pays! »

3 sachets de thé English Breakfast

3 sachets de thé à l'orange et aux épices

750 ml (3 tasses) d'eau bouillante

Succédané de sucre équivalant à 30 ml (2 c. à soupe) de sucre

500 ml (2 tasses) de jus de pamplemousse

Cubes de glace

Brins de menthe fraîche

(Voir photo p. 24.)

1. Mettre les sachets de thé dans une grande théière et verser l'eau bouillante. Couvrir et laisser reposer 10 minutes. Retirer les sachets et incorporer le succédané de sucre en remuant jusqu'à ce qu'il soit dissous. Laisser refroidir à la température ambiante.

2. Verser le jus de pamplemousse et 750 ml (3 tasses) d'eau froide dans un grand pichet. Incorporer le thé refroidi. Verser dans des verres remplis de glace, garnir de menthe fraîche et servir.

PAR PORTION: 27 Calories, 0 g Gras total, 0 g Gras saturé, 0 mg Cholestérol, 6 mg Sodium, 6 g Glucide total, 0 g Fibres alimentaires, 1 g Protéines, 4 mg Calcium.

PORTION DONNE: 1 fruits/légumes.

POINTS PAR PORTION: 1.

Lait fouetté à la fraise et à l'orange

4 PORTIONS

Erika Baril
Atkinson, New Hampshire

« J'ai pensé à inventer cette recette parce que j'adore les laits fouettés pour le petit-déjeuner, raconte Erika. La plupart des recettes qu'on trouve dans les livres exigent l'utilisation de miel ou de sucre artificiel. Le mien est fait avec du jus d'orange et je le trouve suffisamment sucré. Servez-le dans un grand verre avec des pailles. »

500 ml (2 tasses) de fraises (en couper 2 en tranches et les réserver)
250 ml (1 tasse) de lait écrémé
250 ml (1 tasse) de yogourt nature sans matières grasses
125 ml (½ tasse) de jus d'orange
8 cubes de glace

Dans le mélangeur, réduire en purée les fraises, le lait, le yogourt et le jus d'orange. Ajouter la glace et mélanger jusqu'à ce que la glace soit grossièrement hachée. Servir dans des verres givrés et garnir avec les fraises réservées.

PAR PORTION: 90 Calories, 1 g Gras total, 0 g Gras saturé, 2 mg Cholestérol, 76 mg Sodium, 16 g Glucide total, 2 g Fibres alimentaires, 6 g Protéines, 202 mg Calcium.

PORTION DONNE: 1 fruits/légumes.

POINTS PAR PORTION: 1.

Cappuccino à la cannelle

1 PORTION

Randi D. Hamilton
Van Buren, Arkansas

Randi adore les cappuccinos et les espressos et s'amuse à élaborer des recettes qui s'intègrent bien au Programme Weight Watchers. Ce cappuccino à la cannelle est l'une de ses heureuses trouvailles.

- 175 ml (¾ tasse) de lait écrémé
- 5 ml (1 c. à thé) d'extrait de vanille
- 1 ml (¼ c. à thé) de cannelle moulue
- 125 ml (½ tasse) de café très fort, chaud
- 1 ml (¼ c. à thé) de poudre de cacao sans sucre, tamisée
- 1 bâton de cannelle

Dans une casserole moyenne à revêtement antiadhésif, amener le lait, la vanille et la cannelle à faible ébullition. Retirer du feu et fouetter environ 1 minute pour rendre mousseux. Dans une grande tasse, mélanger le café et le lait mousseux. Saupoudrer de cacao et garnir avec le bâton de cannelle.
Servir immédiatement.

PAR PORTION: 86 Calories, 0 g Gras total, 0 g Gras saturé, 4 mg Cholestérol, 98 mg Sodium, 12 g Glucide total, 0 g Fibres alimentaires, 6 g Protéines, 243 mg Calcium.

PORTION DONNE: 1 protéines/lait.

POINTS PAR PORTION: 2.

Lait de poule

8 PORTIONS

Annette Broussard
La Nouvelle-Orléans, Louisiane

Annette a créé cette recette à la demande de son groupe Weight Watchers qui réclamait une version allégée du lait de poule traditionnel. « Ma famille l'a beaucoup aimé, dit-elle. Nous avons même célébré l'arrivée du Nouvel An avec cette boisson rehaussée de garniture à fouetter légère et de muscade. »

- 1 boîte de 341 ml (12 oz) de lait écrémé évaporé
- 325 ml (1 ⅓ tasse) de substitut d'œuf sans matières grasses
- 45 ml (3 c. à soupe) de sucre
- 750 ml (3 tasses) de lait écrémé
- 30 ml (2 c. à soupe) d'extrait de vanille
- 2 ml (½ c. à thé) de cannelle moulue
- 1 ml (¼ c. à thé) de muscade râpée
- Muscade fraîchement râpée (facultatif)

1. Dans une grande casserole à revêtement antiadhésif, à feu doux, mélanger le lait évaporé, le substitut d'œuf et le sucre. Cuire, en remuant constamment, de 12 à 15 minutes, jusqu'à ce que des bulles commencent à se former sur les côtés.

2. Ajouter le lait écrémé, le lait, la vanille, la cannelle et la muscade et cuire à feu moyen, en fouettant constamment, environ 5 minutes pour bien chauffer. Servir immédiatement et saupoudrer de muscade fraîchement râpée si désiré.

PAR PORTION: 120 Calories, 0 g Gras total, 0 g Gras saturé, 4 mg Cholestérol, 169 mg Sodium, 16 g Glucide total, 0 g Fibres alimentaires, 11 g Protéines, 267 mg Calcium.

PORTION DONNE: 1 protéines/lait.

POINTS PAR PORTION: 2.

CHAPITRE 2

Soupes

Crème de brocoli au fromage

4 PORTIONS

Fern Anita Chapman
Sioux Lookout, Ontario

Fern est chanteuse professionnelle et mère d'un jeune enfant. Elle veille à ce que tous ses repas soient nutritifs et satisfaisants. Cette soupe, qu'elle sert souvent avec un peu de yogourt sans matières grasses et des oignons verts hachés, peut être congelée en portions individuelles et réchauffée au micro-ondes en quelques minutes.

- 1 oignon, haché
- 1 litre (4 tasses) de brocoli, haché
- 3 petites pommes de terre de consommation courante, pelées et coupées en cubes
- 1 litre (4 tasses) de lait écrémé
- 3 sachets de bouillon de poulet instantané hyposodique
- 1 carotte, finement hachée
- 175 ml (¾ tasse) de cheddar fort à faible teneur en matières grasses, finement râpé
- 1 ml (¼ c. à thé) de sauge séchée
- 1 ml (¼ c. à thé) de poivre noir fraîchement moulu

1. Vaporiser une grande casserole ou un grand faitout à revêtement antiadhésif avec de l'enduit antiacollant et mettre sur le feu. Ajouter les oignons et cuire, en remuant constamment, environ 5 minutes, jusqu'à ce qu'ils soient tendres. Ajouter le brocoli, les pommes de terre et 500 ml (2 tasses) d'eau. Amener à ébullition. Réduire la chaleur et laisser mijoter à couvert environ 20 minutes, jusqu'à ce que les légumes soient tendres.

2. Avec une cuiller à égoutter, transvider les légumes dans le mélangeur ou le robot de cuisine. Réduire en purée et les remettre dans le liquide. Ajouter le lait, les sachets de bouillon et les carottes. Amener à ébullition. Réduire la chaleur et laisser mijoter à couvert, en remuant au besoin, environ 5 minutes, jusqu'à ce que les carottes soient tendres.

3. Retirer la casserole du feu et laisser refroidir à la température ambiante environ 1 minute. Ajouter le fromage, la sauge et le poivre. Remuer jusqu'à ce que le fromage soit fondu.

PAR PORTION: 278 Calories, 5 g Gras total, 3 g Gras saturé, 20 mg Cholestérol, 335 mg Sodium, 40 g Glucide total, 5 g Fibres alimentaires, 20 g Protéines, 550 mg Calcium.

PORTION DONNE: 1 pain, 1 fruits/légumes, 2 protéines/lait.

POINTS PAR PORTION: 5.

Chaudrée de maïs et de haricots

4 PORTIONS

Marlene Bayers
Saint-Jean, Terre-Neuve

Marlene, membre de Weight Watchers et animatrice depuis 10 ans, sert cette chaudrée avec une salade et un petit pain chaud pour le souper. Comme la plupart des soupes, celle-ci peut être conservée dans le réfrigérateur ou le congélateur. Certains prétendent qu'elle est même meilleure le lendemain...

- 500 ml (2 tasses) de bouillon de poulet ou de légumes instantané hyposodique
- 2 carottes, coupées en dés
- 2 branches de céleri, coupées en dés
- 1 petite pomme de terre de consommation courante, coupée en dés
- 1 oignon, haché
- 375 ml (1 ½ tasse) de grains de maïs frais ou décongelés
- 250 ml (1 tasse) de haricots cannellini en conserve, rincés et égouttés
- 250 ml (1 tasse) de lait écrémé
- 1 ml (¼ c. à thé) de poivre noir fraîchement moulu

1. Dans une grande casserole ou un grand faitout à revêtement antiadhésif, mélanger le bouillon, les carottes, le céleri, les pommes de terre et les oignons. Amener à ébullition. Réduire la chaleur et laisser mijoter à couvert environ 15 minutes, jusqu'à ce que les légumes soient tendres.

2. Incorporer le maïs, les haricots, le lait et le poivre. Augmenter la chaleur et amener à ébullition. Réduire la chaleur et laisser mijoter à découvert, en remuant au besoin, environ 3 minutes, jusqu'à ce que le maïs soit tendre.

PAR PORTION: 194 Calories, 2 g Gras total, 1 g Gras saturé, 3 mg Cholestérol, 214 mg Sodium, 36 g Glucide total, 7 g Fibres alimentaires, 11 g Protéines, 128 mg Calcium.

PORTION DONNE: 1 pain, 1 fruits/légumes, 1 protéines/lait.

POINTS PAR PORTION: 3.

Soupe aux carottes et au safran

6 PORTIONS

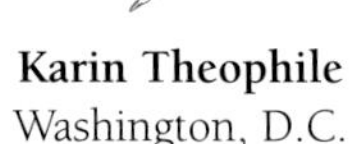

Karin Theophile
Washington, D.C.

Lorsque Karin a envoyé son mari acheter des carottes à l'épicerie, elle ne savait pas qu'il reviendrait avec un sac de 10 livres! Afin de profiter au maximum de cette manne inattendue, elle a concocté cette soupe faible en matières grasses et en calories mais tellement appétissante.

- 500 ml (2 tasses) de bouillon de légumes hyposodique
- 3 carottes, coupées en morceaux de 5 cm (2 po)
- 4 oignons, hachés
- 3 petites pommes de terre de consommation courante, pelées et coupées en morceaux de 5 cm (2 po)
- 250 ml (1 tasse) de feuilles de persil frais
- 5 ml (1 c. à thé) d'huile d'olive
- 2 carottes, en tranches
- 250 ml (1 tasse) de champignons, en tranches
- 2 ml (½ c. à thé) de poivre noir fraîchement moulu
- 0,5 ml (⅛ c. à thé) de safran, émietté
- 125 ml (½ tasse) de yogourt nature sans matières grasses
- Persil frais haché

1. Dans une grande casserole ou un grand faitout à revêtement antiadhésif, amener à ébullition le bouillon, les morceaux de carotte, les oignons, les pommes de terre, le persil et 1,75 litre (7 tasses) d'eau. Réduire la chaleur et laisser mijoter à couvert environ 1 heure, jusqu'à ce que les légumes soient tendres.

2. Pendant ce temps, chauffer l'huile dans une grande poêle à revêtement antiadhésif. Ajouter les tranches de carotte et les champignons. Cuire à couvert, en remuant au besoin, environ 10 minutes, jusqu'à ce que les carottes soient tendres, en ajoutant dans la poêle 15 ml (1 c. à soupe) d'eau à la fois si nécessaire. Incorporer le poivre et le safran.

3. Avec une cuiller à égoutter, transvider les légumes dans le mélangeur ou le robot de cuisine. Réduire en purée et remettre les légumes dans le bouillon. Incorporer le yogourt en fouettant et bien remuer.
Cuire, en remuant au besoin, de 2 à 3 minutes pour bien réchauffer. Parsemer de persil haché et servir.

PAR PORTION: 143 Calories, 1 g Gras total, 0 g Gras saturé, 0 mg Cholestérol, 78 mg Sodium, 30 g Glucide total, 5 g Fibres alimentaires, 5 g Protéines, 90 mg Calcium.

PORTION DONNE: 1 pain, 1 fruits/légumes.

POINTS PAR PORTION: 2.

Goulache

4 PORTIONS

Karen Senn
Mississauga, Ontario

« En voyageant en Allemagne et en Autriche, j'y ai mangé de la goulache presque tous les jours. Quand je suis revenue à la maison, j'ai eu envie d'en faire une contenant moins de calories et ne prenant que quelques minutes de préparation. »

- 15 ml (1 c. à soupe) d'huile végétale
- 2 oignons, hachés
- 2 gousses d'ail, émincées
- 1 litre (4 tasses) de bouillon de bœuf hyposodique
- 480 g (1 lb) de ronde de bœuf maigre, désossée, coupée en morceaux de 2,5 cm (1 po)
- 15 ml (1 c. à soupe) de paprika
- 5 ml (1 c. à thé) de graines de carvi
- 1 ml (¼ c. à thé) de poivre noir fraîchement moulu
- 3 petites pommes de terre de consommation courante, pelées et coupées en cubes
- 2 carottes, coupées en dés
- 1 tomate, hachée
- 5 ml (1 c. à thé) de marjolaine séchée

1. Chauffer l'huile dans une grande casserole ou un grand faitout à revêtement antiadhésif. Ajouter les oignons et l'ail. Cuire, en remuant au besoin, environ 5 minutes, jusqu'à ce que les oignons soient tendres.

2. Ajouter le bouillon, le bœuf, le paprika, le carvi et le poivre. Amener à ébullition. Réduire la chaleur et laisser mijoter à couvert, en remuant au besoin, environ 45 minutes, jusqu'à ce que le bœuf soit presque tendre.

3. Augmenter la chaleur et incorporer les pommes de terre et les carottes. Ramener à ébullition. Réduire la chaleur et laisser mijoter à couvert, en remuant au besoin, environ 20 minutes, jusqu'à ce que les légumes soient tendres et la viande bien cuite.

4. Ajouter les tomates et la marjolaine. Cuire environ 3 minutes, jusqu'à ce que les tomates soient bien chaudes.

PAR PORTION: 338 Calories, 10 g Gras total, 2 g Gras saturé, 66 mg Cholestérol, 164 mg Sodium, 30 g Glucide total, 4 g Fibres alimentaires, 34 g Protéines, 48 mg Calcium.

PORTION DONNE: 1 pain, 1 fruits/légumes, 3 protéines/lait, 1 matières grasses.

POINTS PAR PORTION: 7.

Soupe à l'oignon à la française

Soupe à l'oignon à la française

2 PORTIONS

Lorraine Yaremchuk
Edmonton, Alberta

Lorraine a deux jeunes enfants et elle n'aime pas les menus qui demandent beaucoup de temps de préparation. Cette soupe est l'adaptation d'une recette qu'un ami lui avait donnée il y a plusieurs années. Les choses les plus simples sont souvent les meilleures…

5 ml (1 c. à thé) de margarine dure sans sel

1 oignon, haché

375 ml (1 ½ tasse) de bouillon de bœuf hyposodique

60 g (2 oz) de pain français, coupé en 2 tranches et grillé

75 ml (⅓ tasse) de mozzarella partiellement écrémée, finement râpée

(Voir photo.)

1. Préchauffer le gril. Faire fondre la margarine dans une casserole moyenne. Ajouter les oignons et cuire, en remuant au besoin, environ 5 minutes, jusqu'à ce qu'ils soient tendres. Verser le bouillon et amener à ébullition. Réduire la chaleur et laisser mijoter à découvert environ 3 minutes, jusqu'à ce que les oignons soient très tendres.

2. Mettre 1 tranche de pain grillé au fond de chacun des bols à soupe à l'épreuve du feu. Verser la soupe sur le pain. Garnir de fromage et passer sous le gril environ 1 minute, jusqu'à ce que le fromage soit fondu et qu'il brunisse légèrement. Servir immédiatement.

PAR PORTION: 180 Calories, 6 g Gras total, 3 g Gras saturé, 12 mg Cholestérol, 326 mg Sodium, 19 g Glucide total, 1 g Fibres alimentaires, 12 g Protéines, 168 mg Calcium.

PORTION DONNE: 1 pain, 1 protéines/lait, 1 matières grasses.

POINTS PAR PORTION: 4.

Soupe aux poireaux et aux pommes de terre

4 PORTIONS

Elaine Bray
Niagara Falls, Ontario

Elaine enseigne à l'école primaire et elle est membre à vie de Weight Watchers. Elle se fait un devoir d'apporter une soupe aux légumes presque chaque jour pour son lunch. Cela lui permet de bien manger tout en poursuivant sérieusement son but. Voici l'une de ses recettes préférées.

10 ml (2 c. à thé) de margarine dure sans sel

4 ou 5 poireaux, nettoyés, en tranches (environ 1,75 litre/ 7 tasses)

3 échalotes, hachées

1 litre (4 tasses) de bouillon de légumes hyposodique

2 petites pommes de terre de consommation courante, pelées et coupées en dés

500 ml (2 tasses) de lait écrémé

50 ml (¼ tasse) de vin blanc sec

2 ml (½ c. à thé) de poivre noir fraîchement moulu

1 pincée de cari en poudre (facultatif)

1. Faire fondre la margarine dans une grande casserole ou un grand faitout à revêtement antiadhésif. Ajouter les poireaux et les échalotes. Cuire, en remuant au besoin, de 6 à 8 minutes, jusqu'à ce qu'ils soient tendres.

2. Ajouter le bouillon et les pommes de terre. Amener à ébullition. Réduire la chaleur et laisser mijoter à couvert, environ 20 minutes, jusqu'à ce que les pommes de terre soient tendres.

3. Incorporer le lait, le vin, le poivre et le cari. Cuire, en remuant au besoin, jusqu'à ébullition.

PAR PORTION: 270 Calories, 4 g Gras total, 1 g Gras saturé, 6 mg Cholestérol, 211 mg Sodium, 47 g Glucide total, 3 g Fibres alimentaires, 12 g Protéines, 284 mg Calcium.

PORTION DONNE: 1 pain, 1 fruits/légumes, 1 matières grasses.

POINTS PAR PORTION: 5.

Soupe de laitue

4 PORTIONS

Nancy Drechsler
Hendersonville, Caroline-du-Nord

Nancy a connu Weight Watchers grâce à sa fille qui lui a envoyé un exemplaire du magazine de Weight Watchers. Elle a fait cette recette dans le but de perdre du poids après le temps des Fêtes. La laitue fait rarement partie des soupes classiques et c'est bien dommage. Essayez-la avec ou sans fromage et vous serez conquis! Cette soupe ressemble beaucoup à la traditionnelle soupe à la scarole très populaire en Italie.

- 10 ml (2 c. à thé) de margarine dure sans sel
- 2 branches de céleri, hachées
- 4 oignons verts, en tranches fines
- 1,5 litre (6 tasses) de feuilles vertes de laitue, en fines lanières
- 1 litre (4 tasses) de bouillon de légumes hyposodique
- 50 ml (¼ tasse) de persil frais, haché
- 1 ml (¼ c. à thé) de poivre noir fraîchement moulu
- 30 ml (2 c. à soupe) de parmesan, râpé

1. Faire fondre la margarine dans une grande casserole ou un grand faitout à revêtement antiadhésif. Ajouter le céleri et les oignons verts. Cuire, en remuant au besoin, environ 5 minutes, jusqu'à ce qu'ils soient tendres.

2. Incorporer la laitue, le bouillon, le persil, le poivre et 250 ml (1 tasse) d'eau. Amener à ébullition. Réduire la chaleur et laisser mijoter, en remuant au besoin, environ 5 minutes, jusqu'à ce que la laitue soit ramollie. Saupoudrer de parmesan râpé et servir.

PAR PORTION: 83 Calories, 3 g Gras total, 1 g Gras saturé, 2 mg Cholestérol, 141 mg Sodium, 11 g Glucide total, 1 g Fibres alimentaires, 3 g Protéines, 107 mg Calcium.

PORTION DONNE: 2 fruits/légumes, 1 matières grasses.

POINTS PAR PORTION: 2.

Soupe aux lentilles et aux épinards

4 PORTIONS

Karen Kutno
Trumbull, Connecticut

Karen est mère de famille et elle fait beaucoup d'exercice. Elle nous assure que cette soupe est meilleure pour la santé que de faire des biscuits et de les dévorer tous…

- 20 ml (4 c. à thé) d'huile d'olive
- 3 oignons, hachés
- 3 branches de céleri, coupées en dés
- 4 gousses d'ail, émincées
- 250 ml (1 tasse) de lentilles, défaites avec une fourchette, rincées et égouttées
- 1 boîte de 227 ml (8 oz) de sauce tomate (sans sel ajouté)
- 250 ml (1 tasse) de bouillon de légumes hyposodique
- 20 ml (4 c. à thé) d'origan séché
- 1 paquet de 300 g (10 oz) d'épinards hachés, décongelés

1. Chauffer l'huile dans une grande casserole à revêtement antiadhésif. Ajouter les oignons, le céleri et l'ail. Cuire, en remuant au besoin, environ 5 minutes, jusqu'à ce qu'ils soient tendres.

2. Ajouter les lentilles, la sauce tomate, le bouillon, l'origan et 750 ml (3 tasses) d'eau. Amener à ébullition. Réduire la chaleur et laisser mijoter à couvert, en remuant au besoin, environ 45 minutes, jusqu'à ce que les lentilles soient tendres.

3. Incorporer les épinards et cuire, en remuant au besoin, environ 5 minutes, jusqu'à ce que les épinards soient bien chauds.

PAR PORTION: 263 Calories, 6 g Gras total, 1 g Gras saturé, 0 mg Cholestérol, 120 mg Sodium, 40 g Glucide total, 9 g Fibres alimentaires, 17 g Protéines, 155 mg Calcium.

PORTION DONNE: 2 fruits/légumes, 2 protéines/lait, 1 matières grasses.

POINTS PAR PORTION: 4.

Minestrone

6 PORTIONS

Marie A. Geocos
Dumont, New Jersey

Chez Marie, tous sont d'accord pour dire que cette soupe est aussi bonne en entrée que comme plat principal. Doublez la recette si vous avez plusieurs invités.

- 15 ml (1 c. à soupe) d'huile d'olive
- 2 oignons, hachés
- 2 gousses d'ail, émincées
- 1 boîte de 796 ml (28 oz) de tomates broyées (sans sel ajouté)
- 750 ml (3 tasses) de bouillon de légumes hyposodique
- 2 carottes, en tranches
- 4 branches de céleri, en tranches
- 175 ml (¾ tasse) de pâtes ditalini
- 1 boîte de 540 ml (19 oz) de haricots cannellini, rincés et égouttés
- 1 paquet de 300 g (10 oz) d'épinards hachés, décongelés
- 10 ml (2 c. à thé) d'origan séché
- 2 ml (½ c. à thé) de poivre noir fraîchement moulu
- 30 ml (2 c. à soupe) de parmesan, râpé

1. Chauffer l'huile dans une grande casserole ou un grand faitout à revêtement antiadhésif. Ajouter les oignons et l'ail. Cuire, en remuant au besoin, environ 5 minutes, jusqu'à ce qu'ils soient tendres.

2. Ajouter les tomates, le bouillon, les carottes, le céleri, les pâtes et 750 ml (3 tasses) d'eau. Amener à ébullition, en remuant au besoin pour empêcher les pâtes de coller au fond. Réduire la chaleur et laisser mijoter à couvert, en remuant au besoin, environ 15 minutes, jusqu'à ce que les pâtes soient tendres.

3. Ajouter les haricots, les épinards, l'origan et le poivre. Ramener à ébullition en remuant au besoin. Saupoudrer de parmesan râpé et servir.

PAR PORTION: 268 Calories, 6 g Gras total, 2 g Gras saturé, 3 mg Cholestérol, 209 mg Sodium, 44 g Glucide total, 7 g Fibres alimentaires, 15 g Protéines, 203 mg Calcium.

PORTION DONNE: 1 pain, 2 fruits/légumes, 1 protéines/lait, 1 matières grasses.

POINTS PAR PORTION: 4.

Soupe à l'orge et aux champignons

Soupe à l'orge et aux champignons

6 PORTIONS

Mary Ann Palestino
Brooklyn, New York

«Un bol de soupe chaude procure toujours une sensation de bien-être », nous dit Mary Ann. Servez cette soupe pour chasser la morosité certains soirs d'hiver. Le bouillon de bœuf ajoute beaucoup de goût à cette recette, mais vous pouvez aussi le remplacer par du bouillon de légumes.

175 ml (¾ tasse) d'orge perlé
15 ml (1 c. à soupe) d'huile d'olive
4 oignons, hachés
2 branches de céleri, hachées
720 g (1 ½ lb) de champignons, en tranches
1 litre (4 tasses) de bouillon de bœuf hyposodique
3 carottes, en tranches
30 ml (2 c. à soupe) de pâte de tomate (sans sel ajouté)
2 ml (½ c. à thé) de sel
Poivre noir fraîchement moulu, au goût
Persil frais haché

(Voir photo.)

1. Dans une grande casserole, mélanger l'orge et 1 litre (4 tasses) d'eau. Amener à ébullition. Réduire la chaleur et laisser mijoter, partiellement couvert, environ 30 minutes, jusqu'à ce que l'orge soit partiellement cuit.

2. Pendant ce temps, faire chauffer l'huile dans un faitout. Ajouter les oignons et le céleri. Cuire, en remuant au besoin, de 6 à 8 minutes, jusqu'à ce qu'ils soient tendres. Ajouter les champignons et cuire, en remuant au besoin, environ 5 minutes, jusqu'à ce qu'ils commencent à attendrir et à perdre leur liquide.

3. Ajouter le bouillon, les carottes, la pâte de tomate, l'orge et son liquide de cuisson. Amener à ébullition. Réduire la chaleur et laisser mijoter, partiellement couvert, en remuant au besoin, environ 30 minutes, jusqu'à ce que les carottes et l'orge soient tendres. Saler et poivrer. Parsemer de persil et servir.

PAR PORTION: 182 Calories, 3 g Gras total, 0 g Gras saturé, 0 mg Cholestérol, 264 mg Sodium, 32 g Glucide total, 7 g Fibres alimentaires, 9 g Protéines, 42 mg Calcium.

PORTION DONNE: 1 pain, 3 fruits/légumes, 1 matières grasses.

POINTS PAR PORTION: 2.

Soupe aux pois cassés à la marjolaine

8 PORTIONS

Karla Larsen
Billings, Montana

Karla aime garnir cette soupe consistante avec une cuillerée à table de yogourt sans matières grasses et l'accompagner d'une tranche bien chaude de pain maison de blé entier.

480 g (1 lb) de pois cassés verts, défaits avec une fourchette, rincés et égouttés

1 litre (4 tasses) de bouillon de légumes hyposodique

2 ou 3 poireaux, nettoyés, en tranches (environ 750 ml/ 3 tasses)

2 carottes, coupées en dés

2 ml (½ c. à thé) de marjolaine séchée

1 ml (¼ c. à thé) de poivre noir fraîchement moulu

1 ml (¼ c. à thé) de muscade râpée

½ paquet de 300 g (10 oz) d'épinards hachés, décongelés

15 ml (1 c. à soupe) de jus de citron

1. Dans une grande casserole ou un grand faitout à revêtement antiadhésif, amener à ébullition les pois, le bouillon, les poireaux, les carottes, la marjolaine, le poivre, la muscade et 1 litre (4 tasses) d'eau. Réduire la chaleur et laisser mijoter à couvert environ 40 minutes, jusqu'à ce que les pois soient tendres.

2. Avec une cuiller à égoutter, transvider les légumes dans le mélangeur ou le robot de cuisine. Réduire en purée et les remettre dans la casserole. Incorporer les épinards et le jus de citron. Cuire environ 5 minutes pour bien réchauffer.

PAR PORTION: 250 Calories, 1 g Gras total, 0 g Gras saturé, 0 mg Cholestérol, 74 mg Sodium, 47 g Glucide total, 5 g Fibres alimentaires, 16 g Protéines, 82 mg Calcium.

PORTION DONNE: 1 fruits/légumes, 2 protéines/lait.

POINTS PAR PORTION: 4.

Bisque à la tomate et au tofu

4 PORTIONS

Cindy Waldt
Saint Paul, Minnesota

Cindy raconte: « Même ceux qui ont juré qu'ils ne mangeraient jamais de tofu adorent cette soupe! » Pourquoi? Le tofu donne une texture crémeuse irrésistible à cette bisque.

- 15 ml (1 c. à soupe) de margarine dure sans sel
- 1 oignon, haché
- 15 ml (1 c. à soupe) de farine tout usage
- 2 boîtes de 427 ml (14 ½ oz) de tomates en dés (sans sel ajouté)
- 500 ml (2 tasses) de bouillon de légumes hyposodique
- 5 ml (1 c. à thé) d'origan séché
- 1 ml (¼ c. à thé) de poivre noir fraîchement moulu
- 360 g (12 oz) de tofu mou à teneur réduite en matières grasses (réserver 125 ml/½ tasse du liquide)
- 125 ml (½ tasse) de persil frais, haché
- 30 ml (2 c. à soupe) d'aneth frais, haché
- 15 ml (1 c. à soupe) de miel

1. Faire fondre la margarine dans une grande casserole ou un grand faitout à revêtement antiadhésif. Ajouter les oignons et cuire, en remuant au besoin, environ 5 minutes, jusqu'à ce qu'ils soient tendres. Ajouter la farine et cuire, en remuant constamment, environ 1 minute, jusqu'à ce qu'elle brunisse légèrement.

2. Ajouter les tomates, le bouillon, l'origan et le poivre. Amener à ébullition. Réduire la chaleur et laisser mijoter à couvert environ 10 minutes pour bien réchauffer.

3. Pendant ce temps, réduire en purée le tofu et le liquide réservé dans le mélangeur ou le robot de cuisine. Ajouter le tofu, le persil, l'aneth et le miel à la préparation aux tomates. Cuire, en remuant au besoin, environ 3 minutes pour bien réchauffer.

PAR PORTION: 165 Calories, 6 g Gras total, 1 g Gras saturé, 0 mg Cholestérol, 72 mg Sodium, 23 g Glucide total, 2 g Fibres alimentaires, 7 g Protéines, 107 mg Calcium.

PORTION DONNE: 1 fruits/légumes, 1 protéines/lait, 1 matières grasses, 40 calories boni.

POINTS PAR PORTION: 3.

Soupe aux tortellini

6 PORTIONS

Lisa Godin
Welland, Ontario

Lisa travaille à temps plein et elle est toujours à la recherche de plats qui sauront aussi plaire à son mari. Cette soupe est l'une de leurs préférées et ils la réservent jalousement pour les froides soirées d'hiver.

- 15 ml (1 c. à soupe) de margarine dure sans sel
- 500 ml (2 tasses) de champignons, en tranches
- 1 gousse d'ail, émincée
- 500 ml (2 tasses) de bouillon de légumes hyposodique
- 1 boîte de 427 ml (14 ½ oz) de tomates à l'italienne (sans sel ajouté)
- 750 ml (3 tasses) de tortellini au fromage, congelés
- 1 paquet de 300 g (10 oz) d'épinards hachés, décongelés et bien épongés
- Poivre noir fraîchement moulu, au goût

1. Faire fondre la margarine dans une grande casserole ou un grand faitout à revêtement antiadhésif. Ajouter les champignons et l'ail. Cuire, en remuant au besoin, de 2 à 3 minutes, jusqu'à ce qu'ils soient tendres.

2. Ajouter le bouillon, les tomates et 750 ml (3 tasses) d'eau. Amener à ébullition. Ajouter les tortellini et ramener à ébullition. Réduire la chaleur et laisser mijoter, en remuant au besoin, environ 10 minutes, jusqu'à ce que les tortellini soient cuits. Incorporer les épinards et ramener à ébullition. Servir et poivrer au goût.

PAR PORTION: 237 Calories, 6 g Gras total, 2 g Gras saturé, 23 mg Cholestérol, 265 mg Sodium, 37 g Glucide total, 4 g Fibres alimentaires, 10 g Protéines, 144 mg Calcium.

PORTION DONNE: 1 pain, 1 fruits/légumes, 1 matières grasses.

POINTS PAR PORTION: 4.

Chaudrée de poisson Manhattan

6 PORTIONS

Celia K. Schwartz
Cathedral City, Californie

Celia, qui est animatrice Weight Watchers, ne jure que par cette soupe de poisson. « Je peux préparer le bouillon d'avance et ajouter le poisson juste avant de servir », dit-elle. Nos goûteurs n'ont que des compliments pour la richesse de son bouillon « qui ne goûte pas trop le poisson ». Un repas léger idéal avec une salade et un peu de pain français.

- 15 ml (1 c. à soupe) d'huile d'olive
- 2 branches de céleri, coupées en dés
- 2 oignons, hachés
- 2 gousses d'ail, émincées
- 2 boîtes de 796 ml (28 oz) de tomates entières (sans sel ajouté), grossièrement hachées
- 125 ml (½ tasse) de vin blanc sec
- 5 ml (1 c. à thé) de basilic séché
- 5 ml (1 c. à thé) d'origan séché
- 2 ml (½ c. à thé) de thym séché
- 2 ml (½ c. à thé) de poivre noir fraîchement moulu
- 1 ml (¼ c. à thé) de sel
- 960 g (2 lb) de filets de sole ou de plie, coupés en morceaux de 2,5 cm (1 po)
- 125 ml (½ tasse) de persil frais, haché

1. Chauffer l'huile dans une grande casserole ou un grand faitout à revêtement antiadhésif. Ajouter le céleri, les oignons et l'ail. Cuire, en remuant au besoin, environ 5 minutes, jusqu'à ce qu'ils soient tendres.

2. Ajouter les tomates, le vin, le basilic, l'origan, le thym, le poivre et le sel. Amener à ébullition. Réduire la chaleur et laisser mijoter à couvert environ 25 minutes pour que les saveurs se mélangent bien.

3. Ajouter le poisson et le persil. Augmenter la chaleur et amener à ébullition en remuant doucement. Réduire la chaleur et laisser mijoter à découvert environ 5 minutes, jusqu'à ce que le poisson soit opaque.

PAR PORTION: 240 Calories, 5 g Gras total, 1 g Gras saturé, 73 mg Cholestérol, 260 mg Sodium, 15 g Glucide total, 3 g Fibres alimentaires, 32 g Protéines, 122 mg Calcium.

PORTION DONNE: 2 fruits/légumes, 2 protéines/lait, 1 matières grasses.

POINTS PAR PORTION: 5.

Soupe Faux Pho

Soupe Faux Pho

(Soupe vietnamienne)

2 PORTIONS

Hildie Block
Arlington, Virginie

On la prépare peut-être différemment à Saïgon, mais cette soupe qui regorge de légumes frais éveillera vos papilles à coup sûr. Il ne vous faudra pas plus d'une vingtaine de minutes pour la préparer et la servir.

750 ml (3 tasses) de bouillon de poulet hyposodique

90 g (3 oz) de capellini (pâtes cheveux d'ange)

125 ml (½ tasse) de cresson, haché

125 ml (½ tasse) de radis, en tranches

240 g (8 oz) de tofu ferme à teneur réduite en matières grasses, coupé en cubes

125 ml (½ tasse) de germes de soja

15 ml (1 c. à soupe) de vinaigre de riz

10 ml (2 c. à thé) de sauce tamari

5 ml (1 c. à thé) d'huile de sésame orientale

15 ml (1 c. à soupe) de graines de sésame, grillées*

(Voir photo.)

1. Dans une casserole moyenne à revêtement antiadhésif, amener à ébullition le bouillon, les capellini, le cresson et les radis. Réduire la chaleur et laisser mijoter à couvert environ 3 minutes, jusqu'à ce que les pâtes soient tendres.

2. Augmenter la chaleur et incorporer le tofu, les germes de soja, le vinaigre, le tamari et l'huile. Cuire, en remuant au besoin, environ 3 minutes pour bien réchauffer. Garnir de graines de sésame grillées et servir.

PAR PORTION: 314 Calories, 9 g Gras total, 2 g Gras saturé, 6 mg Cholestérol, 603 mg Sodium, 40 g Glucide total, 2 g Fibres alimentaires, 19 g Protéines, 135 mg Calcium.

PORTION DONNE: 2 pain, 1 fruits/légumes, 2 protéines/lait, 1 matières grasses.

POINTS PAR PORTION: 7.

* *Pour griller les graines de sésame, mettre une petite poêle à revêtement antiadhésif à feu moyen. Ajouter les graines de sésame et cuire en remuant constamment pendant 1 ou 2 minutes, jusqu'à ce qu'elles brunissent légèrement.*

Chaudrée de palourdes Manhattan

8 PORTIONS

Emily F. Fritts
North Haven, Connecticut

Emily aime surtout préparer cette soupe pendant l'hiver. Réceptionniste chez Weight Watchers, elle convainc souvent les membres qu'une tasse de sa chaudrée de palourdes l'aide à chasser sa faim pendant qu'elle prépare le souper pour sa famille.

- 30 ml (2 c. à soupe) d'huile de canola
- 3 oignons, hachés
- 1 boîte de 796 ml (28 oz) de tomates broyées (sans sel ajouté)
- 4 carottes, coupées en dés
- 2 petites pommes de terre de consommation courante, pelées et coupées en dés
- 2 branches de céleri, hachées
- 5 ml (1 c. à thé) de thym séché
- 2 ml (½ c. à thé) de sel
- 1 ml (¼ c. à thé) de poivre noir fraîchement moulu
- 1 feuille de laurier
- 3 boîtes de 195 g (6 ½ oz) de palourdes émincées, égouttées (réserver 375 ml/1 ½ tasse de liquide)
- 50 ml (¼ tasse) de persil frais, haché
- 6 gouttes de sauce forte au piment rouge, ou au goût

1. Chauffer l'huile dans une grande casserole ou un grand faitout à revêtement antiadhésif. Ajouter les oignons et cuire, en remuant au besoin, environ 5 minutes, jusqu'à ce qu'ils soient tendres.

2. Ajouter les tomates, les carottes, les pommes de terre, le céleri, le thym, le sel, le poivre, la feuille de laurier et 500 ml (2 tasses) d'eau. Amener à ébullition. Réduire la chaleur et laisser mijoter à couvert, en remuant au besoin, environ 20 minutes, jusqu'à ce que les légumes soient tendres.

3. Jeter la feuille de laurier. Incorporer les palourdes, le liquide réservé, le persil et la sauce au piment. Cuire environ 3 minutes pour bien réchauffer.

PAR PORTION: 166 Calories, 5 g Gras total, 0 g Gras saturé, 24 mg Cholestérol, 220 mg Sodium, 20 g Glucide total, 4 g Fibres alimentaires, 12 g Protéines, 96 mg Calcium.

PORTION DONNE: 1 fruits/légumes, 1 matières grasses.

POINTS PAR PORTION: 3.

Chaudrée de palourdes allégée Nouvelle-Angleterre

2 PORTIONS

Hildie Block
Arlington, Virginie

Un jour qu'elle cherchait dans ses livres une recette de chaudrée de palourdes contenant peu de crème ou de beurre, Hildie a eu la bonne idée de s'inventer une recette allégée bien à elle.

10 ml (2 c. à thé) de margarine dure sans sel

1 oignon, haché

½ poivron vert, épépiné et haché

1 petite pomme de terre de consommation courante, pelée et coupée en dés

1 ml (¼ c. à thé) de sel

1 ml (¼ c. à thé) de poivre noir fraîchement moulu

1 boîte de 195 g (6 ½ oz) de palourdes hachées, égouttées (réserver 125 ml/½ tasse de liquide)

250 ml (1 tasse) de lait écrémé évaporé

1. Faire fondre la margarine dans une casserole moyenne. Ajouter les oignons et les poivrons. Cuire, en remuant au besoin, environ 5 minutes, jusqu'à ce qu'ils soient tendres.

2. Ajouter les pommes de terre, le sel, le poivre et 250 ml (1 tasse) d'eau. Amener à ébullition. Réduire la chaleur et laisser mijoter à couvert, en remuant au besoin, environ 15 minutes, jusqu'à ce qu'elles soient tendres.

3. Ajouter les paloudres, le liquide réservé et le lait. Cuire, en remuant au besoin, environ 3 minutes pour bien réchauffer.

PAR PORTION: 279 Calories, 5 g Gras total, 1 g Gras saturé, 37 mg Cholestérol, 476 mg Sodium, 34 g Glucide total, 2 g Fibres alimentaires, 24 g Protéines, 439 mg Calcium.

PORTION DONNE: 1 pain, 1 fruits/légumes, 1 protéines/lait, 1 matières grasses.

POINTS PAR PORTION: 6.

Chaudrée de poulet et de légumes

4 PORTIONS

Barbara A. Bentley
Nampa, Idaho

Barbara, animatrice Weight Watchers depuis plusieurs années, sert souvent cette chaudrée à ses deux enfants qui la trouvent tout simplement « géniale »!

- 10 ml (2 c. à thé) d'huile d'olive
- 4 oignons, hachés
- 3 gousses d'ail, émincées
- 480 g (1 lb) de poitrines de poulet sans peau et sans os, coupées en cubes
- 500 ml (2 tasses) de bouillon de poulet hyposodique
- 2 branches de céleri, en tranches
- 1 carotte, en tranches
- 1 boîte de 443 ml (15 oz) de purée de citrouille
- 1 boîte de 341 ml (12 oz) de lait écrémé évaporé
- 50 ml (¼ tasse) de persil frais, haché
- 15 ml (1 c. à soupe) de sauge fraîche, hachée ou 2 ml (½ c. à thé) de sauge séchée
- 5 ml (1 c. à thé) de thym séché
- Poivre noir fraîchement moulu (facultatif)

1. Chauffer l'huile dans une grande casserole ou un grand faitout à revêtement antiadhésif. Ajouter les oignons et l'ail. Cuire, en remuant au besoin, environ 5 minutes, jusqu'à ce qu'ils soient tendres.

2. Ajouter le poulet, le bouillon, le céleri et les carottes. Amener à ébullition. Réduire la chaleur et laisser mijoter, en remuant au besoin, environ 10 minutes, jusqu'à ce que le poulet soit bien cuit et que les légumes soient tendres.

3. Ajouter la citrouille, le lait, le persil, la sauge et le thym. Ramener à ébullition en remuant au besoin. Servir et poivrer au goût.

PAR PORTION: 317 Calories, 6 g Gras total, 1 g Gras saturé, 65 mg Cholestérol, 269 mg Sodium, 33 g Glucide total, 5 g Fibres alimentaires, 36 g Protéines, 376 mg Calcium.

PORTION DONNE: 2 fruits/légumes, 4 protéines/lait, 1 matières grasses.

POINTS PAR PORTION: 6.

Soupe santé au poulet et aux légumes

8 PORTIONS

Suzan Bell
Union, Kentucky

Suzan est convaincue qu'elle est devenue bonne cuisinière grâce au Programme Weight Watchers. La preuve: cette recette qui réchauffera votre cœur et votre estomac.

- 1 boîte de 427 ml (14 ½ oz) de tomates en dés (sans sel ajouté)
- 3 sachets de bouillon de poulet instantané hyposodique
- 2 carottes, en tranches
- 2 oignons, grossièrement hachés
- 2 branches de céleri, en tranches
- 1 courgette moyenne, coupée en dés
- 175 ml (¾ tasse) de macaroni coupés
- 2 gousses d'ail, émincées
- 240 g (8 oz) de poitrines de poulet sans peau et sans os, coupées en morceaux de 2,5 cm (1 po)
- 50 ml (¼ tasse) de persil frais, haché
- 2 ml (½ c. à thé) de sel
- 1 ml (¼ c. à thé) de poivre noir fraîchement moulu

1. Dans une grande casserole ou un grand faitout à revêtement antiadhésif, amener à ébullition les tomates, les sachets de bouillon et 1,5 litre (6 tasses) d'eau. Ajouter les carottes, les oignons, le céleri, les courgettes, les macaroni et l'ail. Ramener à ébullition en remuant au besoin. Réduire la chaleur et laisser mijoter à couvert, en remuant au besoin, environ 30 minutes, jusqu'à ce que les légumes et les macaroni soient tendres.

2. Augmenter la chaleur et incorporer le poulet, le persil, le sel et le poivre. Ramener à ébullition. Réduire la chaleur et laisser mijoter à couvert environ 10 minutes, jusqu'à ce que le poulet soit bien cuit.

PAR PORTION: 109 Calories, 1 g Gras total, 0 g Gras saturé, 16 mg Cholestérol, 182 mg Sodium, 16 g Glucide total, 2 g Fibres alimentaires, 9 g Protéines, 40 mg Calcium.

PORTION DONNE: 1 pain, 1 fruits/légumes, 1 protéines/lait.

POINTS PAR PORTION: 2.

Gaspacho

4 PORTIONS

Jill Disser
Bloomingdale, New Jersey

Cette recette est un trésor de la famille de Jill depuis plusieurs années. Servez-la surtout pendant l'été alors que les marchés regorgent de tomates fraîchement cueillies. Versez-la dans un contenant en verre ou en plastique avant de la mettre dans le réfrigérateur. Un contenant de métal pourrait affecter son goût.

- 1 poivron vert, coupé en deux et épépiné
- 1 concombre, pelé et coupé en deux
- 750 ml (3 tasses) de jus de tomate à teneur réduite en sodium
- 1 oignon, coupé en deux
- 2 gousses d'ail
- 0,5 ml (⅛ c. à thé) de sauce forte au piment rouge, ou au goût
- 50 ml (¼ tasse) de vinaigre de vin rouge
- 2 tomates, hachées
- 4 oignons verts, en tranches fines
- 125 ml (½ tasse) de croûtons assaisonnés vendus dans le commerce

1. Hacher grossièrement la moitié du poivron et la moitié du concombre. Dans le mélangeur ou le robot de cuisine, mélanger 500 ml (2 tasses) de jus de tomate, les oignons, les poivrons et les concombres hachés, l'ail et la sauce au piment. Actionner le moteur jusqu'à ce que les légumes soient finement hachés.

2. Verser la préparation dans un grand bol en verre ou en acier inoxydable. Incorporer le restant de jus de tomate (250 ml/1 tasse) et le vinaigre. Couvrir et mettre dans le réfrigérateur au moins 2 heures pour bien refroidir.

3. Pendant ce temps, couper finement en dés les moitiés de poivron et de concombre. Servir la soupe froide et la garnir avec les dés de poivron et de concombre, les tomates, les oignons verts et les croûtons.

PAR PORTION: 95 Calories, 1 g Gras total, 0 g Gras saturé, 0 mg Cholestérol, 95 mg Sodium, 20 g Glucide total, 2 g Fibres alimentaires, 3 g Protéines, 43 mg Calcium.

PORTION DONNE: 2 fruits/légumes.

POINTS PAR PORTION: 2.

CHAPITRE 3

Plats pour le brunch et le lunch

Crêpes aux bleuets et aux noix d'acajou

Crêpes aux bleuets et aux noix d'acajou

4 PORTIONS

Sandra Case
Palmdale, Californie

Sandra et son mari se rendent à Phoenix deux fois par année pour assister à des courses d'automobiles. Ils en profitent alors pour aller manger de merveilleuses crêpes aux bleuets et aux noix d'acajou dans un restaurant de la ville. Sandra a trouvé le moyen de préparer ces crêpes en respectant les indications de Weight Watchers et voici le résultat.

Crêpes

150 ml (⅔ tasse) de farine tout usage

125 ml (½ tasse) de farine de blé entier

15 ml (1 c. à soupe) de sucre

5 ml (1 c. à thé) de levure chimique (poudre à pâte) à double action

1 ml (¼ c. à thé) de sel

300 ml (1 ¼ tasse) de babeurre à 1 %

75 ml (⅓ tasse) de substitut d'œuf sans matières grasses

250 ml (1 tasse) de bleuets frais ou congelés

125 ml (½ tasse) de noix d'acajou rôties à sec, non salées, coupées en deux

Garniture

1 ml (¼ c. à thé) de fécule de maïs

250 ml (1 tasse) de bleuets frais ou congelés

10 ml (2 c. à thé) de sucre

2 ml (½ c. à thé) de jus de citron fraîchement pressé

(Voir photo.)

1. Pour préparer les crêpes, dans un bol moyen, mélanger les farines, le sucre, la levure chimique et le sel. Ajouter le babeurre et le substitut d'œuf et mélanger. Incorporer les bleuets et les noix d'acajou.

2. Vaporiser une grande poêle ou une poêle à crêpes à revêtement antiadhésif avec de l'enduit anticollant et mettre sur le feu. Verser la pâte à crêpes dans la poêle, 50 ml (¼ tasse) à la fois, pour faire 4 crêpes. Cuire environ 2 minutes de chaque côté. Réserver les crêpes au chaud. Répéter l'opération avec la pâte restante pour faire un total de 16 crêpes.

3. Pendant ce temps, préparer la garniture en mélangeant la fécule de maïs avec 37 ml (2 ½ c. à soupe) d'eau dans un petit bol. Incorporer les bleuets, le sucre et le jus de citron. Cuire environ 3 minutes, jusqu'à ébullition et épaississement.

4. Mettre 4 crêpes sur chacune des 4 assiettes réchauffées. Garnir chaque portion avec 30 ml (2 c. à soupe) de sauce chaude.

PAR PORTION: 342 Calories, 10 g Gras total, 2 g Gras saturé, 5 mg Cholestérol, 408 mg Sodium, 53 g Glucide total, 5 g Fibres alimentaires, 12 g Protéines, 205 mg Calcium.

PORTION DONNE: 2 pain, 1 fruits/légumes, 1 protéines/lait, 1 matières grasses.

POINTS PAR PORTION: 7.

Pain doré à l'orange

2 PORTIONS

Samantha Peterson
New Ringgold, Pennsylvanie

Si vous avez des bleuets frais sous la main, mettez-en quelques-uns sur le yogourt avant de servir. Un délice qui contient peu de calories.

- 125 ml (½ tasse) de lait écrémé
- 75 ml (⅓ tasse) de substitut d'œuf sans matières grasses
- 15 ml (1 c. à soupe) de zeste d'orange
- 5 ml (1 c. à thé) d'extrait de vanille
- 1 pincée de cannelle moulue
- 4 tranches de pain de blé entier hypocalorique
- 125 ml (½ tasse) de yogourt à la vanille sans matières grasses
- 1 grosse orange navel, coupée en 8 tranches

1. Dans un bol peu profond, mélanger le lait, le substitut d'œuf, le zeste d'orange, la vanille et la cannelle. Tremper les tranches de pain dans ce mélange en les enrobant bien des deux côtés. Il ne devrait plus rester de préparation aux œufs dans le bol.

2. Vaporiser une grande poêle à revêtement anti-adhésif avec de l'enduit anticollant et mettre sur le feu. Ajouter le pain, 2 tranches à la fois, et cuire environ 3 minutes, jusqu'à ce qu'un côté soit doré. Retourner les tranches de pain et cuire 2 minutes de plus. Couper chaque tranche diagonalement en deux. Mettre 4 moitiés de pain sur chacune des 2 assiettes. Napper de yogourt et garnir avec les tranches d'orange.

PAR PORTION: 250 Calories, 2 g Gras total, 0 g Gras saturé, 3 mg Cholestérol, 374 mg Sodium, 48 g Glucide total, 8 g Fibres alimentaires, 14 g Protéines, 261 mg Calcium.

PORTION DONNE: 1 pain, 1 fruits/légumes, 1 protéines/lait.

POINTS PAR PORTION: 4.

Quiche au brocoli et aux champignons

6 PORTIONS

Maria A. Geocos
Dumont, New Jersey

« Je dois mon succès aux mets délicieux et bons pour la santé que je peux servir à la fois à ma famille et à mes invités », nous dit Marie, qui a perdu 10,9 kg (24 lb). Elle apprécie particulièrement des plats tels que cette quiche sans croûte que vous pouvez aussi servir les jours de fête.

- 15 ml (1 c. à soupe) de margarine dure sans sel
- 1 litre (4 tasses) de bouquets de brocoli
- 2 oignons, hachés
- 250 ml (1 tasse) de champignons, en tranches
- 250 ml (1 tasse) de farine tout usage
- 10 ml (2 c. à thé) de levure chimique (poudre à pâte) à double action
- 250 ml (1 tasse) de substitut d'œuf sans matières grasses
- 250 ml (1 tasse) de lait écrémé
- 500 ml (2 tasses) de mozzarella sans matières grasses, finement râpée

1. Préchauffer le four à 180 °C (350 °F). Vaporiser une assiette à tarte de 22,5 cm (9 po) avec de l'enduit anticollant.

2. Faire fondre la margarine dans une grande poêle à revêtement antiadhésif. Ajouter le brocoli, les oignons et les champignons. Cuire, en remuant constamment, environ 5 minutes, jusqu'à ce qu'ils soient tendres.

3. Dans un grand bol, mélanger la farine et la levure chimique. Ajouter le substitut d'œuf et le lait et bien mélanger avec une cuiller en bois jusqu'à consistance onctueuse. Incorporer le fromage et la préparation au brocoli. Verser dans l'assiette à tarte. Cuire au four environ 35 minutes, jusqu'à ce que le dessus soit doré et qu'un couteau inséré au centre ressorte propre.

PAR PORTION: 229 Calories, 3 g Gras total, 0 g Gras saturé, 5 mg Cholestérol, 663 mg Sodium, 29 g Glucide total, 4 g Fibres alimentaires, 22 g Protéines, 472 mg Calcium.

PORTION DONNE: 1 pain, 1 fruits/légumes, 1 protéines/lait, 1 matières grasses.

POINTS PAR PORTION: 4.

Quiche au riz et aux courgettes

6 PORTIONS

Rebecca Raiewski
Petaluma, Californie

Rebecca nous offre une version allégée de cette recette qui a toujours été l'une des préférées de sa famille. Essayez-la pour le brunch ou apportez-la à un repas communautaire.

375 ml (1 ½ tasse) de riz brun, cuit

1 ½ courgette moyenne, finement râpée et égouttée

30 ml (2 c. à soupe) de piments verts du Chili hachés en conserve

250 ml (1 tasse) de cheddar fort à teneur réduite en matières grasses, finement râpé

250 ml (1 tasse) de lait écrémé

2 œufs

3 blancs d'œufs

1 ml (¼ c. à thé) de poivre noir fraîchement moulu

1. Préchauffer le four à 190 °C (375 °F). Vaporiser une assiette à tarte de 22,5 cm (9 po) avec de l'enduit anticollant.

2. Avec les mains humectées, presser le riz uniformément au fond et sur les côtés de l'assiette. Couvrir uniformément avec les courgettes et les piments.

3. Dans un bol moyen, mélanger 125 ml (½ tasse) de fromage, le lait, les œufs, les blancs d'œufs et le poivre. Verser dans l'assiette. Recouvrir uniformément avec le restant de fromage râpé (125 ml/½ tasse). Cuire au four environ 45 minutes, jusqu'à ce que le dessus soit doré et qu'un couteau inséré au centre ressorte propre. Laisser reposer 5 minutes avant de servir.

PAR PORTION: 175 Calories, 5 g Gras total, 3 g Gras saturé, 85 mg Cholestérol, 236 mg Sodium, 18 g Glucide total, 0 g Fibres alimentaires, 13 g Protéines, 239 mg Calcium.

PORTION DONNE: 1 pain, 2 protéines/lait.

POINTS PAR PORTION: 4.

Frittata minute

4 PORTIONS

Karen J. Jackson
Little Rock, Arkansas

Le secret pour réussir une bonne frittata (omelette à l'italienne) est de cuire les œufs à feu doux et de veiller à ce que le fond ne brûle pas. Servez-la avec une biscotte ou une tranche de pain grillée pour faire un repas satisfaisant.

- 1 oignon, haché
- ½ poivron vert, épépiné et haché
- 1 tomate, coupée en dés
- 2 ml (½ c. à thé) d'origan séché
- 500 ml (2 tasses) de substitut d'œuf sans matières grasses
- 75 ml (⅓ tasse) de fromage monterey jack à teneur réduite en matières grasses, finement râpé
- Poivre noir fraîchement moulu, au goût

1. Vaporiser une poêle moyenne à revêtement antiadhésif avec de l'enduit anticollant et mettre sur le feu. Ajouter les oignons et les poivrons. Cuire, en remuant au besoin, environ 5 minutes, jusqu'à ce qu'ils soient tendres. Ajouter les tomates et l'origan. Cuire, en remuant au besoin, environ 2 minutes, jusqu'à ce que les tomates soient tendres.

2. Pendant ce temps, vaporiser une grande poêle à revêtement antiadhésif avec de l'enduit anticollant et mettre à feu moyen-doux. Verser le substitut d'œuf dans la poêle et cuire environ 8 minutes, jusqu'à ce que le mélange soit bien pris, en soulevant souvent les côtés avec une spatule pour laisser le substitut d'œuf couler en dessous.

3. Garnir la frittata uniformément avec la préparation aux tomates et le fromage. Cuire à couvert environ 3 minutes, jusqu'à ce que le fromage soit fondu. Servir et poivrer au goût.

PAR PORTION: 112 Calories, 2 g Gras total, 1 g Gras saturé, 7 mg Cholestérol, 279 mg Sodium, 7 g Glucide total, 1 g Fibres alimentaires, 16 g Protéines, 134 mg Calcium.

PORTION DONNE: 1 fruits/légumes, 2 protéines/lait.

POINTS PAR PORTION: 2.

Œufs fiesta

2 PORTIONS

Kim Nickelson
Trenton, New Jersey

Kim sert ce plat surtout pendant le week-end alors que l'esprit est à la détente et qu'elle peut enfin prendre le temps de savourer un mets qui sort de l'ordinaire.

- 2 œufs, légèrement battus
- 1 tomate prune, hachée
- 2 tortillas de blé sans matières grasses de 15 cm (6 po) chacune
- 50 ml (¼ tasse) de salsa
- 45 ml (3 c. à soupe) de fromage monterey jack sans matières grasses, finement râpé

1. Vaporiser une petite poêle à revêtement antiadhésif avec de l'enduit anticollant et mettre sur le feu. Ajouter les œufs et les tomates. Cuire, en remuant constamment, environ 2 minutes, jusqu'à ce que les œufs soient brouillés.

2. Verser la préparation aux œufs avec une cuiller sur les tortillas. Garnir chaque tortilla avec la moitié de la salsa et du fromage. Cuire une tortilla à la fois environ 1 minute à chaleur moyenne-élevée au micro-ondes, jusqu'à ce que le fromage soit fondu.

PAR PORTION: 192 Calories, 6 g Gras total, 2 g Gras saturé, 213 mg Cholestérol, 556 mg Sodium, 22 g Glucide total, 1 g Fibres alimentaires, 12 g Protéines, 26 mg Calcium.

PORTION DONNE: 1 pain, 1 fruits/légumes, 1 protéines/lait.

POINTS PAR PORTION: 4.

Œufs à la mexicaine pour le brunch

6 PORTIONS

Tara Meier
Greenwood, Indiana

Tara sait s'organiser quand elle attend de nombreux invités. Son secret: préparer et réfrigérer les plats la veille et cuire le tout juste avant le repas. Une heureuse manière de se sentir détendue avec les amis qu'elle reçoit à sa table.

- 500 ml (2 tasses) de substitut d'œuf sans matières grasses
- 1 boîte de 427 ml (14 ½ oz) de tomates étuvées (sans sel ajouté)
- 1 oignon, finement haché
- ½ poivron vert, épépiné et coupé en dés
- 125 ml (½ tasse) de lamelles de jambon bouilli
- 3 tortillas de blé sans matières grasses de 15 cm (6 po) chacune, coupées en lamelles de 5 x 1,25 cm (2 x ½ po)
- 175 ml (¾ tasse) de fromage monterey jack à teneur réduite en matières grasses, finement râpé

1. Préchauffer le four à 180 °C (350 °F). Vaporiser un plat de cuisson de 25 x 15 cm (10 x 6 po) avec de l'enduit anticollant et réserver.

2. Dans un bol moyen, mélanger le substitut d'œuf, les tomates, les oignons et les poivrons. Incorporer le jambon et les lamelles de tortillas en mélangeant juste assez pour humecter celles-ci.

3. Verser dans le plat de cuisson. Couvrir de fromage et cuire au four environ 40 minutes, jusqu'à ce qu'un couteau inséré au centre ressorte propre.

PAR PORTION: 163 Calories, 3 g Gras total, 2 g Gras saturé, 16 mg Cholestérol, 520 mg Sodium, 16 g Glucide total, 2 g Fibres alimentaires, 17 g Protéines, 179 mg Calcium.

PORTION DONNE: 1 pain, 1 fruits/légumes, 2 protéines/lait.

POINTS PAR PORTION: 3.

Strata au fromage et à la tomate

6 PORTIONS

Mariemma Thompson
Wall, New Jersey

Mariemma sert ce plat avec une bonne salade et elle offre un pouding sans matières grasses comme dessert. Et vous appelez cela de la cuisine diététique?

- 12 tranches de pain de blé entier hypocalorique
- 500 ml (2 tasses) de cheddar fort sans matières grasses, finement râpé
- 2 tomates, en tranches
- 5 ml (1 c. à thé) d'huile végétale
- 2 oignons, hachés
- 500 ml (2 tasses) de lait écrémé
- 250 ml (1 tasse) de substitut d'œuf sans matières grasses
- 15 ml (1 c. à soupe) de moutarde de Dijon
- 1 ml (¼ c. à thé) de poivre noir fraîchement moulu
- 3 tranches de bacon, cuites, croustillantes et émiettées

1. Vaporiser un plat de cuisson de 32,5 x 22,5 cm (13 x 9 po) avec de l'enduit anticollant. Mettre 6 tranches de pain dans le plat. Couvrir uniformément avec le tiers du fromage et la moitié des tomates. Répéter la même opération. Couvrir avec le fromage restant.

2. Chauffer l'huile dans une petite poêle à revêtement antiadhésif. Ajouter les oignons et cuire, en remuant au besoin, environ 5 minutes, jusqu'à ce qu'ils soient tendres.

3. Dans un bol moyen, mélanger les oignons, le lait, le substitut d'œuf, la moutarde et le poivre. Verser sur la préparation au pain. Couvrir et mettre dans le réfrigérateur au moins 1 heure ou toute la nuit.

4. Préchauffer le four à 180 °C (350 °F). Cuire la strata environ 1 heure, jusqu'à ce qu'elle soit gonflée et dorée. Garnir avec les miettes de bacon et servir.

PAR PORTION: 250 Calories, 4 g Gras total, 1 g Gras saturé, 8 mg Cholestérol, 740 mg Sodium, 32 g Glucide total, 6 g Fibres alimentaires, 26 g Protéines, 493 mg Calcium.

PORTION DONNE: 1 pain, 1 fruits/légumes, 2 protéines/lait.

POINTS PAR PORTION: 4.

Délice minute pour le brunch

4 PORTIONS

Sarah J. McCutcheon
Hopewell, Virginie

Sarah aime préparer ce plat la veille et il ne lui reste plus qu'à le mettre au four le matin venu. Un des mets favoris de sa famille, surtout les jours de fête.

- 250 ml (1 tasse) de substitut d'œuf sans matières grasses
- 250 ml (1 tasse) de lait écrémé
- 120 g (4 oz) de pain italien, coupé en cubes
- 175 ml (¾ tasse) de saucisses de dinde, cuites et coupées en tranches
- 175 ml (¾ tasse) de cheddar fort à teneur réduite en matières grasses, finement râpé
- 1 ml (¼ c. à thé) de poivre noir fraîchement moulu
- 3 pimientos entiers en conserve, égouttés et coupés en julienne

1. Préchauffer le four à 180 °C (350 °F). Vaporiser un plat de cuisson carré de 20 x 20 cm (8 x 8 po) avec de l'enduit anticollant.

2. Dans un bol moyen, mélanger le substitut d'œuf et le lait. Ajouter le pain, les saucisses, la moitié du fromage et le poivre. Mélanger jusqu'à ce que le pain soit bien humecté.

3. Verser la préparation dans le plat de cuisson et recouvrir uniformément avec le fromage restant. Cuire au four environ 40 minutes, jusqu'à ce que le dessus soit doré et qu'un couteau inséré au centre ressorte propre. Garnir avec les pimientos et servir.

PAR PORTION: 263 Calories, 9 g Gras total, 5 g Gras saturé, 40 mg Cholestérol, 712 mg Sodium, 20 g Glucide total, 1 g Fibres alimentaires, 24 g Protéines, 313 mg Calcium.

PORTION DONNE: 1 pain, 3 protéines/lait.

POINTS PAR PORTION: 5.

Soufflé aux pommes

8 PORTIONS

Diane Honer
Ivoryton, Connecticut

Ce soufflé doré fera le bonheur de tous au petit-déjeuner, au dîner, au souper et même comme dessert. La famille et les amis de Diane ne se lassent jamais de manger ce délice.

- 280 ml (1 tasse + 2 c. à soupe) de farine tout usage
- 45 ml (3 c. à soupe) de sucre
- 2 ml (½ c. à thé) de sel
- 2 ml (½ c. à thé) de cannelle moulue
- 500 ml (2 tasses) de substitut d'œuf sans matières grasses
- 500 ml (2 tasses) de lait écrémé
- 5 ml (1 c. à thé) d'extrait de vanille
- 30 ml (2 c. à soupe) de margarine dure sans sel
- 6 pommes, pelées et coupées en tranches fines
- 45 ml (3 c. à soupe) de cassonade légère bien tassée

1. Préchauffer le four à 220 °C (425 °F).

2. Dans un grand bol, mélanger la farine, le sucre, le sel et la cannelle et faire un puits au centre. Y verser le substitut d'œuf, le lait et la vanille. Fouetter pour bien mélanger tous les ingrédients.

3. Déposer la margarine dans un plat de cuisson de 32,5 x 22,5 cm (13 x 9 po) et mettre au four environ 3 minutes, jusqu'à ce qu'elle soit fondue et pétillante. Ajouter les pommes et bien les enrober de margarine fondue. Cuire au four environ 5 minutes, jusqu'à ce qu'elles soient bien chaudes. Verser la préparation aux œufs sur les pommes et saupoudrer avec la cassonade. Cuire au four environ 35 minutes, jusqu'à ce que le soufflé soit gonflé et doré et qu'un couteau inséré au centre ressorte propre. Servir immédiatement.

PAR PORTION: 222 Calories, 3 g Gras total, 1 g Gras saturé, 1 mg Cholestérol, 271 mg Sodium, 38 g Glucide total, 2 g Fibres alimentaires, 10 g Protéines, 109 mg Calcium.

PORTION DONNE: 1 pain, 1 fruits/légumes, 1 protéines/lait, 1 matières grasses, 40 calories boni.

POINTS PAR PORTION: 4.

Sandwich à l'aubergine grillée

2 PORTIONS

Adrienne M. Byrne
Brewster, New York

Réceptionniste et préposée à la pesée chez Weight Watchers, Adrienne aime rencontrer de nouveaux venus pour leur donner de bons conseils. Un de ses secrets les moins bien gardés est la recette de ce sandwich chaud qui fait la joie de tous pendant le week-end.

½ aubergine (240 à 360 g/8 à 12 oz), coupée en 4 rondelles de 1,25 cm (½ po)

1 oignon, en tranches

1 pot de 113 ml (4 oz) de pimientos en tranches, égouttés

1 ml (¼ c. à thé) de poivre noir fraîchement moulu

2 petits pains, ouverts, chauds

15 ml (1 c. à soupe) de vinaigrette balsamique hypocalorique

1. Vaporiser une grande poêle à revêtement antiadhésif avec de l'enduit anticollant et mettre sur le feu. Ajouter les aubergines et cuire, en retournant de temps en temps, de 5 à 6 minutes, jusqu'à ce qu'elles soient tendres et brunissent légèrement. Transvider sur une assiette et réserver au chaud.

2. Vaporiser le même poêlon une autre fois avec de l'enduit anticollant. Ajouter les oignons et cuire, en remuant au besoin, de 1 à 2 minutes, jusqu'à ce qu'ils soient tendres mais encore croquants. Ajouter les pimientos et le poivre. Cuire, en remuant au besoin, de 1 à 2 minutes, jusqu'à ce que les oignons soient tendres.

3. Pour faire les sandwiches, placer la moitié d'un pain sur chacune des 2 assiettes. Couvrir avec les aubergines et les oignons et arroser de vinaigrette. Recouvrir avec les moitiés de pain restantes.

PAR PORTION: 251 Calories, 6 g Gras total, 1 g Gras saturé, 1 mg Cholestérol, 385 mg Sodium, 44 g Glucide total, 4 g Fibres alimentaires, 7 g Protéines, 127 mg Calcium.

PORTION DONNE: 2 pain, 1 fruits/légumes.

POINTS PAR PORTION: 5.

Sandwich Reuben

1 PORTION

Nicky Slobodnjak
Elk Grove, Californie

Nicky aime bien nous rappeler que ce superbe sandwich fait bel et bien partie des plats diète qui s'intègrent bien au Programme Weight Watchers. Une version allégée du sandwich Reuben traditionnel.

- 2 tranches de pain de seigle hypocalorique, grillées
- 5 ml (1 c. à thé) de moutarde de Dijon
- 1 tranche mince de jambon déli, coupée en deux
- 45 ml (3 c. à soupe) de gruyère, finement râpé
- 30 ml (2 c. à soupe) de choucroute, rincée et égouttée

1. Préchauffer le gril.

2. Étendre la moutarde sur le pain. Couvrir chaque tranche uniformément avec le jambon et le fromage. Placer sous le gril à 12,5 cm (5 po) de la source chaleur. Laisser griller environ 1 minute, jusqu'à ce que le fromage soit fondu.

3. Pendant ce temps, mettre la choucroute dans un petit plat allant au micro-ondes. Couvrir et réchauffer à chaleur élevée environ 30 secondes. Couvrir chaque sandwich avec la choucroute.

PAR PORTION: 234 Calories, 10 g Gras total, 5 g Gras saturé, 38 mg Cholestérol, 894 mg Sodium, 20 g Glucide total, 0 g Fibres alimentaires, 17 g Protéines, 257 mg Calcium.

PORTION DONNE: 1 pain, 2 protéines/lait.

POINTS PAR PORTION: 6.

Sandwich aux portobellos grillés

4 PORTIONS

Beth L. Hendrix
Hendersonville, Tennessee

Même si elle aime bien regarder les émissions de cuisine à la télé et consulter tous les livres de recettes qui lui tombent sous la main, Beth nous assure que ce sandwich est bel et bien sa création authentique. Son mari et elle croient que ce genre de recettes très appétissantes leur permettent d'être de fins gourmets tout en restant fidèles à leur Programme.

20 ml (4 c. à thé) d'huile d'olive extravierge

15 ml (1 c. à soupe) de jus de citron fraîchement pressé

5 ml (1 c. à thé) de basilic séché

2 ml (½ c. à thé) d'origan séché

1 ml (¼ c. à thé) de poivre noir fraîchement moulu

240 g (8 oz) de champignons portobellos, en tranches

1 oignon, en tranches

4 tranches de fromage suisse à teneur réduite en matières grasses

2 gros pains à salade au levain, coupés en deux

1. Vaporiser le gril ou la grille avec de l'enduit anticollant et réserver. Préchauffer le gril.

2. Dans un grand bol, mélanger l'huile, le jus de citron, le basilic, l'origan et le poivre. Ajouter les champignons et bien les enrober. Laisser mariner 10 minutes.

3. Pendant ce temps, vaporiser une grande poêle à revêtement antiadhésif avec de l'enduit anticollant et mettre sur le feu. Ajouter les oignons et cuire, en remuant au besoin, environ 5 minutes, jusqu'à ce qu'ils soient tendres. Réserver.

4. Griller les champignons à 12,5 cm (5 po) de la source de chaleur environ 4 minutes de chaque côté, jusqu'à ce qu'ils brunissent. Transvider dans un bol moyen.

5. Mettre 1 tranche de fromage sur chaque moitié de pain et griller 2 minutes, jusqu'à ce que le fromage soit fondu. Couvrir de champignons et d'oignons.

PAR PORTION: 282 Calories, 10 g Gras total, 3 g Gras saturé, 11 mg Cholestérol, 387 mg Sodium, 35 g Glucide total, 3 g Fibres alimentaires, 13 g Protéines, 286 mg Calcium.

PORTION DONNE: 2 pain, 1 fruits/légumes, 1 protéines/lait, 1 matières grasses.

POINTS PAR PORTION: 6.

Pitas suprêmes au rosbif

2 PORTIONS

Lisa Noble
Red Deer, Alberta

Si vous rêvez d'un sandwich qui ne ressemble à aucun autre, vous apprécierez cette recette. Les oranges lui ajoutent de la couleur et un bon goût sucré tandis que les pacanes lui donnent un caractère croquant très agréable. Ce plat est si bon qu'on pourrait le servir dans tous les grands cafés du monde.

120 g (4 oz) de tranches de rosbif maigre, coupées en lamelles

500 ml (2 tasses) de laitue romaine, déchiquetée

1 petit orange, pelée et coupée en morceaux

30 ml (2 c. à soupe) de vinaigre balsamique

15 ml (1 c. à soupe) de pacanes, grossièrement hachées

1 ml (¼ c. à thé) de basilic séché

2 petits pains pitas de son d'avoine, coupés en deux

Dans un bol moyen, mélanger le bœuf, la laitue, les oranges, le vinaigre, les pacanes et le basilic. Partager cette préparation entre les 4 moitiés de pitas.

PAR PORTION: 243 Calories, 7 g Gras total, 2 g Gras saturé, 46 mg Cholestérol, 193 mg Sodium, 25 g Glucide total, 5 g Fibres alimentaires, 21 g Protéines, 59 mg Calcium.

PORTION DONNE: 1 pain, 2 fruits/légumes, 2 protéines/lait, 1 matières grasses.

POINTS PAR PORTION: 4.

Sandwich à la salade de dinde à l'estragon

2 PORTIONS

Maria A. Cerino
Colchester, Connecticut

Maria a deux jeunes fils et elle est très occupée. La recette qu'elle nous propose contient un ingrédient clé: l'estragon.

- 250 ml (1 tasse) de poitrine de dinde, cuite, hachée finement
- 1 carotte, finement râpée
- 1 branche de céleri, finement hachée
- 2 oignons verts, en tranches fines
- 10 ml (2 c. à thé) de mayonnaise hypocalorique
- 10 ml (2 c. à thé) d'estragon frais, haché, ou 2 ml (½ c. à thé) d'estragon séché
- 0,5 ml (⅛ c. à thé) de poivre noir fraîchement moulu
- 2 petits pains pitas de son d'avoine, coupés en deux

Dans un bol moyen, mélanger la dinde, les carottes, le céleri, les oignons verts, la mayonnaise, l'estragon et le poivre. Déposer avec une cuiller environ 75 ml (⅓ tasse) de la préparation à la dinde dans chaque moitié de pain pita.

PAR PORTION: 193 Calories, 3 g Gras total, 1 g Gras saturé, 49 mg Cholestérol, 239 mg Sodium, 22 g Glucide total, 4 g Fibres alimentaires, 21 g Protéines, 41 mg Calcium.

PORTION DONNE: 1 pain, 1 fruits/légumes, 2 protéines/lait, 1 matières grasses.

POINTS PAR PORTION: 3.

Sandwiches aux légumes grillés

Sandwiches aux légumes grillés

4 PORTIONS

Tonett Wojtasik
Etobicoke, Ontario

Tonett, qui a perdu 29 kg (64 lb) en un an, est heureuse que les membres de sa famille apprécient les repas Weight Watchers qu'elle prépare. Ces sandwiches végétariens très colorés sont vite devenus les favoris de toute la maisonnée.

1 petite aubergine de 360 g (12 oz), coupée en tranches de 0,6 cm (¼ po)

2 poivrons rouges, coupés en deux et épépinés

2 champignons portobellos, en tranches

1 courgette moyenne, coupée en tranches de 0,6 cm (¼ po)

2 ml (½ c. à thé) de poivre noir fraîchement moulu

1 ml (¼ c. à thé) de sel

4 petits pains italiens croûtés

30 ml (2 c. à soupe) de vinaigrette sans matières grasses

½ oignon rouge, grossièrement haché

(Voir photo.)

1. Placer les grilles du four de façon à le séparer en trois parties égales. Préchauffer le four à 260 °C (500 °F). Vaporiser deux moules à gâteau roulé de 37,5 x 25 cm (15 x 10 po) ou deux grandes rôtissoires avec de l'enduit anticollant.

2. Mettre les aubergines, les poivrons, les champignons et les courgettes dans les moules et les vaporiser légèrement avec de l'enduit anticollant. Poivrer et saler. Cuire au four de 6 à 7 minutes de chaque côté, jusqu'à ce qu'ils soient légèrement noircis.

3. Mettre les poivrons dans un sac de papier. Fermer le sac et laisser reposer 10 minutes. Peler les poivrons. Couper les pains en deux et couvrir 4 moitiés uniformément avec des poivrons, des aubergines, des champignons et des courgettes. Arroser de vinaigrette et garnir avec les oignons hachés. Couvrir avec les moitiés de pain restantes pour faire 4 sandwiches.

PAR PORTION: 216 Calories, 3 g Gras total, 1 g Gras saturé, 0 mg Cholestérol, 570 mg Sodium, 41 g Glucide total, 5 g Fibres alimentaires, 8 g Protéines, 93 mg Calcium.

PORTION DONNE: 2 pain, 2 fruits/légumes.

POINTS PAR PORTION: 4.

Pain grillé au thon et au fromage fondu

2 PORTIONS

Sharon Clark
Saint Charles, Ontario

Sharon, qui a perdu 18 kg (40 lb) en six mois, s'amuse à faire des expériences culinaires. Elle est fière de ces sandwiches qu'elle sert la plupart du temps avec une salade composée ou quelques bâtonnets de carotte et de concombre.

1 boîte de 180 g (6 oz) de thon conservé dans l'eau, égoutté et défait en flocons

1 branche de céleri, finement hachée

4 oignons verts, en tranches fines

10 ml (2 c. à thé) de mayonnaise hypocalorique

0,5 ml (1/8 c. à thé) de poivre noir fraîchement moulu

4 tranches de pain de blé entier hypocalorique, grillées

45 ml (3 c. à soupe) de fromage suisse, finement râpé

1. Préchauffer le gril.

2. Dans un bol moyen, mélanger le thon, le céleri, les oignons verts, la mayonnaise et le poivre. Partager cette préparation entre les 4 tranches de pain. Garnir de fromage râpé. Griller à 12,5 cm (5 po) de la source de chaleur de 1 à 2 minutes, jusqu'à ce que le fromage soit fondu.

PAR PORTION: 270 Calories, 5 g Gras total, 1 g Gras saturé, 37 mg Cholestérol, 648 mg Sodium, 27 g Glucide total, 7 g Fibres alimentaires, 31 g Protéines, 146 mg Calcium.

PORTION DONNE: 1 pain, 1 protéines/lait, 1 matières grasses.

POINTS PAR PORTION: 4.

Petits pains à la dinde et au fromage fondu

4 PORTIONS

Stephanie W. Tice
Charlottesville, Virginie

« Plus je mange tôt en arrivant chez moi après mon travail, moins j'ai le goût de grignoter pendant que je cuisine », nous dit Stephanie. Voici donc une recette qui exige un minimum d'efforts et qui donne un maximum de satisfaction.

- 15 ml (1 c. à soupe) de margarine dure sans sel
- 500 ml (2 tasses) de champignons, en tranches
- 2 oignons, hachés
- 500 ml (2 tasses) de poitrine de dinde, cuite, sans peau, coupée en lamelles
- 4 petits pains aux pommes de terre, ouverts et grillés
- 175 ml (¾ tasse) de fromage monterey jack à teneur réduite en matières grasses, finement râpé

1. Préchauffer le gril.

2. Faire fondre la margarine dans une grande poêle à revêtement antiadhésif. Ajouter les champignons et les oignons. Cuire, en remuant au besoin, environ 5 minutes, jusqu'à ce qu'ils soient tendres. Ajouter la dinde et cuire environ 1 minute pour réchauffer.

3. Mettre les pains grillés sur une plaque à pâtisserie à revêtement antiadhésif. Mettre la même quantité de préparation à la dinde sur chaque pain et couvrir de fromage. Griller de 1 à 2 minutes, jusqu'à ce que le fromage soit fondu.

PAR PORTION : 338 Calories, 9 g Gras total, 4 g Gras saturé, 63 mg Cholestérol, 502 mg Sodium, 33 g Glucide total, 2 g Fibres alimentaires, 30 g Protéines, 266 mg Calcium.

PORTION DONNE : 2 pain, 1 fruits/légumes, 3 protéines/lait, 1 matières grasses.

POINTS PAR PORTION : 7.

Salade Waldorf au poulet

4 PORTIONS

Jonna Marie Gabriele
Stamford, Connecticut

Propriétaires d'une importante société, Jonna et son mari ont de longues heures de travail et ils ont peu de temps pour cuisiner de bonnes choses. Voici l'une de leurs recettes préférées. Servez cette salade avec des toasts Melba ou des pains bâtons.

2 pommes Délicieuse rouge, évidées et coupées en dés

15 ml (1 c. à soupe) de jus de lime fraîchement pressé

500 ml (2 tasses) de poitrine de poulet sans peau, cuite et coupée en dés

500 ml (2 tasses) de petits raisins sans pépins, coupés en deux

50 ml (¼ tasse) de noix, grossièrement hachées

50 ml (¼ tasse) de crème sure sans matières grasses

10 ml (2 c. à thé) de mayonnaise hypocalorique

10 ml (2 c. à thé) de moutarde de Dijon

1 ml (¼ c. à thé) de sel

1 ml (¼ c. à thé) de poivre noir fraîchement moulu

12 grandes feuilles de laitue

Dans un grand bol, bien mélanger les pommes et le jus de lime. Ajouter le poulet, les raisins, les noix, la crème sure, la mayonnaise, la moutarde, le sel et le poivre. Bien mélanger. Mettre les feuilles de laitue sur des assiettes et recouvrir avec la préparation.

PAR PORTION: 286 Calories, 10 g Gras total, 2 g Gras saturé, 62 mg Cholestérol, 286 mg Sodium, 26 g Glucide total, 3 g Fibres alimentaires, 23 g Protéines, 58 mg Calcium.

PORTION DONNE: 1 fruits/légumes, 2 protéines/lait, 1 matières grasses.

POINTS PAR PORTION: 6.

Salade de pâtes fiesta

4 PORTIONS

Erika Baril
Atkinson, New Hampshire

« Cette recette obtient un succès fou au cours des barbecues ou des repas de camping. Personne ne peut deviner que cette salade renferme peu de matières grasses. Elle est tellement belle et son goût est vraiment relevé », nous écrit Erika. Ne dites pas à vos amis qu'il s'agit d'une recette santé. Vous verrez, votre salade disparaîtra en quelques minutes seulement!

650 ml (2 ⅔ tasses) de fusilli tricolores

8 demi-tomates séchées (non conservées dans l'huile)

125 ml (½ tasse) d'eau bouillante

30 ml (2 c. à soupe) de vinaigre balsamique

10 ml (2 c. à thé) d'huile d'olive extravierge

2 gousses d'ail, émincées

5 ml (1 c. à thé) de basilic séché

1 ml (¼ c. à thé) de poivre noir fraîchement moulu

1 courgette moyenne, coupée en dés

1 poivron rouge, épépiné et coupé en dés

4 oignons verts, en tranches

75 ml (⅓ tasse) de cheddar fort à teneur réduite en matières grasses, coupé en dés

1. Cuire les pâtes en suivant les indications inscrites sur l'emballage. Égoutter et rincer à l'eau froide.

2. Dans un petit bol, mélanger les tomates séchées et l'eau bouillante. Laisser reposer 5 minutes. Égoutter, enlever tout excès d'eau en pressant bien et hacher.

3. Dans un grand bol, mélanger le vinaigre, l'huile, l'ail, le basilic et le poivre. Ajouter les pâtes, les tomates, les courgettes, les poivrons et le fromage. Bien mélanger. Couvrir et mettre dans le réfrigérateur au moins 1 heure pour bien refroidir.

PAR PORTION: 287 Calories, 5 g Gras total, 2 g Gras saturé, 7 mg Cholestérol, 105 mg Sodium, 49 g Glucide total, 4 g Fibres alimentaires, 12 g Protéines, 126 mg Calcium.

PORTION DONNE: 2 pain, 2 fruits/légumes, 1 matières grasses.

POINTS PAR PORTION: 5.

Salade de thon

2 PORTIONS

Anne Kern
Spring Valley, New York

Nous sommes convaincus que cette salade fera l'unanimité dans votre famille. Cette version allégée est tellement meilleure que la recette traditionnelle! Vous pouvez la servir avec des pains bâtons de blé entier.

250 ml (1 tasse) de salade de brocoli (vendue en sac) ou de brocoli finement haché

1 tomate, hachée

1 boîte de 180 g (6 oz) de thon conservé dans l'eau, égoutté et défait en flocons

10 ml (2 c. à thé) de mayonnaise hypocalorique

10 ml (2 c. à thé) de vinaigre de cidre

0,5 ml (⅛ c. à thé) de poivre noir fraîchement moulu

500 ml (2 tasses) de laitues vertes variées, déchiquetées

½ concombre, pelé et coupé en pointes

Dans un bol moyen, mélanger le brocoli, les tomates, le thon, la mayonnaise, le vinaigre et le poivre. Mettre 250 ml (1 tasse) de laitue sur chacune des 2 assiettes. Couvrir avec la préparation, garnir de concombre et servir.

PAR PORTION: 160 Calories, 2 g Gras total, 0 g Gras saturé, 33 mg Cholestérol, 320 mg Sodium, 9 g Glucide total, 3 g Fibres alimentaires, 26 g Protéines, 67 mg Calcium.

PORTION DONNE: 2 fruits/légumes, 1 protéines/lait, 1 matières grasses.

POINTS PAR PORTION: 3.

Salade de couscous

8 PORTIONS

Kathy Rheinhart
Virginia Beach, Virginie

Quand Kathy part en camping avec sa famille, elle prend soin de toujours emporter cette salade dans ses bagages. Nos goûteurs ont beaucoup aimé son goût rafraîchissant et son beau mélange de couleurs. Vous l'aimerez avec des pains bâtons. Essayez-la à l'heure du lunch ou comme mets d'accompagnement pour le souper.

500 ml (2 tasses) de bouillon de légumes

1 boîte de 300 g (10 oz) de couscous

10 ml (2 c. à thé) d'huile d'olive extravierge

1 oignon rouge, haché

3 gousses d'ail, émincées

1 courgette moyenne, coupée en dés

1 courge jaune moyenne, coupée en dés

1 poivron rouge, épépiné et coupé en dés

1 boîte de 540 ml (19 oz) de pois chiches, rincés et égouttés

45 ml (3 c. à soupe) de jus de citron fraîchement pressé

2 ml (½ c. à thé) de poivre noir fraîchement moulu, ou au goût

24 grandes feuilles de laitue

30 ml (2 c. à soupe) de persil frais, haché

1. Amener le bouillon à ébullition dans une casserole moyenne. Incorporer le couscous. Retirer du feu, couvrir et laisser reposer environ 10 minutes, jusqu'à ce que le liquide soit absorbé.

2. Pendant ce temps, chauffer l'huile dans une grande poêle à revêtement antiadhésif. Ajouter les oignons et l'ail. Cuire, en remuant au besoin, environ 5 minutes, jusqu'à ce qu'ils soient tendres. Ajouter les courgettes, les courges et les poivrons. Cuire, en remuant au besoin, environ 5 minutes, jusqu'à ce que les légumes soient tendres mais encore croquants.

3. Transvider le couscous dans un grand bol de service. Défaire les grains avec une fourchette. Ajouter les légumes, les pois chiches, le jus de citron et le poivre. Mélanger avec une fourchette. Couvrir et mettre dans le réfrigérateur au moins 2 heures pour bien refroidir. Tapisser chacune des 8 assiettes à salade avec 3 feuilles de laitue. Couvrir avec la préparation au couscous, parsemer de persil et servir.

PAR PORTION: 216 Calories, 3 g Gras total, 0 g Gras saturé, 0 mg Cholestérol, 304 mg Sodium, 40 g Glucide total, 4 g Fibres alimentaires, 8 g Protéines, 43 mg Calcium.

PORTION DONNE: 1 pain, 1 fruits/légumes, 1 protéines/lait.

POINTS PAR PORTION: 4.

Pâtes aux légumes du jardin

Pâtes aux légumes du jardin

4 PORTIONS

Bonnie A. Richards
Dalton, Pennsylvanie

« J'ai un immense potager qui nourrit ma famille pendant toute l'année », nous dit Bonnie. Quelle joie de cueillir dans son propre potager la plupart des ingrédients qui composent cette recette.

5 ml (1 c. à thé) d'huile d'olive

2 courgettes moyennes, en tranches

500 ml (2 tasses) de bouquets de brocoli

3 gousses d'ail, émincées

2 tomates, grossièrement hachées

15 ml (1 c. à soupe) de basilic frais, haché, ou 5 ml (1 c. à thé) de basilic séché

7 ml (1 ½ c. à thé) de romarin frais, haché, ou 2 ml (½ c. à thé) de romarin séché, émietté

180 g (6 oz) de capellini (pâtes cheveux d'ange)

50 ml (¼ tasse) de parmesan, râpé

Poivre noir fraîchement moulu, au goût

(Voir photo.)

1. Chauffer l'huile dans une grande poêle à revêtement antiadhésif. Ajouter les courgettes, le brocoli et l'ail. Cuire, en remuant au besoin, environ 5 minutes, jusqu'à ce qu'ils soient tendres mais encore croquants.

2. Ajouter les tomates, le basilic, l'origan et le romarin. Cuire, en remuant au besoin, environ 5 minutes, jusqu'à ce que les tomates soient tendres.

3. Pendant ce temps, cuire les pâtes en suivant les indications inscrites sur l'emballage. Égoutter et réserver 50 ml (1/4 tasse) de leur eau de cuisson. Mettre les pâtes dans un bol de service. Ajouter la préparation aux légumes, le fromage et l'eau réservée. Bien remuer. Poivrer et servir.

PAR PORTION: 244 Calories, 4 g Gras total, 1 g Gras saturé, 4 mg Cholestérol, 122 mg Sodium, 43 g Glucide total, 5 g Fibres alimentaires, 12 g Protéines, 140 mg Calcium.

PORTION DONNE: 2 pain, 2 fruits/légumes.

POINTS PAR PORTION: 4.

Spaghetti aux épinards et au fromage

2 PORTIONS

Donna Sawicki
Mentor, Ohio

Donna a un horaire très chargé, ce qui ne l'empêche pas de s'amuser à créer des recettes à base de pâtes. Celle-ci est particulièrement savoureuse pendant l'été quand le basilic frais et les tomates abondent dans les marchés.

- 2 échalotes, hachées
- 2 gousses d'ail, émincées
- 1 botte d'épinards (environ 1 litre/4 tasses), nettoyés et déchiquetés
- 2 tomates, hachées
- 50 ml (¼ tasse) de basilic frais, haché
- 175 ml (¾ tasse) de mozzarella partiellement écrémée, finement râpée
- 1 ml (¼ c. à thé) de poivre noir grossièrement moulu
- 500 ml (2 tasses) de spaghetti, cuits et chauds
- 30 ml (2 c. à soupe) de parmesan, râpé

1. Vaporiser une grande poêle à revêtement antiadhésif avec de l'enduit anticollant et mettre sur le feu. Ajouter les échalotes et l'ail. Cuire, en remuant au besoin, environ 5 minutes, jusqu'à ce qu'ils soient tendres.

2. Ajouter les épinards, les tomates et le basilic. Remuer doucement. Réduire la chaleur et laisser mijoter à couvert de 4 à 5 minutes, jusqu'à ce que les épinards soient ramollis. Retirer du feu. Ajouter la mozzarella et le poivre et remuer. Mettre 250 ml (1 tasse) de pâtes sur chacune des 2 assiettes. Couvrir avec la préparation aux épinards, saupoudrer de parmesan râpé et servir.

PAR PORTION: 401 Calories, 11 g Gras total, 6 g Gras saturé, 29 mg Cholestérol, 366 mg Sodium, 56 g Glucide total, 6 g Fibres alimentaires, 23 g Protéines, 491 mg Calcium.

PORTION DONNE: 2 pain, 3 fruits/légumes, 2 protéines/lait.

POINTS PAR PORTION: 8.

Calzones légers

2 PORTIONS

Arlene Pafumi
Franklin Square, New York

Vous pouvez aussi cuire ces calzones dans le micro-ondes. Quand les rouleaux sont préparés, placez-les simplement sur une assiette, ouverture vers le fond. Couvrez avec de la pellicule plastique et cuisez à chaleur moyenne-élevée pendant 1 min 20 sec. Vous les aimerez ainsi ou encore cuits au four.

- 250 ml (1 tasse) de fromage ricotta partiellement écrémé
- 75 ml (⅓ tasse) de mozzarella sans matières grasses, finement râpée
- 1 tomate prune, coupée en dés
- 50 ml (¼ tasse) de jambon maigre, haché
- 0,5 ml (⅛ c. à thé) de poivre noir fraîchement moulu
- 4 tortillas de blé sans matières grasses de 15 cm (6 po) chacune

1. Préchauffer le four à 200 °C (400 °F).

2. Dans un bol moyen, mélanger les fromages, les tomates, le jambon et le poivre. Couvrir chaque tortilla avec une quantité égale de cette préparation. Rouler et envelopper dans du papier d'aluminium. Placer les paquets sur une plaque à pâtisserie. Cuire au four environ 10 minutes pour bien réchauffer. Ouvrir délicatement les paquets puisque de la vapeur s'en échappera.

PAR PORTION: 387 Calories, 11 g Gras total, 6 g Gras saturé, 49 mg Cholestérol, 1000 mg Sodium, 43 g Glucide total, 2 g Fibres alimentaires, 28 g Protéines, 470 mg Calcium.

PORTION DONNE: 2 pain, 2 protéines/lait.

POINTS PAR PORTION: 8.

Œufs brouillés au jambon, au fromage et aux légumes

2 PORTIONS

Stephanie Storms
Coon Rapids, Minnesota

Stephanie trouve que ce mets est une façon sûre de consommer tous les légumes dont nous avons besoin au cours d'une journée. Servez ces œufs avec des muffins anglais de son d'avoine grillés pour faire un repas santé très nourrissant.

1 carotte, finement hachée

1 courgette moyenne, coupée en dés

4 oignons verts, en tranches

50 ml (¼ tasse) de champignons, hachés

2 œufs, légèrement battus

50 ml (¼ tasse) de jambon maigre, en julienne

0,5 ml (⅛ c. à thé) de poivre noir fraîchement moulu

75 ml (⅓ tasse) de cheddar fort sans matières grasses, finement râpé

1. Vaporiser une grande poêle à revêtement antiadhésif avec de l'enduit anticollant et mettre sur le feu. Ajouter les carottes, les courgettes, les oignons verts et les champignons. Cuire, en remuant constamment, de 5 à 6 minutes, jusqu'à ce que les légumes soient tendres.

2. Ajouter les œufs, le jambon et le poivre. Cuire, en remuant constamment, de 2 à 3 minutes, jusqu'à ce que les œufs soient cuits. Ajouter le fromage et cuire, en remuant constamment, environ 30 secondes, jusqu'à ce que le fromage soit fondu.

PAR PORTION: 169 Calories, 7 g Gras total, 2 g Gras saturé, 222 mg Cholestérol, 395 mg Sodium, 11 g Glucide total, 3 g Fibres alimentaires, 18 g Protéines, 228 mg Calcium.

PORTION DONNE: 1 fruits/légumes, 2 protéines/lait.

POINTS PAR PORTION: 3.

Polenta au rapini

4 PORTIONS

Maria Colabella
Point Pleasant, New Jersey

« Ma mère a toujours fait de la polenta », écrit Maria, qui a transformé une recette traditionnelle pour lui donner une touche plus moderne.

1 boîte de 180 g (6 oz) de polenta

50 ml (¼ tasse) de parmesan, râpé

50 ml (¼ tasse) de poivre noir fraîchement moulu

10 ml (2 c. à thé) d'huile d'olive

3 gousses d'ail, émincées

2 litres (8 tasses) de rapini, nettoyé et grossièrement haché

1 ml (¼ c. à thé) de piment de Cayenne broyé

4 tranches de mozzarella partiellement écrémée de 30 g (1 oz) chacune

1. Vaporiser un plat de cuisson carré de 20 x 20 cm (8 x 8 po) avec de l'enduit anticollant et réserver.

2. Préparer la polenta en suivant les indications inscrites sur l'emballage. Retirer du feu et incorporer le parmesan et le poivre. Verser la polenta dans le plat de cuisson et laisser refroidir 10 minutes à la température ambiante. Couvrir et mettre dans le réfrigérateur au moins 2 heures, jusqu'à ce que la polenta soit ferme.

3. Préchauffer le four à 200 °C (400 °F). Chauffer l'huile dans une grande casserole. Ajouter l'ail et cuire, en remuant constamment, environ 1 minute, jusqu'à ce qu'il brunisse légèrement. Incorporer le rapini et le piment de Cayenne broyé. Réduire la chaleur et laisser mijoter à couvert, en remuant au besoin, de 10 à 12 minutes, jusqu'à ce que le rapini soit tendre.

4. Couper la polenta en 4 carrés et les mettre sur une plaque à pâtisserie. Couvrir chaque carré avec une quantité égale de légumes. Couvrir chaque carré avec 1 tranche de mozzarella. Cuire au four de 8 à 10 minutes pour bien réchauffer et faire fondre le fromage.

PAR PORTION: 284 Calories, 10 g Gras total, 4 g Gras saturé, 20 mg Cholestérol, 295 mg Sodium, 35 g Glucide total, 6 g Fibres alimentaires, 16 g Protéines, 356 mg Calcium.

PORTION DONNE: 2 pain, 2 fruits/légumes, 2 protéines/lait, 1 matières grasses.

POINTS PAR PORTION: 5.

Pizzas végétariennes aux épinards

4 PORTIONS

Jennifer Straus
Sterling Heights, Michigan

Jennifer est graphiste et mère de deux enfants. Elle a perdu plus de 18 kg (40 lb) grâce à Weight Watchers. Elle nous propose cette recette de pizza à faible teneur en matières grasses qui convient parfaitement aux familles qui aiment bien manger mais qui n'ont pas le temps de passer des heures dans la cuisine. Nos goûteurs ont apprécié le goût et la beauté de ce plat. De plus, vous pouvez surgeler ces pizzas et il n'est même pas nécessaire de les décongeler avant de les mettre au four. Deux ou trois minutes de cuisson supplémentaires feront l'affaire.

- ½ paquet de 300 g (10 oz) d'épinards hachés, décongelés et bien épongés
- 250 ml (1 tasse) de fromage ricotta sans matières grasses
- 2 gousses d'ail, émincées
- 5 ml (1 c. à thé) de basilic séché
- 2 ml (½ c. à thé) d'origan séché
- 10 ml (2 c. à thé) d'huile d'olive
- 1 courgette moyenne, en tranches
- 1 poivron rouge, épépiné et coupé en lamelles de 2,5 cm (1 po)
- 1 oignon, en tranches fines
- 4 gros pains pitas de blé entier
- 125 ml (½ tasse) de sauce tomate (sans sel ajouté)
- 250 ml (1 tasse) de mozzarella partiellement écrémée, finement râpée

1. Préchauffer le four à 200 °C (400 °F).

2. Dans un bol moyen, mélanger les épinards, la ricotta, l'ail, le basilic et l'origan.

3. Chauffer l'huile dans une grande poêle à revêtement antiadhésif. Ajouter les courgettes, les poivrons et les oignons. Cuire, en remuant au besoin, environ 4 minutes, jusqu'à ce qu'ils soient tendres mais encore croquants.

4. Mettre les pains pitas sur une plaque à pâtisserie à revêtement antiadhésif. Tartiner 125 ml (½ tasse) de préparation aux épinards sur chaque pain. Couvrir de sauce tomate et de légumes sautés. Garnir chaque pain avec une quantité égale de mozzarella. Cuire au four environ 15 minutes pour bien réchauffer et faire fondre le fromage.

PAR PORTION: 335 Calories, 9 g Gras total, 3 g Gras saturé, 16 mg Cholestérol, 539 mg Sodium, 43 g Glucide total, 6 g Fibres alimentaires, 23 g Protéines, 557 mg Calcium.

PORTION DONNE: 2 pain, 1 fruits/légumes, 2 protéines/lait, 1 matières grasses.

POINTS PAR PORTION: 6.

Tortillas minute aux poivrons

2 PORTIONS

 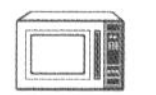  

Ann Marie Kynoch
Fairfield, Connecticut

Quand Ann Marie veut préparer un plat en un clin d'œil, elle pense immédiatement à ces tortillas inspirées de la cuisine mexicaine. Pour les rendre plus nourrissantes, elle leur ajoute parfois un peu de poulet.

1 poivron vert, épépiné et coupé en tranches

1 oignon, en tranches

125 ml (½ tasse) de salsa

75 ml (⅓ tasse) de cheddar fort à teneur réduite en matières grasses, finement râpé

2 tortillas de blé sans matières grasses de 15 cm (6 po) chacune

1. Vaporiser une grande poêle à revêtement antiadhésif avec de l'enduit anticollant et mettre sur le feu. Ajouter les poivrons et les oignons. Cuire, en remuant au besoin, environ 5 minutes, jusqu'à ce qu'ils soient tendres. Incorporer la salsa et cuire environ 1 minute pour bien réchauffer.

2. Couvrir chaque tortilla avec une quantité égale de fromage. Cuire une tortilla à la fois au micro-ondes, à chaleur moyenne-élevée, pendant 30 secondes, jusqu'à ce que le fromage soit fondu. Garnir chaque tortilla avec la moitié de la préparation aux poivrons.

PAR PORTION: 185 Calories, 4 g Gras total, 2 g Gras saturé, 13 mg Cholestérol, 675 mg Sodium, 28 g Glucide total, 2 g Fibres alimentaires, 9 g Protéines, 178 mg Calcium.

PORTION DONNE: 1 pain, 1 fruits/légumes, 1 protéines/lait.

POINTS PAR PORTION: 4.

Crêpes aux légumes

4 PORTIONS

Suzanne Ullyot
Winnipeg, Manitoba

Suzanne a emprunté cette recette à une cousine qui a passé quelque temps en Corée. Ces crêpes sont idéales pour le lunch, mais on peut les servir avec n'importe quelle entrée d'inspiration orientale ou occidentale. Vous pouvez rehausser leur goût avec de la compote de pomme.

280 ml (1 tasse + 2 c. à soupe) de farine tout usage
5 ml (1 c. à thé) de levure chimique (poudre à pâte) à double action
2 ml (½ c. à thé) de sel
2 œufs
1 grosse pomme de terre pour cuisson au four, brossée et râpée
2 carottes, râpées
1 oignon, râpé

1. Dans un grand bol, mélanger la farine, la levure chimique et le sel. Ajouter les œufs et 250 ml (1 tasse) d'eau. Mélanger juste assez pour amalgamer les ingrédients (ne pas trop mélanger). Incorporer les pommes de terre, les carottes et les oignons.

2. Vaporiser une grande poêle ou une poêle à crêpes à revêtement antiadhésif avec de l'enduit anticollant et mettre sur le feu. Verser dans la poêle 50 ml (¼ tasse) de pâte à crêpes à la fois. Cuire de 3 à 4 minutes, jusqu'à ce que des bulles commencent à se former autour de la crêpe. Retourner la crêpe et cuire de 2 à 3 minutes de plus. Répéter la même opération avec la pâte restante pour faire un total de 12 crêpes.

PAR PORTION: 254 Calories, 4 g Gras total, 1 g Gras saturé, 106 mg Cholestérol, 451 mg Sodium, 46 g Glucide total, 4 g Fibres alimentaires, 9 g Protéines, 114 mg Calcium.

PORTION DONNE: 2 pain, 1 fruits/légumes.

POINTS PAR PORTION: 5.

Linguine aux palourdes et aux épinards

4 PORTIONS

Nancy Mutchler
Wethersfield, Connecticut

Les invités seront incapables de deviner que ce plat contient peu de calories et de matières grasses. Peu importe puisqu'ils adoreront le goût!

- 10 ml (2 c. à thé) d'huile d'olive extravierge
- 6 gousses d'ail, émincées
- 2 boîtes de 180 g (6 oz) de palourdes émincées, égouttées (réserver le liquide)
- 2 litres (8 tasses) de feuilles d'épinards, nettoyées
- 1 ml (¼ c. à thé) de poivre noir fraîchement moulu
- 180 g (6 oz) de linguine
- 30 ml (2 c. à soupe) de parmesan, râpé

1. Chauffer l'huile dans une grande poêle à revêtement antiadhésif. Ajouter l'ail et cuire, en remuant constamment, environ 1 minute, jusqu'à ce qu'il brunisse légèrement.

2. Ajouter le liquide des palourdes, les épinards et le poivre. Remuer doucement. Amener à ébullition. Réduire la chaleur et laisser mijoter à couvert, en remuant au besoin, de 3 à 4 minutes, jusqu'à ce que les épinards soient ramollis. Ajouter les palourdes et cuire, en remuant au besoin, environ 2 minutes pour bien réchauffer.

3. Pendant ce temps, faire cuire les pâtes en suivant les indications inscrites sur l'emballage. Égoutter et transvider dans un grand plat de service. Ajouter immédiatement la préparation aux palourdes et bien remuer. Saupoudrer de parmesan râpé et servir.

PAR PORTION: 287 Calories, 5 g Gras total, 1 g Gras saturé, 32 mg Cholestérol, 188 mg Sodium, 40 g Glucide total, 4 g Fibres alimentaires, 21 g Protéines, 208 mg Calcium.

PORTION DONNE: 2 pain, 2 fruits/légumes, 1 protéines/lait, 1 matières grasses.

POINTS PAR PORTION: 5.

Chapitre 4

Plats d'accompagnement et salades

Pommes de terre au four

4 PORTIONS

Jane McCormick
North Canton, Ohio

Jane est maintenant retraitée et elle consacre ses énergies à la cuisine. Elle sait que Weight Watchers est la meilleure garantie pour bien manger tout en perdant du poids. Cette recette le prouve une fois de plus.

4 petites pommes de terre rouges, brossées et coupées en quartiers

1 oignon, haché

10 ml (2 c. à thé) de margarine dure sans sel

2 ml (½ c. à thé) de sel

1 ml (¼ c. à thé) de poivre noir fraîchement moulu

Brins de romarin frais (facultatif)

1. Préchauffer le four à 180 °C (350 °F). Vaporiser une casserole de 2 pintes (2 litres) allant au four avec de l'enduit anticollant.

2. Mettre les pommes de terre et les oignons dans la casserole. Couvrir avec la margarine coupée en petits morceaux, saler et poivrer. Ajouter le romarin. Couvrir et cuire au four environ 50 minutes, jusqu'à ce que les pommes de terre soient tendres.

PAR PORTION: 142 Calories, 2 g Gras total, 0 g Gras saturé, 0 mg Cholestérol, 285 mg Sodium, 27 g Glucide total, 3 g Fibres alimentaires, 3 g Protéines, 7 mg Calcium.

PORTION DONNE: 1 pain, 1 matières grasses.

POINTS PAR PORTION: 2.

Pommes de terre en escalope

4 PORTIONS

Karen Marshall
Scarborough, Ontario

Gagnez du temps en coupant les pommes de terre et les oignons avec le robot de cuisine. Quand tout est préparé, détendez-vous et laissez-vous enivrer par les arômes irrésistibles qui envahiront votre maison pendant la cuisson.

2 grosses pommes de terre pour cuisson au four, en tranches fines

2 oignons, en tranches fines

50 ml (¼ tasse) de persil frais, haché

45 ml (3 c. à soupe) de farine tout usage

1 ml (¼ c. à thé) de sel

1 ml (¼ c. à thé) de poivre noir fraîchement moulu

500 ml (2 tasses) de lait écrémé, chaud

75 ml (⅓ tasse) de cheddar à faible teneur en matières grasses, finement râpé

1. Préchauffer le four à 180 °C (350 °F). Vaporiser un plat de cuisson de 25 x 15 cm (10 x 6 po) avec de l'enduit anticollant.

2. Tapisser le fond du plat avec le tiers des pommes de terre et des oignons. Saupoudrer uniformément avec la moitié du persil et de la farine. Répéter la même opération et terminer par une couche de pommes de terre et d'oignons. Saler et poivrer.

3. Verser le lait dans le plat et couvrir de fromage. Cuire au four pendant 1 h 10, jusqu'à ce que les pommes de terre soient tendres et que le dessus brunisse.

PAR PORTION: 215 Calories, 2 g Gras total, 1 g Gras saturé, 9 mg Cholestérol, 284 mg Sodium, 38 g Glucide total, 4 g Fibres alimentaires, 11 g Protéines, 267 mg Calcium.

PORTION DONNE: 1 pain, 1 protéines/lait

POINTS PAR PORTION: 4.

Frites maison

2 PORTIONS

Jean Murray
Ottawa, Ontario

Cette recette de frites maison a d'abord été créée pour combattre les rages de frites que connaissent certaines personnes. Ces frites sont si bonnes que Jean quadruple la recette pour satisfaire toute sa famille.

- 5 ml (1 c. à thé) d'huile d'olive
- 2 petites pommes de terre de consommation courante, cuites et coupées en cubes
- 1 gousse d'ail, émincée
- 5 ml (1 c. à thé) de parmesan, râpé
- Poivre noir fraîchement moulu, au goût

Chauffer l'huile dans une grande poêle à revêtement antiadhésif. Ajouter les pommes de terre et l'ail. Cuire, en remuant constamment, environ 5 minutes, jusqu'à ce que les pommes de terre brunissent légèrement. Retirer du feu, saupoudrer de parmesan râpé et poivrer.

PAR PORTION: 123 Calories, 3 g Gras total, 0 g Gras saturé, 1 mg Cholestérol, 21 mg Sodium, 23 g Glucide total, 2 g Fibres alimentaires, 2 g Protéines, 23 mg Calcium.

PORTION DONNE: 1 pain, 1 matières grasses.

POINTS PAR PORTION: 2.

Ignames à l'ananas au four

4 PORTIONS

Darla Pulliam
Los Angeles, Californie

Darla est une jeune Afro-Américaine fière de son héritage culturel et des traditions culinaires de ses ancêtres. Elle a compilé toutes les recettes faibles en matières grasses connues par sa famille et elle est heureuse de nous présenter ces ignames à l'ananas. Comme elle est aussi une artiste, Darla considère la cuisine comme un grand art.

2 grosses ignames ou patates douces, pelées et coupées en tranches de 2,5 cm (1 po)

½ orange navel, coupée en 4 tranches

1 boîte de 227 ml (8 oz) de petits morceaux d'ananas non sucrés (réserver le jus)

2 ml (½ c. à thé) de cannelle moulue

1 ml (¼ c. à thé) de muscade râpée

10 ml (2 c. à thé) de margarine hypocalorique

1. Préchauffer le four à 190 °C (375 °F).

2. Dans une casserole de 2 litres (2 pintes), mélanger les ignames, les oranges, les ananas et leur jus, la cannelle et la muscade. Couvrir avec la margarine coupée en petits morceaux. Couvrir et cuire au four environ 45 minutes, jusqu'à ce que les ignames soient tendres.

PAR PORTION: 191 Calories, 1 g Gras total, 0 g Gras saturé, 0 mg Cholestérol, 34 mg Sodium, 44 g Glucide total, 6 g Fibres alimentaires, 2 g Protéines, 43 mg Calcium.

PORTION DONNE: 1 pain, 1 fruits/légumes.

POINTS PAR PORTION: 3.

Pommes de terre
à l'ail double cuisson

Pommes de terre à l'ail double cuisson

8 PORTIONS

Barbara Gardner
Hesperia, Californie

Barbara a servi ce plat la première fois un jour de Noël. Bien entendu, tous les invités sont repartis avec la recette. Après avoir sélectionné cette recette, nos goûteurs sont repartis eux aussi avec la recette…

4 grosses pommes de terre pour cuisson au four, brossées

1 tête d'ail

125 ml (½ tasse) de bouillon de poulet hyposodique

125 ml (½ tasse) de crème sure sans matières grasses

2 ml (½ c. à thé) de poivre noir fraîchement moulu

50 ml (¼ tasse) de parmesan, râpé

Paprika

(Voir photo.)

1. Préchauffer le four à 220 °C (425 °F).

2. Percer les pommes de terre plusieurs fois avec une fourchette et les mettre sur une plaque à pâtisserie. Envelopper la tête d'ail dans du papier d'aluminium et la mettre sur la plaque avec les pommes de terre. Cuire au four de 50 à 60 minutes, jusqu'à ce que les pommes de terre soient tendres et que l'ail soit brun et tendre. Laisser refroidir environ 15 minutes à la température ambiante pour pouvoir les manipuler sans se brûler.

3. Couper les pommes de terre en deux sur la longueur. Retirer la pulpe avec une cuiller sans abîmer la pelure. Couper la tête d'ail en deux, la presser pour faire sortir la pulpe et l'ajouter aux pommes de terre. Ajouter le bouillon, la crème sure et le poivre. Réduire en purée avec une fourchette jusqu'à consistance désirée. Remplir les pelures avec la préparation. Saupoudrer de parmesan râpé et de paprika.

4. Remettre les pommes de terre sur la plaque à pâtisserie et cuire au four environ 15 minutes pour bien réchauffer et brunir légèrement.

PAR PORTION: 153 Calories, 1 g Gras total, 1 g Gras saturé, 2 mg Cholestérol, 73 mg Sodium, 31 g Glucide total, 3 g Fibres alimentaires, 5 g Protéines, 73 mg Calcium.

PORTION DONNE: 1 pain.

POINTS PAR PORTION: 3.

Pilaf de lentilles et de riz brun

4 PORTIONS

Hildie Block
Arlington, Virginie

Hildie a voulu faire plaisir à sa colocataire en préparant ce délicieux pilaf. Cette recette donne quatre portions en plat d'accompagnement ou deux portions en entrée.

- 5 ml (1 c. à thé) d'huile d'olive
- 2 branches de céleri, hachées
- 1 oignon, haché
- 2 gousses d'ail, émincées
- 250 ml (1 tasse) de riz brun
- 50 ml (¼ tasse) de lentilles, défaites avec une fourchette, rincées et égouttées
- 30 ml (2 c. à soupe) de raisins secs
- 7 ml (1 ½ c. à thé) de cari en poudre
- 1 ml (¼ c. à thé) de sel
- 0,5 ml (⅛ c. à thé) de poivre noir fraîchement moulu

1. Chauffer l'huile dans une casserole moyenne à revêtement antiadhésif. Ajouter le céleri, les oignons et l'ail. Cuire, en remuant au besoin, environ 5 minutes, jusqu'à ce qu'ils soient tendres.

2. Ajouter le riz, les lentilles, les raisins secs, le cari, le sel, le poivre et 625 ml (2 1/2 tasses) d'eau bouillante. Amener à ébullition en remuant au besoin. Réduire la chaleur et laisser mijoter à couvert de 40 à 50 minutes, jusqu'à ce que le riz et les lentilles soient tendres et que le liquide soit presque complètement absorbé.

3. Retirer du feu et défaire les grains avec une fourchette. Couvrir et laisser reposer 5 minutes.

PAR PORTION: 251 Calories, 3 g Gras total, 0 g Gras saturé, 0 mg Cholestérol, 154 mg Sodium, 50 g Glucide total, 4 g Fibres alimentaires, 8 g Protéines, 37 mg Calcium.

PORTION DONNE: 1 pain, 1 fruits/légumes, 1 matières grasses.

POINTS PAR PORTION: 4.

Riz à l'indonésienne

4 PORTIONS

Leslie Wells
Delta, Colombie-Britannique

Leslie aime cuisiner des mets épicés et elle sert souvent ce plat avec des crevettes ou du poulet barbecue. Ce riz est aussi remarquable quand on le garnit de yogourt nature sans matières grasses, de dés de pomme et de raisins secs.

15 ml (1 c. à soupe) d'huile végétale

1 oignon, haché

1 poivron vert, épépiné et haché

1 poivron rouge, épépiné et haché

1 branche de céleri, hachée

30 ml (2 c. à soupe) de chutney à la mangue

15 ml (1 c. à soupe) de sauce soja hyposodique

10 ml (2 c. à thé) de cari en poudre, ou au goût

1 litre (4 tasses) de riz brun, cuit et chaud

1. Chauffer l'huile dans une grande poêle à revêtement antiadhésif. Ajouter les oignons et cuire, en remuant au besoin, environ 5 minutes, jusqu'à ce qu'ils soient tendres.

2. Ajouter les poivrons, le céleri, le chutney, la sauce soja et le cari. Cuire, en remuant au besoin, de 5 à 6 minutes, jusqu'à ce que les légumes soient tendres. Incorporer le riz et défaire les grains avec une fourchette.

PAR PORTION: 304 Calories, 5 g Gras total, 1 g Gras saturé, 0 mg Cholestérol, 253 mg Sodium, 58 g Glucide total, 5 g Fibres alimentaires, 6 g Protéines, 37 mg Calcium.

PORTION DONNE: 2 pain, 1 fruits/légumes, 1 matières grasses.

POINTS PAR PORTION: 5.

Riz basmati aux canneberges

Riz basmati aux canneberges

4 PORTIONS

Donna-Marie Fieldsa-Fowler
Brooklyn, New York

Déterminée à servir un nouveau plat pour l'Action de grâces, Donna a inventé cette recette qui accompagne bien la volaille en tout temps. Si vous utilisez du jus d'orange frais pour la préparation, n'oubliez pas de zester le fruit avant de le presser.

- 5 ml (1 c. à thé) d'huile de canola
- 1 oignon, haché
- 375 ml (1 ½ tasse) de bouillon de poulet hyposodique
- 250 ml (1 tasse) de riz basmati
- 125 ml (½ tasse) de jus d'orange
- 75 ml (⅓ tasse) de canneberges sèches
- 5 ml (1 c. à thé) de zeste d'orange
- 1 ml (¼ c. à thé) de sauge séchée
- 1 ml (¼ c. à thé) de poivre noir fraîchement moulu

(Voir photo.)

1. Chauffer l'huile dans une grande casserole à revêtement antiadhésif. Ajouter les oignons et cuire, en remuant au besoin, environ 5 minutes, jusqu'à ce qu'ils soient tendres.

2. Incorporer le bouillon, le riz, le jus d'orange, les canneberges, le zeste d'orange, la sauge et le poivre. Amener à ébullition en remuant au besoin. Réduire la chaleur et laisser mijoter à couvert environ 15 minutes, jusqu'à ce que le liquide soit presque complètement absorbé. Retirer du feu et laisser reposer 10 minutes, jusqu'à ce que tout le liquide soit absorbé. Défaire les grains de riz avec une fourchette.

PAR PORTION: 229 Calories, 3 g Gras total, 0 g Gras saturé, 1 mg Cholestérol, 61 mg Sodium, 49 g Glucide total, 1 g Fibres alimentaires, 6 g Protéines, 15 mg Calcium.

PORTION DONNE: 2 pain, 1 fruits/légumes.

POINTS PAR PORTION: 5.

Riz à l'espagnole

4 PORTIONS

Patricia A. Colunga
Cypress, Californie

Patricia a adapté cette recette d'une amie en réduisant la teneur en matières grasses et en ajoutant des tomates. Meilleur pour la santé? Sans aucun doute. Meilleur au goût? Certainement. Plus appétissant? Qui pourrait dire le contraire?

- 10 ml (2 c. à thé) d'huile d'olive
- 325 ml (1 ⅓ tasse) de riz brun
- 2 gousses d'ail, émincées
- 500 ml (2 tasses) de bouillon de légumes hyposodique
- 1 boîte de 427 ml (14 ½ oz) de tomates en dés (sans sel ajouté)
- 8 oignons verts, en tranches

1. Chauffer l'huile dans une grande casserole à revêtement antiadhésif. Ajouter le riz et l'ail. Cuire, en remuant au besoin, environ 2 minutes, jusqu'à ce qu'il brunisse légèrement.

2. Ajouter le bouillon et les tomates. Amener à ébullition. Réduire la chaleur et laisser mijoter à couvert environ 50 minutes, jusqu'à ce que le riz soit tendre, en remuant de temps en temps durant les 15 dernières minutes de cuisson et en ajoutant de l'eau si nécessaire pour empêcher le riz de coller au fond de la casserole. Ajouter les oignons verts et défaire les grains de riz avec une fourchette.

PAR PORTION: 304 Calories, 4 g Gras total, 1 g Gras saturé, 0 mg Cholestérol, 107 mg Sodium, 59 g Glucide total, 4 g Fibres alimentaires, 7 g Protéines, 68 mg Calcium.

PORTION DONNE: 2 pain, 1 fruits/légumes, 1 matières grasses.

POINTS PAR PORTION: 6.

Carottes glacées

4 PORTIONS

Lita Saltzman
Denver, Colorado

Ces carottes glacées feront travailler vos papilles! Voici un plat qui peut accompagner n'importe quel mets pour le souper.

- 20 ml (4 c. à thé) de margarine hypocalorique
- ¼ d'oignon rouge, haché
- 15 ml (1 c. à soupe) de jus de citron fraîchement pressé
- 10 ml (2 c. à thé) de miel
- 0,5 ml (⅛ c. à thé) de cannelle moulue
- 0,5 ml (⅛ c. à thé) de sel
- 4 carottes, en tranches et cuites à la vapeur

Faire fondre la margarine dans une casserole moyenne à revêtement antiadhésif. Ajouter les oignons et cuire, en remuant au besoin, de 2 à 3 minutes, jusqu'à ce qu'ils soient tendres. Ajouter le jus de citron, le miel, la cannelle et le sel. Cuire, en remuant constamment, pour bien mélanger et bien réchauffer. Ajouter les carottes et bien les enrober.

PAR PORTION: 74 Calories, 2 g Gras total, 0 g Gras saturé, 0 mg Cholestérol, 151 mg Sodium, 14 g Glucide total, 3 g Fibres alimentaires, 1 g Protéines, 32 mg Calcium.

PORTION DONNE: 1 fruits/légumes, 1 matières grasses.

POINTS PAR PORTION: 1.

Haricots verts à la grecque

4 PORTIONS

Katherine Bernard Furr
Glen Allen, Virginie

Katherine est infirmière et elle souhaite que tout le monde essaie cette recette consistante. Ce plat exige une cuisson lente et longue afin que tous les ingrédients de cette recette d'origine grecque livrent pleinement leur saveur. Servez ces haricots avec un peu de pain et de fromage à teneur réduite en matières grasses et vous aurez un lunch extraordinaire.

480 g (1 lb) de haricots verts, parés et coupés en deux

1 boîte de 427 ml (14 ½ oz) de tomates en dés (sans sel ajouté)

2 oignons, grossièrement hachés

1 petite pomme de terre de consommation courante, coupée en cubes

10 ml (2 c. à thé) d'origan séché

10 ml (2 c. à thé) d'huile d'olive extravierge

1 ml (¼ c. à thé) de sel

1 ml (¼ c. à thé) de poivre noir fraîchement moulu

Dans une grande casserole à revêtement antiadhésif, amener à ébullition les haricots, les tomates, les oignons, les pommes de terre, l'origan, l'huile, le sel et le poivre. Réduire la chaleur et laisser mijoter à couvert, en remuant au besoin, environ 1 heure, jusqu'à ce que les légumes soient tendres et les saveurs bien mélangées.

PAR PORTION: 118 Calories, 3 g Gras total, 0 g Gras saturé, 0 mg Cholestérol, 158 mg Sodium, 22 g Glucide total, 4 g Fibres alimentaires, 4 g Protéines, 88 mg Calcium.

PORTION DONNE: 2 fruits/légumes, 1 matières grasses.

POINTS PAR PORTION: 2.

Purée de courge butternut

8 PORTIONS

Thomas A. Perrino
Yorktown Heights, New York

Ce père de famille de 33 ans a perdu 15 kg (33 lb) en neuf semaines grâce à son légume préféré dont il nous livre l'une des nombreuses recettes.

- 10 ml (2 c. à thé) d'huile de canola
- 3 ou 4 poireaux, nettoyés et coupés en tranches (environ 1 litre/4 tasses)
- 960 g (2 lb) de courge butternut, pelée, égrenée et coupée en morceaux de 5 cm (2 po)
- 175 ml (¾ tasse) de bouillon de poulet hyposodique
- 2 ml (½ c. à thé) de sel
- 1 ml (¼ c. à thé) de poivre noir fraîchement moulu
- 1 ml (¼ c. à thé) de muscade râpée

1. Chauffer l'huile dans une grande casserole à revêtement antiadhésif. Ajouter les poireaux et cuire, en remuant au besoin, environ 5 minutes, jusqu'à ce qu'ils soient tendres.

2. Incorporer les courges, le bouillon, le sel, le poivre et la muscade. Amener à ébullition. Réduire la chaleur et laisser mijoter à couvert environ 30 minutes, jusqu'à ce que les courges soient tendres. Retirer le couvercle et laisser mijoter environ 5 minutes, jusqu'à ce que le liquide soit réduit à environ 50 ml (¼ tasse).

3. Avec une cuiller à égoutter, transvider les légumes dans le mélangeur ou le robot de cuisine et réduire en purée. Remettre la purée dans le liquide de cuisson. Augmenter la chaleur et cuire environ 2 minutes pour bien réchauffer.

PAR PORTION: 88 Calories, 2 g Gras total, 0 g Gras saturé, 0 mg Cholestérol, 161 mg Sodium, 19 g Glucide total, 2 g Fibres alimentaires, 2 g Protéines, 79 mg Calcium.

PORTION DONNE: 1 pain, 1 fruits/légumes.

POINTS PAR PORTION: 2.

Tomates farcies

4 PORTIONS

Alma Wakefield
Scarborough, Ontario

Alma est un nouveau membre de Weight Watchers et elle pense de plus en plus à la valeur nutritive des aliments qu'elle consomme. Cette réflexion l'a menée à créer cette très bonne recette santé.

4 tomates géantes

10 ml (2 c. à thé) d'huile végétale

2 branches de céleri, hachées

1 oignon, haché

1 gousse d'ail, émincée

2 tranches de pain de blé entier, finement émiettées

125 ml (½ tasse) de champignons, hachés

30 ml (2 c. à soupe) de persil frais, haché

2 ml (½ c. à thé) de sauge séchée

1 ml (¼ c. à thé) de sel

1 ml (¼ c. à thé) de poivre noir fraîchement moulu

30 ml (2 c. à soupe) de parmesan, râpé

1. Décalotter les tomates du côté du pédoncule et retirer celui-ci. Hacher finement la pulpe par le dessus en veillant à ne pas percer la peau des tomates. Retirer la pulpe délicatement avec une cuiller à pamplemousse et la mettre dans un petit bol. Retourner les tomates sur une assiette et les laisser reposer 30 minutes pour qu'elles s'égouttent.

2. Préchauffer le four à 180 °C (350 °F). Vaporiser un plan de cuisson de 25 x 15 cm (10 x 6 po) avec de l'enduit anticollant.

3. Pendant ce temps, chauffer l'huile dans une grande poêle à revêtement antiadhésif. Ajouter le céleri, les oignons et l'ail. Cuire, en remuant au besoin, environ 5 minutes, jusqu'à ce qu'ils soient tendres. Incorporer les miettes de pain, les champignons, le persil, la sauge, le sel, le poivre et la pulpe de tomate réservée. Cuire, en remuant au besoin, environ 2 minutes pour bien réchauffer.

4. Avec une cuiller, farcir les tomates avec la préparation. Saupoudrer chaque tomate de parmesan râpé. Ranger les tomates dans le plat et cuire au four environ 25 minutes pour bien réchauffer.

PAR PORTION: 138 Calories, 5 g Gras total, 2 g Gras saturé, 4 mg Cholestérol, 342 mg Sodium, 19 g Glucide total, 4 g Fibres alimentaires, 6 g Protéines, 111 mg Calcium.

PORTION DONNE: 1 pain, 2 fruits/légumes, 1 matières grasses.

POINTS PAR PORTION: 2.

Farce pour les jours de fête

12 PORTIONS

Jeannie Applegate
High Point, Caroline-du-Nord

Jeannie est membre et animatrice Weight Watchers depuis 20 ans et elle a réussi à maintenir une perte de poids de 16 kg (35 lb) depuis ce temps, ce qui n'est pas chose facile quand on a quatre enfants à nourrir. Dans le temps des Fêtes, tous les membres de sa famille mettent la main à la pâte pour préparer cette délicieuse farce.

1 branche de céleri, hachée

1 oignon, haché

125 ml (½ tasse) de champignons, hachés

1 boîte de 227 ml (8 oz) de châtaignes d'eau en tranches, égouttées

45 ml (3 c. à soupe) de persil frais, haché

5 ml (1 c. à thé) de sauge séchée

1 sachet de 240 g (8 oz) de préparation à farce aux fines herbes

1. Préchauffer le four à 180 °C (350 °F). Vaporiser une casserole de 2 litres (2 pintes) allant au four avec de l'enduit anticollant.

2. Vaporiser une grande casserole à revêtement antiadhésif avec de l'enduit anticollant et mettre sur le feu. Ajouter le céleri, les oignons et les champignons. Cuire, en remuant au besoin, environ 5 minutes, jusqu'à ce qu'ils soient tendres. Incorporer les châtaignes d'eau, le persil, la sauge et 375 ml (1 ½ tasse) d'eau. Amener à ébullition. Retirer du feu et incorporer la farce aux fines herbes.

3. Transvider la préparation dans la casserole de 2 litres (2 pintes). Cuire au four environ 20 minutes, jusqu'à ce que le tout soit bien chaud et que le dessus soit légèrement croustillant.

PAR PORTION: 87 Calories, 1 g Gras total, 0 g Gras saturé, 0 mg Cholestérol, 277 mg Sodium, 17 g Glucide total, 0 g Fibres alimentaires, 2 g Protéines, 32 mg Calcium.

PORTION DONNE: 1 pain.

POINTS PAR PORTION: 2.

Courge spaghetti sautée

Courge spaghetti sautée

8 PORTIONS

Donna Zinser Clark
Louisville, Kentucky

Ne vous en faites pas si votre poêle ou votre wok n'est pas assez grand. Prenez un grand faitout et tout ira bien!

1 courge spaghetti d'environ 1,4 kg (3 lb)

2 carottes, en julienne

2 poivrons verts, épépinés et en julienne

2 poivrons rouges, épépinés et en julienne

250 ml (1 tasse) de bouillon de légumes hyposodique

5 ml (1 c. à thé) de basilic séché

1 ml (¼ c. à thé) de poivre noir fraîchement moulu

50 ml (¼ tasse) de parmesan, râpé

(Voir photo.)

1. Percer la courge à plusieurs endroits avec la pointe d'un couteau bien acéré et la mettre sur une assiette de papier. Cuire au micro-ondes à chaleur élevée pendant 20 minutes, jusqu'à ce qu'elle soit tendre, en la retournant une fois pendant la cuisson. Laisser reposer 5 minutes. Couper la courge en deux dans la longueur et enlever les graines. Retirer la pulpe avec une fourchette et en réserver 1,5 litre (6 tasses). (Garder le reste pour un autre usage.)

2. Vaporiser une grande poêle ou un wok à revêtement antiadhésif avec de l'enduit anticollant et mettre sur le feu. Ajouter les carottes et les poivrons. Cuire, en remuant au besoin, de 7 à 8 minutes, jusqu'à ce qu'ils soient tendres mais encore croquants.

3. Incorporer la courge, le bouillon, le basilic et le poivre. Cuire environ 2 minutes pour bien réchauffer. Saupoudrer de parmesan et servir.

PAR PORTION: 92 Calories, 3 g Gras total, 1 g Gras saturé, 4 mg Cholestérol, 144 mg Sodium, 14 g Glucide total, 3 g Fibres alimentaires, 4 g Protéines, 118 mg Calcium.

PORTION DONNE: 2 fruits/légumes.

POINTS PAR PORTION: 1.

Salade César au citron

6 PORTIONS

Tonya Sarina
Aurora, Colorado

« J'aime la salade mais pas les vinaigrettes hypocaloriques vendues dans le commerce », raconte Tonya. Sa solution? Cette salade César dans laquelle on remplace l'œuf cru par du yogourt, ce qui n'enlève rien à l'aspect crémeux de ce plat réputé.

- 2 ml (½ c. à thé) de zeste de citron, râpé
- 22 ml (1 ½ c. à soupe) de jus de citron fraîchement pressé
- 1 grosse gousse d'ail
- 5 ml (1 c. à thé) de sauce Worcestershire au vinaigre blanc
- 2 ml (½ c. à thé) de moutarde de Dijon
- 2 ml (½ c. à thé) de pâte d'anchois
- 30 ml (2 c. à soupe) d'huile d'olive extravierge
- 50 ml (¼ tasse) de yogourt nature sans matières grasses
- 1,75 litre (7 tasses) de laitue romaine, déchiquetée
- 1 boîte de 427 ml (14 ½ oz) de cœurs d'artichauts, rincés, égouttés et coupés en deux
- 1 morceau de 60 g (2 oz) de parmesan
- 18 toasts Melba ronds, brisés en petites bouchées

1. Dans le mélangeur ou le robot de cuisine, réduire en purée le zeste de citron, le jus de citron, l'ail, la sauce Worcestershire, la moutarde et la pâte d'anchois. Tout en continuant de faire tourner l'appareil, verser lentement l'huile d'olive (le mélange épaissira un peu). Ajouter le yogourt et réduire en purée onctueuse environ 10 secondes.

2. Mettre la laitue et les cœurs d'artichauts dans un grand saladier. Verser la vinaigrette et mélanger doucement. Avec un éplucheur à légumes, faire des copeaux de parmesan. Recouvrir la salade avec le fromage et les morceaux de toasts Melba.

PAR PORTION: 198 Calories, 9 g Gras total, 3 g Gras saturé, 9 mg Cholestérol, 370 mg Sodium, 21 g Glucide total, 3 g Fibres alimentaires, 10 g Protéines, 226 mg Calcium.

PORTION DONNE: 1 pain, 2 fruits/légumes, 1 matières grasses.

POINTS PAR PORTION: 4.

Salade César à la coriandre

4 PORTIONS

Judith Franks
Grass Valley, Californie

Comme plusieurs d'entre nous, Judith se lasse parfois des mets qu'elle a l'habitude de préparer. Elle croit que si nous partageons nos idées et nos recettes, nous n'aurons aucun mal à respecter notre Programme. C'est la raison pour laquelle nous avons publié ce livre et voici la contribution que Judith y a apportée.

- 1 litre (4 tasses) de laitue romaine, déchiquetée
- 12 tomates cerises, coupées en deux
- 250 ml (1 tasse) de germes de soja
- 50 ml (¼ tasse) de coriandre fraîche, hachée
- 2 oignons verts, en tranches fines
- 30 ml (2 c. à soupe) de vinaigrette à salade César sans matières grasses
- 15 ml (1 c. à soupe) de jus de citron fraîchement pressé
- 30 ml (2 c. à soupe) de parmesan, râpé

Dans un grand saladier, mélanger la laitue, les tomates, les germes de soja, la coriandre et les oignons verts. Arroser avec la vinaigrette et le jus de citron et mélanger. Saupoudrer de parmesan râpé et servir.

PAR PORTION: 44 Calories, 1 g Gras total, 1 g Gras saturé, 2 mg Cholestérol, 131 mg Sodium, 6 g Glucide total, 2 g Fibres alimentaires, 3 g Protéines, 63 mg Calcium.

PORTION DONNE: 2 fruits/légumes.

POINTS PAR PORTION: 1.

Salade aux amandes et aux mandarines

4 PORTIONS

Mary Hatesohl
Leawood, Kansas

Cette salade croquante et colorée apporte de la variété aux menus habituels. « Cela m'aide à continuer », avoue Mary.

30 ml (2 c. à soupe) de persil frais, haché

30 ml (2 c. à soupe) de vinaigre balsamique

15 ml (1 c. à soupe) d'huile d'olive extravierge

1 petite gousse d'ail, émincée

1 ml (¼ c. à thé) de sucre

1 ml (¼ c. à thé) de sel

1 ml (¼ c. à thé) de poivre noir fraîchement moulu

2 litres (8 tasses) de laitue romaine, déchiquetée

3 branches de céleri, en tranches

8 oignons verts, en tranches

1 boîte de 325 ml (11 oz) de mandarines, égouttées

30 ml (2 c. à soupe) d'amandes tranchées, grillées*

1. Dans un petit pot à couvercle hermétique ou un petit bol, mélanger le persil, le vinaigre, l'huile, l'ail, le sucre, le sel, le poivre et 15 ml (1 c. à soupe) d'eau. Couvrir et remuer vigoureusement ou fouetter pour avoir une vinaigrette homogène.

2. Dans un grand saladier, mélanger la laitue, le céleri et les oignons verts. Verser la vinaigrette et bien mélanger. Recouvrir avec les mandarines et les amandes et servir.

PAR PORTION: 107 Calories, 6 g Gras total, 1 g Gras saturé, 0 mg Cholestérol, 168 mg Sodium, 13 g Glucide total, 4 g Fibres alimentaires, 3 g Protéines, 83 mg Calcium.

PORTION DONNE: 3 fruits/légumes, 1 matières grasses.

POINTS PAR PORTION: 2.

* *Pour griller les amandes, mettre une petite poêle à revêtement antiadhésif à feu moyen. Ajouter les amandes et cuire en remuant constamment pendant 2 ou 3 minutes, jusqu'à ce qu'elles brunissent légèrement.*

Salade fiesta aux haricots noirs

8 PORTIONS

Maureen McKeown
New York, New York

Maureen dit que cette salade est parfaite pour le lunch, les pique-niques et les jours de fête. Tout pour la fiesta!

45 ml (3 c. à soupe) de jus de citron fraîchement pressé

30 ml (2 c. à soupe) d'huile d'olive extravierge

1 gousse d'ail, émincée

2 ml (½ c. à thé) de cumin moulu

2 ml (½ c. à thé) de poivre noir fraîchement moulu

1 boîte de 540 ml (19 oz) de haricots noirs, rincés et égouttés

250 ml (1 tasse) de grains de maïs frais ou décongelés

2 branches de céleri, coupées en dés

1 poivron vert, épépiné et coupé en dés

1 poivron rouge, épépiné et coupé en dés

½ oignon rouge, finement haché

175 ml (¾ tasse) de fromage monterey jack à teneur réduite en matières grasses, coupé en cubes

Dans un grand saladier, mélanger le jus de citron, l'huile, l'ail, le cumin et le poivre. Ajouter les haricots, le maïs, le céleri, les poivrons et les oignons. Bien mélanger. Recouvrir de fromage et servir.

PAR PORTION: 164 Calories, 6 g Gras total, 2 g Gras saturé, 8 mg Cholestérol, 94 mg Sodium, 20 g Glucide total, 2 g Fibres alimentaires, 9 g Protéines, 119 mg Calcium.

PORTION DONNE: 1 protéines/lait, 1 matières grasses.

POINTS PAR PORTION: 3.

Salade d'épinards et de germes de soja

Salade d'épinards et de germes de soja

8 PORTIONS

Sheryl Boucher
Alliston, Ontario

Sheryl est membre de Weight Watchers et elle aime beaucoup cuisiner. Cette salade est l'une de ses préférées et ce genre de plat l'aide à rester fidèle à son Programme.

- 30 ml (2 c. à soupe) de sauce soja hyposodique
- 30 ml (2 c. à soupe) de jus de citron fraîchement pressé
- 5 ml (1 c. à thé) d'huile de sésame orientale
- 1 ml (¼ c. à thé) de sucre
- 1 ml (¼ c. à thé) de poivre noir fraîchement moulu
- 2 litres (8 tasses) d'épinards frais, nettoyés et déchiquetés
- 250 ml (1 tasse) de champignons, en tranches
- 250 ml (1 tasse) de germes de soja
- 1 boîte de 227 ml (8 oz) de châtaignes d'eau en tranches, égouttées
- 1 poivron rouge, épépiné et en julienne
- 4 oignons verts, en tranches fines
- 30 ml (2 c. à soupe) de graines de sésame, grillées*

(Voir photo.)

1. Dans un petit pot à couvercle hermétique ou un petit bol, mélanger la sauce soja, le jus de citron, l'huile, le sucre et le poivre. Couvrir et remuer vigoureusement ou fouetter pour obtenir une vinaigrette homogène.

2. Dans un grand saladier, mélanger les épinards, les champignons, les germes de soja, les châtaignes d'eau, les poivrons et les oignons verts. Verser la vinaigrette et bien mélanger. Recouvrir de graines de sésame et servir.

PAR PORTION: 53 Calories, 2 g Gras total, 0 g Gras saturé, 0 mg Cholestérol, 198 mg Sodium, 8 g Glucide total, 3 g Fibres alimentaires, 3 g Protéines, 84 mg Calcium.

PORTION DONNE: 1 fruits/légumes.

POINTS PAR PORTION: 1.

* *Pour griller les graines de sésame, mettre une petite poêle à revêtement antiadhésif à feu doux. Ajouter les graines de sésame et cuire en remuant constamment environ 3 minutes, jusqu'à ce qu'elles brunissent.*

Salade de tomate, de pois chiches et de feta

2 PORTIONS

Michele Rizzuto Spinosa
Bethlehem, Pennsylvanie

En tant qu'animatrice Weight Watchers, Michele aime essayer et déguster de nouvelles recettes. Cette salade nourrissante mettra du soleil dans votre journée!

2 tomates, grossièrement hachées

250 ml (1 tasse) de pois chiches en conserve, rincés et égouttés

1 oignon rouge, haché

10 petites olives noires, dénoyautées et coupées en deux

45 ml (3 c. à soupe) de vinaigre balsamique

15 ml (1 c. à soupe) de menthe fraîche, hachée (facultatif)

1 ml (¼ c. à thé) de poivre noir fraîchement moulu

75 ml (⅓ tasse) de fromage feta, émietté

500 ml (2 tasses) de laitue romaine, déchiquetée

1. Dans un saladier moyen, bien mélanger les tomates, les pois chiches, les oignons, les olives, le vinaigre, la menthe et le poivre. Bien mélanger. Incorporer délicatement le fromage.

2. Mettre 250 ml (1 tasse) de laitue sur chacune des 2 assiettes. Recouvrir avec la préparation aux pois chiches.

PAR PORTION: 272 Calories, 9 g Gras total, 4 g Gras saturé, 20 mg Cholestérol, 402 mg Sodium, 38 g Glucide total, 7 g Fibres alimentaires, 13 g Protéines, 204 mg Calcium.

PORTION DONNE: 2 pain, 2 fruits/légumes, 1 protéines/lait, 1 matières grasses.

POINTS PAR PORTION: 5.

Salade aux haricots verts et blancs

4 PORTIONS

Sheryl H. Knuth
Omaha, Nebraska

Cette salade mettra de la couleur sur votre table. Sheryl l'aime surtout parce qu'elle lui permet, de même qu'à ses enfants, de conserver de bonnes habitudes alimentaires. Son goût citronné et rafraîchissant convient aux jours d'été, mais cette salade accompagne aussi merveilleusement les plats à base de porc quand il fait plus froid.

480 g (1 lb) de haricots verts, parés et coupés en morceaux de 5 cm (2 po)

30 ml (2 c. à soupe) de vinaigre de vin rouge

15 ml (1 c. à soupe) de vinaigre balsamique

10 ml (2 c. à thé) d'huile d'olive extravierge

5 ml (1 c. à thé) de zeste de citron, râpé

1 ml (¼ c. à thé) de poivre noir fraîchement moulu

1 boîte de 540 ml (19 oz) de haricots cannellini, rincés et égouttés

1 poivron rouge, épépiné et en julienne

6 grosses olives de Calamata, dénoyautées et hachées

1. Dans une grande casserole, cuire les haricots verts à la vapeur environ 8 minutes, jusqu'à ce qu'ils soient tendres mais encore croquants.

2. Pendant ce temps, dans un grand saladier, mélanger les vinaigres, l'huile, le zeste de citron et le poivre. Ajouter les haricots blancs et verts, les poivrons et les olives. Bien mélanger. Servir chaud ou couvrir et mettre dans le réfrigérateur au moins 2 heures.

PAR PORTION: 176 Calories, 5 g Gras total, 1 g Gras saturé, 0 mg Cholestérol, 302 mg Sodium, 25 g Glucide total, 8 g Fibres alimentaires, 9 g Protéines, 70 mg Calcium.

PORTION DONNE: 1 fruits/légumes, 2 protéines/lait, 1 matières grasses.

POINTS PAR PORTION: 2.

Salade de poires et de haricots verts

6 PORTIONS

Jackie Niedermeier
New Canaan, Connecticut

Jackie est membre du personnel de Weight Watchers où elle travaille comme réceptionniste et commis. Elle a présenté ce plat la toute première fois à l'occasion d'un repas avec ses collègues et elle a vite fait fureur!

- 480 g (1 lb) de haricots verts, parés
- 15 ml (1 c. à soupe) de jus de citron fraîchement pressé
- 15 ml (1 c. à soupe) de vinaigre de vin rouge
- 5 ml (1 c. à thé) d'huile d'olive
- 5 ml (1 c. à thé) de moutarde de Dijon
- 1 ml (¼ c. à thé) de poivre noir grossièrement moulu
- 3 poires, évidées et coupées en tranches fines
- 75 ml (⅓ tasse) de fromage feta, émietté
- 15 ml (1 c. à soupe) de pignons, grillés*

1. Dans une grande casserole, cuire les haricots verts à la vapeur environ 8 minutes, jusqu'à ce qu'ils soient tendres mais encore croquants.

2. Pendant ce temps, dans un grand saladier, mélanger le jus de citron, le vinaigre, l'huile, la moutarde et le poivre. Ajouter les haricots, les poires, le fromage et les pignons. Bien mélanger. Servir chaud ou couvrir et mettre dans le réfrigérateur au moins 2 heures.

PAR PORTION: 103 Calories, 3 g Gras total, 1 g Gras saturé, 7 mg Cholestérol, 107 mg Sodium, 17 g Glucide total, 3 g Fibres alimentaires, 3 g Protéines, 71 mg Calcium.

PORTION DONNE: 1 fruits/légumes, 1 matières grasses.

POINTS PAR PORTION: 2.

* *Pour griller les pignons, mettre une poêle à revêtement antiadhésif sur feu moyen. Ajouter les pignons et cuire en remuant constamment pendant 2 ou 3 minutes, jusqu'à ce qu'ils brunissent.*

Salade de carotte à l'estragon

4 PORTIONS

Sara Schrader
Faribault, Minnesota

Quand Sara a fait cette recette la première fois, c'était simplement pour respecter ses besoins diététiques et ceux de son mari. À la surprise générale, tous, et même ses petits-enfants, ont raffolé de cette salade.

- 5 carottes, en tranches fines
- 50 ml (¼ tasse) de jus d'orange
- 15 ml (1 c. à soupe) d'estragon frais, haché ou 5 ml (1 c. à thé) d'estragon séché
- 15 ml (1 c. à soupe) de vinaigre de vin à l'estragon
- 5 ml (1 c. à thé) d'huile de canola
- 1 ml (¼ c. à thé) de sucre
- 1 ml (¼ c. à thé) de sel
- 0,5 ml (1/8 c. à thé) de poivre noir fraîchement moulu
- 1 oignon, grossièrement haché
- 375 ml (1 ½ tasse) de petits raisins, coupés en deux

1. Dans une casserole moyenne, amener à ébullition les carottes et 125 ml (1/2 tasse) d'eau. Réduire la chaleur et laisser mijoter à couvert environ 8 minutes, jusqu'à ce qu'elles soient tendres. Égoutter et transvider dans un saladier moyen.

2. Pendant ce temps, dans un petit bol, mélanger le jus d'orange, l'estragon, le vinaigre, l'huile, le sucre, le sel et le poivre. Verser sur les carottes. Ajouter les oignons et bien mélanger. Couvrir et mettre dans le réfrigérateur au moins 2 heures pour bien mêler les saveurs. Incorporer les raisins et servir.

PAR PORTION: 125 Calories, 2 g Gras total, 0 g Gras saturé, 0 mg Cholestérol, 182 mg Sodium, 28 g Glucide total, 5 g Fibres alimentaires, 2 g Protéines, 53 mg Calcium.

PORTION DONNE: 2 fruits/légumes.

POINTS PAR PORTION: 2.

Carottes à la thaïlandaise

4 PORTIONS

Lita Saltzman
Denver, Colorado

Lita est une femme d'affaires qui a deux enfants et qui consacre beaucoup de temps au sport. Elle adore la cuisine thaïlandaise et veut vous faire partager sa découverte.

- 4 carottes, finement râpées
- 2 piments serrano, épépinés, déveinés et hachés (manipuler avec des gants pour prévenir l'irritation de la peau des mains)
- 4 oignons verts, en tranches fines
- 30 ml (2 c. à soupe) de jus de lime fraîchement pressé
- 10 ml (2 c. à thé) de cassonade légère bien tassée
- 10 ml (2 c. à thé) de sauce au poisson* ou de sauce soja hyposodique
- 30 ml (2 c. à soupe) d'arachides rôties à sec, non salées, grossièrement hachées

Dans un grand saladier, mélanger les carottes, les piments, les oignons verts, le jus de lime, la cassonade et la sauce au poisson. Couvrir et mettre dans le réfrigérateur au moins 1 heure pour bien mêler les saveurs. Saupoudrer d'arachides hachées et servir.

PAR PORTION: 91 Calories, 3 g Gras total, 0 g Gras saturé, 0 mg Cholestérol, 137 mg Sodium, 15 g Glucide total, 4 g Fibres alimentaires, 3 g Protéines, 38 mg Calcium.

PORTION DONNE: 1 fruits/légumes.

POINTS PAR PORTION: 1.

* *La sauce au poisson, aussi appelé nam pla, nuoc-cham ou nuoc-mâm, est une sauce brune légère faite de petits poissons macérés dans de la saumure. On peut en trouver dans les épiceries asiatiques et certains supermarchés.*

Salade aux légumes et au fromage

4 PORTIONS

Patricia Mele
Homer City, Pennsylvanie

Voici une symphonie de couleurs, de saveurs et de textures que vous pouvez servir à tout moment. Vos invités seront ravis par cette salade et aucun ne saura qu'il s'agit en fait d'une recette de Weight Watchers. Nous vous parions que ce plat sera celui qui sera vidé le plus rapidement...

- 75 ml (⅓ tasse) de crème sure sans matières grasses
- 15 ml (1 c. à soupe) de mayonnaise hypocalorique
- 15 ml (1 c. à soupe) de jus de citron fraîchement pressé
- 500 ml (2 tasses) de bouquets de brocoli
- 500 ml (2 tasses) de bouquets de chou-fleur
- 250 ml (1 tasse) de petits pois, décongelés
- 250 ml (1 tasse) de cheddar fort sans matières grasses, finement râpé
- ½ oignon rouge, finement haché
- 3 tranches de bacon, cuit, croustillant et émietté

Dans un grand saladier, mélanger la crème sure, la mayonnaise et le jus de citron. Ajouter le brocoli, le chou-fleur, les pois, le fromage et les oignons. Bien mélanger. Couvrir et mettre dans le réfrigérateur au moins 1 ou 2 heures pour bien refroidir. Saupoudrer de miettes de bacon et servir.

PAR PORTION: 164 Calories, 4 g Gras total, 1 g Gras saturé, 8 mg Cholestérol, 407 mg Sodium, 16 g Glucide total, 5 g Fibres alimentaires, 18 g Protéines, 329 mg Calcium.

PORTION DONNE: 1 pain, 1 fruits/légumes, 1 protéines/lait, 40 calories boni.

POINTS PAR PORTION: 3.

Salade de chou suprême

8 PORTIONS

Susan Novosiwsky
Vilna, Alberta

Susan a une ferme en Alberta et elle apporte souvent le repas du midi aux champs. Cette salade égaiera tous vos pique-niques ou vos repas communautaires.

1 sac de 480 g (1 lb) de salade de choux et de carottes râpés mélangés

2 pommes, évidées et coupées en dés

50 ml (¼ tasse) de raisins secs

50 ml (¼ tasse) de mayonnaise hypocalorique

15 ml (1 c. à soupe) de vinaigre de cidre

5 ml (1 c. à thé) de moutarde de Dijon

Dans un grand saladier, mélanger la salade de choux et de carottes, les pommes, les raisins secs, la mayonnaise, le vinaigre et la moutarde. Couvrir et mettre dans le réfrigérateur au moins 1 heure pour bien mêler les saveurs.

PAR PORTION: 65 Calories, 2 g Gras total, 1 g Gras saturé, 2 mg Cholestérol, 67 mg Sodium, 12 g Glucide total, 1 g Fibres alimentaires, 1 g Protéines, 30 mg Calcium.

PORTION DONNE: 2 fruits/légumes, 1 matières grasses.

POINTS PAR PORTION: 1

Salade grecque

2 PORTIONS

Joan Ritchie-Dewar
Scarborough, Ontario

Joan est relationniste. Elle a créé cette salade grecque qui parle d'elle-même.

- 750 ml (3 tasses) de laitue romaine, déchiquetée
- 1 grosse tomate, coupée en morceaux de 2,5 cm (1 po)
- 125 ml (½ tasse) de concombre, pelé et coupé en tranches
- ½ poivron vert, épépiné et coupé en dés
- 75 ml (⅓ tasse) de fromage feta, émietté
- 4 oignons verts, en tranches
- 6 grosses olives de Calamata
- 30 ml (2 c. à soupe) de vinaigre de vin rouge
- 30 ml (2 c. à soupe) d'aneth frais, haché
- 1 gousse d'ail, émincée
- 1 ml (¼ c. à thé) d'origan séché
- 1 ml (¼ c. à thé) de poivre noir fraîchement moulu
- 2 petits pains pitas de blé entier, chauds

1. Dans un grand saladier, mélanger la laitue, les tomates, les concombres, les poivrons, le fromage, les oignons verts et les olives.

2. Dans un petit pot à couvercle hermétique ou dans un petit bol, mélanger le vinaigre, l'aneth, l'ail, l'origan et le poivre. Couvrir et remuer vigoureusement ou fouetter pour avoir une vinaigrette homogène. Verser sur la laitue et bien mélanger. Servir avec les pitas.

PAR PORTION: 235 Calories, 10 g Gras total, 4 g Gras saturé, 19 mg Cholestérol, 667 mg Sodium, 31 g Glucide total, 6 g Fibres alimentaires, 9 g Protéines, 184 mg Calcium.

PORTION DONNE: 1 pain, 3 fruits/légumes, 1 protéines/lait, 1 matières grasses.

POINTS PAR PORTION: 4.

Salade à l'orange et au concombre

4 PORTIONS

Mary Lee Berta
Ranchester, Wyoming

Mary Lee enseigne les mathématiques et elle nous prouve qu'elle n'est pas seulement calée en maths, mais aussi en cuisine...

3 oranges, pelées et coupées en tranches

1 concombre, pelé et coupé en tranches

½ poivron vert, épépiné et coupé en lanières de 2,5 cm (1 po)

¼ d'oignon rouge, en tranches fines

45 ml (3 c. à soupe) de vinaigre de cidre

5 ml (1 c. à thé) d'huile de canola

2 ml (½ c. à thé) de sucre

1 ml (¼ c. à thé) de sel

Dans un saladier moyen, mélanger les oranges, les concombres, les poivrons et les oignons. Ajouter le vinaigre, l'huile, le sucre et le sel. Bien mélanger. Servir immédiatement.

PAR PORTION: 66 Calories, 1 g Gras total, 0 g Gras saturé, 0 mg Cholestérol, 137 mg Sodium, 14 g Glucide total, 3 g Fibres alimentaires, 1 g Protéines, 49 mg Calcium.

PORTION DONNE: 1 fruits/légumes.

POINTS PAR PORTION: 1.

Salade de tomate et de concombre

4 PORTIONS

Lynn K. Klahm
Cincinnati, Ohio

Lynn aime grignoter cette salade quand elle rentre à la maison après son travail, juste avant le souper. Vous pouvez aussi la servir comme plat d'accompagnement ou lui accorder une place de choix lors de vos réceptions et de vos pique-niques.

45 ml (3 c. à soupe) de vinaigre balsamique

2 ml (½ c. à thé) d'assaisonnement à l'italienne

1 ml (¼ c. à thé) de sucre

1 ml (¼ c. à thé) de sel

1 ml (¼ c. à thé) de poivre noir fraîchement moulu

2 tomates, en tranches fines

1 concombre, pelé et coupé en tranches fines

4 oignons verts, en tranches

1. Dans un petit pot à couvercle hermétique ou un petit bol, mélanger le vinaigre, l'assaisonnement à l'italienne, le sucre, le sel et le poivre. Couvrir et bien remuer ou fouetter pour obtenir une vinaigrette homogène.

2. Sur une assiette moyenne, dresser les tomates et les concombres en spirale en alternant. Recouvrir d'oignons verts et arroser de vinaigrette.

PAR PORTION: 25 Calories, 0 g Gras total, 0 g Gras saturé, 0 mg Cholestérol, 147 mg Sodium, 6 g Glucide total, 1 g Fibres alimentaires, 1 g Protéines, 14 mg Calcium.

PORTION DONNE: 1 fruits/légumes.

POINTS PAR PORTION: 0.

Salade de chou-fleur et de brocoli

8 PORTIONS

Georgia A. Fischer
Mosinee, Wisconsin

Excitée à l'idée qu'elle pouvait manger autant de légumes qu'elle le souhaitait avec Weight Watchers, Georgia a concocté cette recette dont tout le monde raffole.

75 ml (5 c. à soupe) de mayonnaise hypocalorique

15 ml (1 c. à soupe) de vinaigre de cidre

2 ml (½ c. à thé) de poivre noir fraîchement moulu

1 litre (4 tasses) de bouquets de brocoli

1 litre (4 tasses) de bouquets de chou-fleur

2 carottes, finement râpées

½ oignon rouge, finement haché

Dans un grand saladier, mélanger la mayonnaise, le vinaigre et le poivre. Ajouter les brocolis, les choux-fleurs, les carottes et les oignons. Bien mélanger.

PAR PORTION: 72 Calories, 3 g Gras total, 1 g Gras saturé, 3 mg Cholestérol, 86 mg Sodium, 10 g Glucide total, 4 g Fibres alimentaires, 4 g Protéines, 51 mg Calcium.

PORTION DONNE: 1 fruits/légumes, 1 matières grasses.

POINTS PAR PORTION: 1.

Salade de fusilli aux légumes et à la feta

4 PORTIONS

Lynn Bacon
Long Beach, Mississippi

Cette salade remporte toujours un immense succès lors des barbecues et des pique-niques organisés par Lynn. Une excellente façon de profiter des bons légumes frais pendant l'été.

500 ml (2 tasses) de fusilli, cuits

2 courgettes moyennes, coupées en dés

250 ml (1 tasse) de grains de maïs frais ou décongelés

1 tomate, coupée en dés

1 oignon rouge, haché

50 ml (¼ tasse) de vinaigrette à l'italienne sans matières grasses

175 ml (¾ tasse) de fromage feta, émietté

Dans un grand saladier, mélanger les fusilli, les courgettes, le maïs, les tomates, les oignons et la vinaigrette. Bien mélanger. Couvrir et mettre dans le réfrigérateur au moins 2 heures pour bien refroidir. Recouvrir de fromage et servir.

PAR PORTION: 217 Calories, 6 g Gras total, 3 g Gras saturé, 19 mg Cholestérol, 397 mg Sodium, 34 g Glucide total, 4 g Fibres alimentaires, 9 g Protéines, 131 mg Calcium.

PORTION DONNE: 2 pain, 1 fruits/légumes, 1 protéines/lait.

POINTS PAR PORTION: 4.

Salade Waldorf

4 PORTIONS

Helen Cordon
West Allis, Wisconsin

Après avoir joint les rangs de Weight Watchers, Helen a non seulement perdu 13,6 kg (30 lb) et abaissé son taux de cholestérol de façon remarquable, mais elle a aussi participé à un triathlon qu'elle a terminé! Sa salade Waldorf, dans laquelle on remplace la mayonnaise par du yogourt, est indiscutablement le choix des champions.

- 2 pommes, évidées et coupées en dés
- 250 ml (1 tasse) de raisins sans pépins, coupés en deux
- 250 ml (1 tasse) de yogourt nature sans matières grasses
- 1 branche de céleri, coupée en dés
- 50 ml (¼ tasse) de noix, hachées
- 30 ml (2 c. à soupe) de raisins secs
- 7 ml (1 ½ c. à thé) de jus de citron fraîchement pressé
- Cannelle moulue

Dans un saladier moyen, mélanger les pommes, les raisins, le yogourt, le céleri, les noix, les raisins secs et le jus de citron. Saupoudrer de cannelle et servir.

PAR PORTION: 154 Calories, 5 g Gras total, 1 g Gras saturé, 1 mg Cholestérol, 52 mg Sodium, 25 g Glucide total, 3 g Fibres alimentaires, 5 g Protéines, 133 mg Calcium.

PORTION DONNE: 1 fruits/légumes, 1 matières grasses.

POINTS PAR PORTION: 3.

CHAPITRE 5

Volaille

Arroz con Pollo

4 PORTIONS

Shannon Hernandez
Gillette, Wyoming

Après avoir joint les rangs de Weight Watchers en 1991, Shannon a perdu 23,6 kg (52 lb) et a vu sa pression baisser de façon significative. Elle a aussi réussi un autre exploit: transformer une recette de poulet ordinaire en un plat épicé, appétissant et au goût du jour.

- 10 ml (2 c. à thé) d'huile d'olive
- 250 ml (1 tasse) de riz à grains longs
- 1 oignon, haché
- 2 gousses d'ail, émincées
- 500 ml (2 tasses) de bouillon de poulet hyposodique
- 1 boîte de 284 ml (10 oz) de tomates avec piments verts du Chili
- 5 ml (1 c. à thé) d'origan séché
- 2 ml (½ c. à thé) de cumin moulu
- 500 ml (2 tasses) de poitrines de poulet sans peau, coupées en cubes
- 250 ml (1 tasse) de pois verts, décongelés

1. Chauffer l'huile dans une grande poêle à revêtement antiadhésif. Ajouter le riz, les oignons et l'ail. Cuire, en remuant au besoin, de 5 à 6 minutes, jusqu'à ce que le riz brunisse légèrement.

2. Ajouter le bouillon, les tomates, l'origan et le cumin. Amener à ébullition. Réduire la chaleur et laisser mijoter à couvert, en remuant une ou deux fois, environ 20 minutes, jusqu'à ce que le riz soit tendre.

3. Ajouter le poulet et les pois. Cuire à couvert, en remuant au besoin, de 3 à 4 minutes, jusqu'à ce que les pois soient cuits et que le poulet soit bien chaud. Défaire les grains de riz avec une fourchette avant de servir.

PAR PORTION: 348 Calories, 6 g Gras total, 1 g Gras saturé, 50 mg Cholestérol, 423 mg Sodium, 48 g Glucide total, 4 g Fibres alimentaires, 25 g Protéines, 66 mg Calcium.

PORTION DONNE: 2 pain, 2 protéines/lait, 1 matières grasses.

POINTS PAR PORTION: 7.

Poulet au marsala

4 PORTIONS

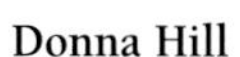

Donna Hill
New York, New York

Voici une version non orthodoxe du poulet au marsala qui requiert l'utilisation de raisins frais. La saveur de noisette du riz brun se marie judicieusement au bon goût de la sauce au vin.

- 5 ml (1 c. à thé) d'huile de canola
- 360 g (12 oz) de poitrines de poulet sans peau et sans os, coupées en lamelles
- 4 échalotes, hachées
- 15 ml (1 c. à soupe) de farine tout usage
- 125 ml (½ tasse) de bouillon de poulet hyposodique
- 50 ml (¼ tasse) de marsala sec
- 250 ml (1 tasse) de raisins blancs sans pépins, coupés en deux
- 50 ml (¼ tasse) de persil frais, haché
- 1 ml (¼ c. à thé) de poivre noir fraîchement moulu
- 1 litre (4 tasses) de riz brun, cuit et chaud

1. Chauffer l'huile dans une grande poêle à revêtement antiadhésif. Ajouter le poulet et cuire, en remuant au besoin, de 5 à 6 minutes, jusqu'à ce qu'il brunisse légèrement. Transvider sur une assiette.

2. Vaporiser la même poêle avec de l'enduit anticollant. Ajouter les échalotes et cuire, en remuant au besoin, environ 5 minutes, jusqu'à ce qu'elles soient tendres. Ajouter la farine. Cuire, en remuant constamment, environ 1 minute, pour bien enrober les échalotes de farine. Verser lentement le bouillon et le vin. Cuire, en remuant constamment, environ 2 minutes, jusqu'à ébullition et épaississement.

3. Incorporer le poulet, les raisins, le persil et le poivre. Amener à ébullition. Réduire la chaleur et laisser mijoter à couvert environ 5 minutes, jusqu'à ce que tous les ingrédients soient cuits. Servir le riz recouvert avec la préparation au poulet.

PAR PORTION: 396 Calories, 5 g Gras total, 1 g Gras saturé, 50 mg Cholestérol, 84 mg Sodium, 58 g Glucide total, 4 g Fibres alimentaires, 26 g Protéines, 47 mg Calcium.

PORTION DONNE: 2 pain, 1 fruits/légumes, 2 protéines/lait.

POINTS PAR PORTION: 8.

Poulet chasseur

Poulet chasseur

4 PORTIONS

Elizabeth J. Gari
Westbury, New York

Elizabeth se souvient de son animatrice Weight Watchers qui lui recommandait souvent de ne jamais qualifier les mets qu'elle servait de plats « diète ». Avec ce poulet chasseur à faible teneur en matières grasses, elle réussit à duper son mari fin gourmet tout en faisant honneur à son héritage italien.

- 10 ml (2 c. à thé) d'huile d'olive
- 4 cuisses de poulet de 120 g (4 oz) chacune sans peau
- 1 oignon, haché
- 3 gousses d'ail, émincées
- 750 ml (3 tasses) de champignons, en tranches
- 1 boîte de 427 ml (14 ½ oz) de tomates en dés (sans sel ajouté)
- 1 poivron vert, épépiné et coupé en dés
- 50 ml (1/4 tasse) de pâte de tomate
- 5 ml (1 c. à thé) d'origan séché
- 1 ml (¼ c. à thé) de poivre noir fraîchement moulu
- 1 litre (4 tasses) de spaghetti, cuits et chauds

(Voir photo.)

1. Chauffer l'huile dans une grande poêle à revêtement antiadhésif. Ajouter le poulet et faire brunir 2 minutes de chaque côté. Transvider sur une assiette.

2. Dans la même poêle, cuire les oignons et l'ail, en remuant au besoin, environ 5 minutes, jusqu'à ce qu'ils soient tendres.

3. Ajouter les champignons, les tomates, les poivrons, la pâte de tomate, l'origan et le poivre. Amener à ébulition, en remuant au besoin. Remettre le poulet dans la poêle. Réduire la chaleur et laisser mijoter à couvert, en remuant au besoin, environ 25 minutes, jusqu'à ce que le poulet soit bien cuit. Servir les spaghetti recouverts de poulet et de sauce.

PAR PORTION: 419 Calories, 8 g Gras total, 2 g Gras saturé, 94 mg Cholestérol, 245 mg Sodium, 54 g Glucide total, 5 g Fibres alimentaires, 32 g Protéines, 73 mg Calcium.

PORTION DONNE: 2 pain, 2 fruits/légumes, 3 protéines/lait, 1 matières grasses.

POINTS PAR PORTION: 8.

Poulet à l'abricot

4 PORTIONS

Lynda Wrigley
McKinney, Texas

« J'aime les sauces traditionnelles de la cuisine française », confie Lynda. Voici un plat qu'elle aime servir à ses invités qui sont toujours étonnés d'apprendre qu'il s'agit d'une recette à faible teneur en calories.

4 poitrines de poulet sans peau et sans os de 90 g (3 oz) chacune

500 ml (2 tasses) de champignons, en tranches

1 oignon, haché

250 ml (1 tasse) de bouillon de poulet hyposodique

12 moitiés d'abricots secs, en julienne

1 ml (¼ c. à thé) de muscade râpée

15 ml (1 c. à soupe) de fécule de maïs

30 ml (2 c. à soupe) de brandy nature ou d'abricot-brandy

1 litre (4 tasses) de nouilles aux épinards, cuites et chaudes

30 ml (2 c. à soupe) de moitiés de pacanes, grossièrement hachées

1. Vaporiser une grande poêle à revêtement antiadhésif avec de l'enduit anticollant et mettre sur le feu. Ajouter le poulet et faire brunir environ 2 minutes chaque côté. Transvider sur une assiette.

2. Vaporiser la même poêle avec de l'enduit anticollant. Ajouter les champignons et les oignons. Cuire, en remuant au besoin, environ 5 minutes, jusqu'à ce qu'ils soient tendres. Ajouter le bouillon, les abricots et la muscade. Cuire environ 1 minute en raclant le fond de la poêle.

3. Remettre le poulet dans la poêle. Réduire la chaleur et laisser mijoter à couvert de 6 à 8 minutes, jusqu'à ce que tous les ingrédients soient cuits.

4. Dans un petit bol, mélanger la fécule de maïs et le brandy. Verser dans la poêle et cuire, en remuant constamment, environ 1 minute, jusqu'à ébullition et épaississement. Servir les nouilles recouvertes de cette préparation. Saupoudrer de pacanes hachées.

PAR PORTION : 384 Calories, 6 g Gras total, 1 g Gras saturé, 91 mg Cholestérol, 117 mg Sodium, 49 g Glucide total, 6 g Fibres alimentaires, 29 g Protéines, 54 mg Calcium.

PORTION DONNE : 2 pain, 1 fruits/légumes, 2 protéines/lait, 1 matières grasses.

POINTS PAR PORTION : 7.

Poulet tetrazzini

2 PORTIONS

Jenny L. Canter
Gallatin, Tennessee

Jenny est une grand-mère qui joue du piano et qui enseigne à l'école du dimanche. Son poulet tetrazzini offre une touche à l'ancienne qui plaît beaucoup. La seule différence? Cette recette contient beaucoup moins de matières grasses et de calories que la recette originale.

10 ml (2 c. à thé) de margarine dure sans sel

2 branches de céleri, coupées en dés

2 oignons verts, en tranches fines

15 ml (1 c. à soupe) de farine tout usage

250 ml (1 tasse) de lait écrémé

75 ml (⅓ tasse) de cheddar à teneur réduite en matières grasses, finement râpé

250 ml (1 tasse) de poitrine de poulet sans peau, cuite et coupée en cubes

250 ml (1 tasse) de macaroni coupés

125 ml (½ tasse) de pois verts, surgelés

7 craquelins (saltine) sans matières grasses, émiettés

1. Préchauffer le four à 180 °C (350 °F).

2. Faire fondre la margarine dans une grande casserole à revêtement antiadhésif. Ajouter le céleri et les oignons verts. Cuire, en remuant au besoin, environ 4 minutes, jusqu'à ce qu'ils soient tendres.

3. Ajouter la farine et cuire, en remuant constamment, environ 1 minute, jusqu'à ce qu'elle brunisse légèrement. Incorporer le lait et cuire, en remuant constamment, environ 3 minutes, jusqu'à ébullition et épaississement. Ajouter le fromage et remuer jusqu'à ce qu'il soit fondu.

4. Incorporer le poulet, les macaroni et les pois. Cuire, en remuant au besoin, environ 3 minutes, jusqu'à ce que les pois soient décongelés et que le tout soit bien chaud. Transvider dans une casserole allant au four de 1,5 litre (1 ½ pinte). Saupoudrer de miettes de craquelins et cuire au four environ 10 minutes, jusqu'à ce que le dessus brunisse légèrement.

PAR PORTION: 406 Calories, 10 g Gras total, 4 g Gras saturé, 64 mg Cholestérol, 410 mg Sodium, 43 g Glucide total, 3 g Fibres alimentaires, 34 g Protéines, 356 mg Calcium.

PORTION DONNE: 2 pain, 1 fruits/légumes, 3 protéines/lait, 1 matières grasses.

POINTS PAR PORTION: 8.

Poulet au cidre à la dijonnaise

4 PORTIONS

Sue Avery
Bow, Washington

Sue, qui est membre à vie de Weight Watchers, aime manger au restaurant et quand elle rentre à la maison elle se fait une joie de faire les mets qu'elle a le plus appréciés tout en prenant soin de diminuer leur teneur en matières grasses et en calories. Ce poulet est le résultat d'une de ses sorties au restaurant.

- 5 ml (1 c. à thé) d'huile de canola
- 2 gousses d'ail, émincées
- 4 poitrines de poulet sans peau et sans os de 120 g (4 oz) chacune
- 500 ml (2 tasses) de champignons, en tranches
- 125 ml (½ tasse) de bouillon de poulet hyposodique
- 30 ml (2 c. à soupe) de moutarde de Dijon
- 45 ml (3 c. à soupe) de farine tout usage
- 125 ml (½ tasse) de cidre ou de jus de pomme
- 50 ml (¼ tasse) de crème sure sans matières grasses
- 50 ml (¼ tasse) de persil frais, haché
- 1 litre (4 tasses) de riz brun, cuit et chaud

1. Chauffer l'huile dans une grande poêle à revêtement antiadhésif. Ajouter l'ail et cuire, en remuant au besoin, environ 1 minute, jusqu'à ce qu'il brunisse légèrement.

2. Ajouter le poulet, les champignons, le bouillon et la moutarde. Amener à ébullition. Réduire la chaleur et laisser mijoter à couvert, de 8 à 10 minutes, jusqu'à ce que le poulet soit bien cuit.

3. Dans un petit bol, mélanger la farine avec suffisamment de cidre pour faire une pâte légère. Incorporer le restant de cidre. Verser dans la poêle. Cuire, en remuant constamment, environ 2 minutes, jusqu'à ébullition et épaississement. Incorporer la crème sure et le persil. Cuire environ 1 minute pour réchauffer. Servir le riz recouvert avec le poulet et la sauce.

PAR PORTION: 421 Calories, 5 g Gras total, 1 g Gras saturé, 66 mg Cholestérol, 291 mg Sodium, 56 g Glucide total, 4 g Fibres alimentaires, 34 g Protéines, 65 mg Calcium.

PORTION DONNE: 2 pain, 1 fruits/légumes, 3 protéines/lait.

POINTS PAR PORTION: 8.

Poulet braisé Bella

6 PORTIONS

Julie Clawson
Hartford, Connecticut

Il y a sept ans, Julie, qui souhaitait devenir chanteuse d'opéra professionnelle, s'est fait refuser un rôle parce que le metteur en scène la trouvait trop grosse. Le jour suivant, elle se rendait chez Weight Watchers. À sa grande surprise, elle a constaté qu'on n'y mangeait pas que du fromage cottage et du poisson cuit au four. La variété des aliments permis l'a emballée. Voici une recette née de cet enthousiasme. La cuisson lente garde les légumes fermes et le poulet divinement tendre. Préparez-le pour le souper du dimanche et conservez les restes pour le lunch du lendemain.

15 ml (1 c. à soupe) de margarine dure sans sel

2 oignons, hachés

2 branches de céleri, coupées en dés

1 carotte, coupée en dés

2 gousses d'ail, émincées

45 ml (3 c. à soupe) de farine tout usage

1 ml (¼ c. à thé) de poivre noir fraîchement moulu

6 poitrines de poulet sans peau et sans os de 120 g (4 oz) chacune

15 ml (1 c. à soupe) d'huile d'olive

1 boîte de 427 ml (14 ½ oz) de tomates en dés (sans sel ajouté)

250 ml (1 tasse) de bouillon de poulet hyposodique

125 ml (½ tasse) de vin blanc sec

30 ml (2 c. à soupe) de persil frais, émincé, et un peu plus pour la garniture

5 ml (1 c. à thé) de thym séché

1. Préchauffer le four à 160 °C (325 °F).

2. Faire fondre la margarine dans une grande poêle à revêtement antiadhésif. Ajouter les oignons, le céleri, les carottes et l'ail. Cuire, en remuant au besoin, environ 5 minutes, jusqu'à ce qu'ils soient tendres. Transvider dans un grand faitout ou une grande casserole de 3 litres (3 pintes) allant au four.

3. Dans un grand sac pour congélateur refermable (capacité d'environ 4 litres/4 pintes), mélanger la farine et le poivre. Ajouter le poulet. Remuer pour bien enrober le poulet.

4. Chauffer l'huile dans la même poêle. Ajouter le poulet et faire brunir 2 minutes de chaque côté. Dresser le poulet sur les légumes. Remettre la poêle sur le feu. Ajouter les tomates, le bouillon, le vin, le persil et le thym. Cuire jusqu'à ce que le liquide commence à bouillir tout en raclant le fond de la poêle. Verser sur le poulet. Couvrir et cuire au four environ 1 heure, jusqu'à ce que le poulet soit bien cuit et que les légumes soient tendres. Servir garni de persil haché.

PAR PORTION: 232 Calories, 6 g Gras total, 1 g Gras saturé, 66 mg Cholestérol, 121 mg Sodium, 12 g Glucide total, 2 g Fibres alimentaires, 29 g Protéines, 61 mg Calcium.

PORTION DONNE: 1 fruits/légumes, 3 protéines/lait, 1 matières grasses.

POINTS PAR PORTION: 5.

Poulet au citron et à l'estragon

Poulet au citron et à l'estragon

4 PORTIONS

Bonnie Sparrow
Kingston, Ontario

Bonnie est membre à vie de Weight Watchers. Elle a créé cette recette en y intégrant le vin maison de son mari de même que l'estragon qu'elle fait pousser dans son potager. Elle aime présenter ce poulet avec du riz et des légumes cuits à la vapeur.

- 50 ml (¼ tasse) de vin blanc sec
- 15 ml (1 c. à soupe) d'estragon frais, haché, ou 5 ml (1 c. à thé) d'estragon séché
- 5 ml (1 c. à thé) de zeste de citron, râpé
- 30 ml (2 c. à soupe) de jus de citron fraîchement pressé
- 2 gousses d'ail, émincées
- 4 poitrines de poulet sans peau et sans os de 120 g (4 oz) chacune

(Voir photo.)

1. Pour faire la marinade, mélanger le vin, l'estragon, le zeste de citron, le jus de citron et l'ail dans un grand sac pour congélateur refermable (capacité d'environ 4 litres/4 pintes). Ajouter le poulet. Sceller le sac en prenant soin de faire sortir tout l'air qu'il contient. Remuer pour bien enrober le poulet de marinade. Mettre dans le réfrigérateur 2 heures ou toute la nuit, en retournant le sac de temps en temps.

2. Vaporiser le gril ou la grille avec de l'enduit anti-collant. Préchauffer le gril.

3. Égoutter le poulet et jeter la marinade. Griller le poulet à 12,5 cm (5 po) de la source de chaleur, environ 5 minutes de chaque côté, jusqu'à ce qu'il soit bien cuit.

PAR PORTION: 141 Calories, 1 g Gras total, 0 g Gras saturé, 66 mg Cholestérol, 75 mg Sodium, 2 g Glucide total, 0 g Fibres alimentaires, 26 g Protéines, 22 mg Calcium.

PORTION DONNE: 3 protéines/lait.

POINTS PAR PORTION: 3.

Poulet et ziti au four

4 PORTIONS

Frances M. Bower
Argyle, New York

Après l'attaque cardiaque de son mari, Frances a repensé entièrement les menus qu'elle offrait à sa famille en accordant une plus grande place au poulet. Il s'agit maintenant d'une des principales sources de protéines qu'elle utilise. « Je suis toujours à la recherche de nouvelles idées, dit-elle, et je me suis rappelé le fameux plat que préparait ma grand-mère. » Frances sert ce mets avec une salade verte et elle est ravie de partager sa trouvaille avec les membres de Weight Watchers.

240 g (8 oz) de poitrines de poulet sans peau et sans os, coupées en lamelles de 0,6 cm (¼ po)

1 oignon, haché

2 gousses d'ail, émincées

1 boîte de 796 ml (28 oz) de tomates broyées (sans sel ajouté)

5 ml (1 c. à thé) d'assaisonnement à l'italienne

1 ml (¼ c. à thé) de poivre noir fraîchement moulu

500 ml (2 tasses) de ziti (très gros macaroni) ou de penne

150 ml (⅔ tasse) de fromage ricotta sans matières grasses

75 ml (⅓ tasse) de mozzarella partiellement écrémée, finement râpée

30 ml (2 c. à soupe) de parmesan, râpé

1. Vaporiser une grande poêle à revêtement antiadhésif avec de l'enduit anticollant et mettre sur le feu. Ajouter le poulet et cuire, en remuant au besoin, de 5 à 6 minutes, jusqu'à ce qu'il brunisse légèrement. Transvider sur une assiette.

2. Préchauffer le four à 190 °C (375 °F).

3. Vaporiser la même poêle avec de l'enduit anticollant. Ajouter les oignons et l'ail. Cuire, en remuant au besoin, environ 5 minutes, jusqu'à ce qu'ils soient tendres. Ajouter les tomates, l'assaisonnement à l'italienne et le poivre. Amener à ébullition. Réduire la chaleur et laisser mijoter à découvert, en remuant au besoin, de 8 à 10 minutes, jusqu'à léger épaississement.

4. Pendant ce temps, cuire les ziti en suivant les indications inscrites sur l'emballage. Égoutter et mélanger avec le fromage ricotta.

5. Verser la moitié de la préparation aux tomates dans un plat de cuisson de 32,5 x 22,5 cm (13 x 9 po), recouvrir avec les pâtes, le poulet, puis le restant de préparation aux tomates. Recouvrir avec la mozzarella et le parmesan. Cuire au four de 15 à 20 minutes, jusqu'à ce que le fromage soit fondu et que des bulles commencent à se former sur le dessus.

PAR PORTION: 381 Calories, 5 g Gras total, 2 g Gras saturé, 40 mg Cholestérol, 209 mg Sodium, 52 g Glucide total, 3 g Fibres alimentaires, 31 g Protéines, 371 mg Calcium.

PORTION DONNE: 2 pain, 1 fruits/légumes, 3 protéines/lait.

POINTS PAR PORTION: 7.

Poulet aux penne

2 PORTIONS

Judith L. Wiseman
Dallas, Texas

Judy, qui a perdu 13,6 kg (30 lb) et qui se sent plus en forme que jamais, a inventé ce plat afin de pouvoir manger plus de légumes au souper. « Maintenant, je le prépare uniquement parce que je le trouve délicieux », dit-elle.

- 5 ml (1 c. à thé) d'huile d'olive
- 1 oignon, haché
- ½ poivron vert, épépiné et haché
- 1 gousse d'ail, émincée
- 1 boîte de 427 ml (14 ½ oz) de tomates à l'italienne
- 120 g (4 oz) de poitrine de poulet sans peau et sans os, coupée en cubes
- 30 ml (2 c. à soupe) de vin rouge sec
- 250 ml (1 tasse) de penne ou de ziti (très gros macaroni)
- 30 ml (2 c. à soupe) de parmesan, râpé

1. Chauffer l'huile dans une grande poêle à revêtement antiadhésif. Ajouter les oignons, les poivrons et l'ail. Cuire, en remuant au besoin, environ 5 minutes, jusqu'à ce qu'ils soient tendres.

2. Ajouter les tomates, le poulet et le vin. Amener à ébullition. Réduire la chaleur et laisser mijoter à couvert de 5 à 6 minutes, jusqu'à ce que le poulet soit bien cuit.

3. Pendant ce temps, cuire les pâtes en suivant les indications inscrites sur l'emballage. Égoutter et mettre dans un plat de service. Ajouter la préparation au poulet et mélanger. Saupoudrer de parmesan râpé et servir.

PAR PORTION: 383 Calories, 5 g Gras total, 2 g Gras saturé, 37 mg Cholestérol, 1036 mg Sodium, 58 g Glucide total, 6 g Fibres alimentaires, 24 g Protéines, 131 mg Calcium.

PORTION DONNE: 2 pain, 2 fruits/légumes, 2 protéines/lait, 1 matières grasses.

POINTS PAR PORTION: 7.

Enchiladas au poulet en casserole

6 PORTIONS

Dawn Reed
Meriden, Kansas

Dawn enseigne le piano et elle a trouvé la note juste avec ce plat qui plaît autant à son mari qu'à son fils de huit ans.

- 10 tortillas de maïs sans matières grasses de 15 cm (6 po) chacune, coupées en deux
- 750 ml (3 tasses) de poitrines de poulet sans peau, cuites et coupées en cubes
- 250 ml (1 tasse) de grains de maïs frais ou décongelés
- 1 oignon, haché
- ½ poivron vert, épépiné et coupé en dés
- 1 boîte de 427 ml (14 ½ oz) de tomates étuvées (sans sel ajouté)
- 1 boîte de 284 ml (10 oz) de tomates en dés avec piments verts du Chili
- 250 ml (1 tasse) de cheddar à teneur réduite en matières grasses, finement râpé

1. Préchauffer le four à 180 °C (350 °F). Vaporiser un plat de cuisson de 32,5 x 22,5 cm (13 x 9 po) avec de l'enduit anticollant.

2. Tapisser le fond du plat de cuisson avec la moitié des tortillas. Recouvrir successivement avec une couche de poulet, de maïs, d'oignons, de poivrons et de tomates étuvées. Couvrir avec les tortillas restantes. Verser les tomates en dés sur le dessus. Couvrir de papier d'aluminium et cuire au four environ 30 minutes pour bien réchauffer. Enlever le papier d'aluminium et recouvrir de fromage. Cuire au four à découvert environ 10 minutes de plus, jusqu'à ce que le fromage soit fondu.

PAR PORTION: 286 Calories, 5 g Gras total, 1 g Gras saturé, 51 mg Cholestérol, 628 mg Sodium, 35 g Glucide total, 7 g Fibres alimentaires, 27 g Protéines, 274 mg Calcium.

PORTION DONNE: 2 pain, 1 fruits/légumes, 3 protéines/lait.

POINTS PAR PORTION: 5.

Fajitas au poulet

2 PORTIONS

Shiela Jones
Jackson, Michigan

Shiela a toujours eu du mal à intégrer suffisamment de légumes à son alimentation et cette recette l'a immédiatement enchantée. Bonne pour la santé et délicieuse.

240 g (8 oz) de poitrines de poulet sans peau et sans os, coupées en lamelles

30 ml (2 c. à soupe) de vinaigrette à l'italienne sans matières grasses

1 oignon, en tranches

½ poivron vert, épépiné et coupé en tranches

½ poivron rouge, épépiné et coupé en tranches

4 tortillas de blé sans matières grasses de 15 cm (6 po) chacune

50 ml (¼ tasse) de salsa

30 ml (2 c. à soupe) de crème sure sans matières grasses

1. Mélanger le poulet et la vinaigrette dans un grand sac pour congélateur refermable (capacité d'environ 4 litres/ 4 pintes). Sceller le sac en prenant soin de faire sortir tout l'air qu'il contient. Retourner le sac pour bien enrober le poulet. Mettre dans le réfrigérateur au moins 2 heures ou toute la nuit, en retournant le sac de temps en temps.

2. Vaporiser une grande poêle à revêtement antiadhésif avec de l'enduit anticollant et mettre sur le feu. Ajouter le poulet et la marinade restante s'il y a lieu. Cuire, en remuant au besoin, de 7 à 8 minutes, jusqu'à ce que le poulet brunisse légèrement. Transvider sur une assiette et réserver au chaud.

3. Vaporiser la même poêle avec de l'enduit anticollant. Ajouter les oignons et les poivrons. Cuire, en remuant au besoin, environ 5 minutes, jusqu'à ce qu'ils soient tendres.

4. Recouvrir les tortillas avec le poulet, la préparation aux poivrons, la salsa et la crème sure. Rouler et servir.

PAR PORTION: 338 Calories, 2 g Gras total, 0 g Gras saturé, 66 mg Cholestérol, 865 mg Sodium, 46 g Glucide total, 3 g Fibres alimentaires, 32 g Protéines, 44 mg Calcium.

PORTION DONNE: 2 pain, 1 fruits/légumes, 3 protéines/lait.

POINTS PAR PORTION: 6.

Poulet grillé à la mozzarella et aux poivrons rouges

2 PORTIONS

Vivian Elba
Simsbury, Connecticut

Pendant l'été, pour le barbecue, Vivian multiplie simplement les quantités afin de pouvoir accueillir à sa table tous ceux qui s'y pointent à l'improviste.

7 ml (1 ½ c. à thé) d'huile d'olive extravierge

5 ml (1 c. à thé) de pâte d'anchois

3 poivrons rouges, grillés* et coupés en tranches de 0,6 cm (¼ po)

75 ml (⅓ tasse) de mozzarella partiellement écrémée, coupée en cubes

1 tomate prune, coupée en cubes

5 petites olives noires, dénoyautées et coupées en tranches

30 ml (2 c. à soupe) de persil plat (italien) frais, haché

2 poitrines de poulet sans peau et sans os de 90 g (3 oz) chacune

1. Vaporiser le gril ou la grille avec de l'enduit anticollant. Préchauffer le gril.

2. Dans un bol moyen, mélanger 5 ml (1 c. à thé) d'huile avec la pâte d'anchois jusqu'à ce que le tout soit homogène. Ajouter les poivrons, le fromage, les tomates, les olives et le persil. Mélanger délicatement.

3. Brosser le poulet avec l'huile restante (2 ml/½ c. à thé) et le mettre sur le gril. Griller le poulet à 12,5 cm (5 po) de la source de chaleur environ 5 minutes de chaque côté, jusqu'à ce qu'il soit bien cuit. Servir les poitrines de poulet recouvertes avec la préparation aux poivrons.

PAR PORTION: 242 Calories, 10 g Gras total, 1 g Gras saturé, 66 mg Cholestérol, 249 mg Sodium, 12 g Glucide total, 3 g Fibres alimentaires, 26 g Protéines, 86 mg Calcium.

PORTION DONNE: 2 fruits/légumes, 3 protéines/lait, 1 matières grasses.

POINTS PAR PORTION: 5.

* *Pour griller les poivrons, préchauffer le four. Recouvrir une tôle à pâtisserie de papier d'aluminium et y ranger les poivrons. Griller de 10 à 15 cm (4 à 6 po) de la chaleur, en les tournant souvent à l'aide de longues pinces, environ 10 minutes ou jusqu'à ce qu'ils soient légèrement noircis sur toutes les faces. Placer les poivrons dans un sac de papier, bien fermer et laisser reposer 10 minutes. Peler et épépiner les poivrons au-dessus de l'évier afin de laisser égoutter le liquide.*

Poulet et légumes sautés

8 PORTIONS

Dona Plaza
Fremont, Californie

«J'aime refaire mes anciennes recettes à faible teneur en matières grasses, raconte Dona, et je vous propose ce poulet formidable. J'ai perdu 25 kg (55 lb) jusqu'à maintenant!» Dona croit que les efforts qu'elle a faits au cours des deux dernières années valaient le coup. «Je suis en train d'apprendre à bien manger pour le reste de mes jours», ajoute-t-elle.

45 ml (3 c. à soupe) de sauce soja hyposodique

3 gousses d'ail, émincées

15 ml (1 c. à soupe) de gingembre frais, pelé et émincé

600 g (1 ¼ lb) de poitrines de poulet sans peau et sans os, coupées en morceaux de 2,5 cm (1 po)

45 ml (3 c. à soupe) de fécule de maïs

5 ml (1 c. à thé) de sauce aux huîtres ou de sauce au poisson (facultatif)

20 ml (4 c. à thé) d'huile de canola

4 carottes, en tranches fines

1 litre (4 tasses) de bouquets de brocoli

2 oignons, en tranches

1 boîte de 227 ml (8 oz) de châtaignes d'eau en tranches, égouttées

1,5 litre (6 tasses) de riz brun, cuit et chaud

1. Pour préparer la marinade, mélanger 30 ml (2 c. à soupe) de sauce soja, l'ail et le gingembre dans un grand sac pour congélateur refermable (capacité d'environ 4 litres/4 pintes). Ajouter le poulet. Sceller le sac en prenant soin de faire sortir tout l'air qu'il contient. Retourner pour bien enrober le poulet. Mettre dans le réfrigérateur au moins 2 heures ou toute la nuit en retournant le sac de temps en temps.

2. Dans un bol moyen, mélanger la fécule de maïs, la sauce soja restante (15 ml/1 c. à soupe) et la sauce aux huîtres avec 50 ml (1/4 tasse) d'eau. Ajouter 425 ml (1 3/4 tasse) d'eau.

3. Chauffer l'huile dans un grand wok ou une grande poêle à revêtement antiadhésif. Ajouter les carottes, le brocoli et les oignons. Faire sauter de 10 à 12 minutes, jusqu'à ce qu'ils soient tendres mais encore croquants. Transvider dans un bol et réserver au chaud. Ajouter le poulet et la marinade dans le wok et cuire, en remuant au besoin, de 8 à 10 minutes, jusqu'à ce que le poulet soit bien cuit.

4. Remettre les légumes dans le wok, ajouter la sauce à base de fécule de maïs et les châtaignes d'eau. Cuire, en remuant constamment, de 4 à 5 minutes, jusqu'à ébullition et épaississement. Servir le riz recouvert avec cette préparation.

PAR PORTION: 336 Calories, 5 g Gras total, 1 g Gras saturé, 41 mg Cholestérol, 315 mg Sodium, 50 g Glucide total, 7 g Fibres alimentaires, 24 g Protéines, 72 mg Calcium.

PORTION DONNE: 2 pain, 1 fruits/légumes, 2 protéines/lait, 1 matières grasses.

POINTS PAR PORTION: 6.

Poulet crémeux aux épinards

4 PORTIONS

Catherine L. Mundy
Livonia, Michigan

Crémeux, oui, mais où est la crème? Catherine est fière d'avoir transformé une recette qu'elle avait l'habitude de faire depuis plusieurs années en une recette santé. Elle a su qu'elle avait réussi quand un de ses enfants lui a demandé: « Dis, maman, s'agit-il vraiment d'une recette qui renferme peu de matières grasses? »

- 5 ml (1 c. à thé) d'huile de canola
- 500 ml (2 tasses) de champignons, en tranches
- 1 oignon, haché
- 2 gousses d'ail, émincées
- 15 ml (1 c. à soupe) de farine tout usage
- 250 ml (1 tasse) de lait écrémé
- 125 ml (½ tasse) de bouillon de poulet hyposodique
- 360 g (12 oz) de poitrines de poulet sans peau et sans os, coupées en cubes
- 1 paquet de 300 g (10 oz) d'épinards hachés, décongelés et bien épongés
- 1 ml (¼ c. à thé) de poivre noir fraîchement moulu
- 1 litre (4 tasses) de coquilles moyennes (pâtes), cuites et chaudes
- 30 ml (2 c. à soupe) de parmesan, râpé

1. Chauffer l'huile dans une grande poêle à revêtement antiadhésif. Ajouter les champignons, les oignons et l'ail. Cuire, en remuant au besoin, de 5 à 6 minutes, jusqu'à ce qu'ils soient tendres.

2. Ajouter la farine et cuire, en remuant constamment, environ 1 minute, jusqu'à ce qu'elle brunisse légèrement. Verser lentement le lait et le bouillon. Cuire, en remuant constamment, de 2 à 3 minutes, jusqu'à ébullition et épaississement. Incorporer le poulet, les épinards et le poivre. Ramener à ébullition en remuant au besoin. Réduire la chaleur et laisser mijoter à couvert, en remuant au besoin, de 6 à 8 minutes, jusqu'à ce que le poulet soit bien cuit.

3. Mettre les pâtes dans un bol de service. Ajouter la préparation au poulet et bien mélanger. Servir et saupoudrer de parmesan râpé.

PAR PORTION: 231 Calories, 3 g Gras total, 1 g Gras saturé, 35 mg Cholestérol, 135 mg Sodium, 29 g Glucide total, 3 g Fibres alimentaires, 21 g Protéines, 145 mg Calcium.

PORTION DONNE: 2 pain, 1 fruits/légumes, 3 protéines/lait.

POINTS PAR PORTION: 4.

Poulet épicé aux canneberges

4 PORTIONS

Robert J. Swek
Detroit, Michigan

Quand Robert a reçu un assortiment d'épices pour son anniversaire, il s'est amusé à inventer une recette dans laquelle il a aussi intégré des canneberges. Voici sa création inspirée de la cuisine indienne.

- 10 ml (2 c. à thé) d'huile de canola
- 4 poitrines de poulet sans peau et sans os de 90 g (3 oz) chacune
- 2 oignons, hachés
- 2 gousses d'ail, émincées
- 10 ml (2 c. à thé) de cumin moulu
- 5 ml (1 c. à thé) de curcuma
- 5 ml (1 c. à thé) de coriandre moulue
- 5 ml (1 c. à thé) de gingembre moulu
- 1 ml (¼ c. à thé) de piment de Cayenne broyé, ou au goût
- 1 boîte de 427 ml (14 ½ oz) de tomates en dés (sans sel ajouté)
- 2 pommes Granny Smith, évidées et coupées en dés
- 125 ml (½ tasse) de bouillon de poulet hyposodique
- 50 ml (¼ tasse) de canneberges sèches
- 1 litre (4 tasses) de riz brun, cuit et chaud

1. Chauffer l'huile dans une grande poêle à revêtement antiadhésif. Ajouter le poulet et cuire de 2 à 3 minutes de chaque côté, jusqu'à ce qu'il brunisse légèrement. Transvider sur une assiette.

2. Ajouter les oignons et cuire, en remuant au besoin, environ 5 minutes, jusqu'à ce qu'ils soient tendres. Ajouter l'ail, le cumin, le curcuma, la coriandre, le gingembre et le piment de Cayenne broyé. Cuire, en remuant constamment, environ 30 secondes, pour bien mêler les saveurs.

3. Ajouter les tomates, les pommes, le bouillon et les canneberges. Amener à ébullition tout en raclant le fond de la poêle. Remettre le poulet dans la poêle. Réduire la chaleur et laisser mijoter à couvert environ 10 minutes, jusqu'à ce que le poulet soit bien cuit. Servir le riz recouvert avec les poitrines de poulet et la sauce.

PAR PORTION: 437 Calories, 6 g Gras total, 1 g Gras saturé, 50 mg Cholestérol, 98 mg Sodium, 69 g Glucide total, 7 g Fibres alimentaires, 27 g Protéines, 89 mg Calcium.

PORTION DONNE: 2 pain, 2 fruits/légumes, 2 protéines/lait, 1 matières grasses.

POINTS PAR PORTION: 8.

Poulet et légumes en papillote

4 PORTIONS

Daniel J. Morris
Staten Island, New York

Daniel travaille dans le domaine de la finance et il se détend en cuisinant pour son épouse et lui quand tous deux sont épuisés et n'ont pas du tout envie d'être longtemps aux fourneaux.

- 4 poitrines de poulet sans peau et sans os de 120 g (4 oz) chacune
- 375 ml (1 ½ tasse) de champignons, en tranches
- 1 poivron rouge, épépiné et coupé en lamelles de 2,5 cm (1 po)
- 1 courgette moyenne, en tranches
- 1 oignon, haché grossièrement
- 80 ml (¼ tasse + 2 c. à soupe) de sauce barbecue
- 2 gousses d'ail, émincées
- 1 litre (4 tasses) de riz brun, cuit et chaud

1. Préchauffer le four à 180 °C (350 °F).

2. Découper 4 carrés de papier d'aluminium de 30 cm (12 po). Mettre 1 poitrine de poulet au centre de chaque feuille. Recouvrir avec les champignons, les poivrons, les courgettes et les oignons.

3. Dans un petit bol, mélanger la sauce barbecue et l'ail. Recouvrir chaque poitrine de poulet avec une quantité égale de sauce. Faire des papillotes en ramenant le papier vers le centre et en rabattant les côtés par-dessus, puis en pliant les bouts de chaque côté ensemble. Froisser légèrement le papier pour que les papillotes puissent gonfler sans se déchirer. Mettre les paquets sur une plaque à pâtisserie. Cuire au four environ 40 minutes, jusqu'à ce que le poulet soit bien cuit et que les légumes soient tendres. Ouvrir les papillotes prudemment pour vérifier la cuisson puisque de la vapeur s'en échappera.

4. Servir 250 ml (1 tasse) de riz sur chacune des 4 assiettes. Avec une cuiller, déposer le contenu d'une papillote sur chaque portion de riz.

PAR PORTION: 388 Calories, 4 g Gras total, 1 g Gras saturé, 66 mg Cholestérol, 278 mg Sodium, 54 g Glucide total, 5 g Fibres alimentaires, 33 g Protéines, 53 mg Calcium.

PORTION DONNE: 2 pain, 1 fruits/légumes, 3 protéines/lait.

POINTS PAR PORTION: 7.

Poulet à l'ail et au gingembre avec pommes de terre

2 PORTIONS

Peggy Allen
Pasadena, Californie

Peggy a perdu 51 kg (112 lb) en un an grâce à Weight Watchers. Elle n'aurait pu y arriver sans des recettes aussi fantastiques que celle-ci. « Ce plat est beau et bon », nous dit-elle sans remords.

- 15 ml (1 c. à soupe) de coriandre fraîche, hachée
- 15 ml (1 c. à soupe) de vinaigre de vin de riz
- 5 ml (1 c. à thé) de sauce soja hyposodique
- 2 ml (½ c. à thé) de gingembre frais, pelé et émincé
- 1 gousse d'ail, émincée
- 2 poitrines de poulet sans peau et sans os de 120 g (4 oz) chacune
- 1 grosse pomme de terre pour cuisson au four, brossée et coupée en 8 quartiers

1. Pour préparer la marinade, mélanger la coriandre, le vinaigre, la sauce soja, le gingembre et l'ail dans un grand sac pour congélateur refermable (capacité d'environ 4 litres/4 pintes). Ajouter le poulet. Sceller le sac en prenant soin de faire sortir tout l'air qu'il contient. Retourner le sac pour bien enrober le poulet. Mettre dans le réfrigérateur 30 minutes.

2. Préchauffer le four à 180 °C (350 °F). Vaporiser un plat de cuisson de 25 x 15 cm (10 x 6 po) avec de l'enduit anticollant.

3. Transvider le poulet et la marinade dans le plat. Ajouter les pommes de terre. Couvrir et cuire au four environ 15 minutes, jusqu'à ce que le poulet et les pommes de terre soient partiellement cuits. Retirer le couvercle et cuire environ 15 minutes de plus, jusqu'à ce que le poulet soit bien cuit et que les pommes de terre soient tendres. Servir le poulet et les pommes de terre arrosés avec les jus de cuisson.

PAR PORTION: 238 Calories, 2 g Gras total, 0 g Gras saturé, 66 mg Cholestérol, 184 mg Sodium, 25 g Glucide total, 3 g Fibres alimentaires, 30 g Protéines, 34 mg Calcium.

PORTION DONNE: 1 pain, 3 protéines/lait.

POINTS PAR PORTION: 4.

Poulet au gingembre et aux noix d'acajou

4 PORTIONS

Katherine Voss
Los Gatos, Californie

Très raffiné, ce plat garni de gingembre mariné est à la mode du jour avec son goût à l'orientale. Pour baigner dans l'atmosphère asiatique encore plus intensément, faites comme Katherine et mangez ce poulet avec des baguettes.

- 360 g (12 oz) de poitrines de poulet sans peau et sans os, coupées en cubes de 2,5 cm (1 po)
- 2 oignons, hachés
- 2 branches de céleri, hachées
- 3 gousses d'ail, émincées
- 250 ml (1 tasse) de champignons, en tranches
- 250 ml (1 tasse) de germes de haricots
- 250 ml (1 tasse) de pois mange-tout, parés
- 50 ml (1/4 tasse) de noix d'acajou rôties à sec, non salées
- 15 ml (1 c. à soupe) de gingembre frais, pelé et émincé
- 15 ml (1 c. à soupe) de sauce soja hyposodique
- 750 ml (3 tasses) de riz brun, cuit et chaud
- Gingembre mariné

1. Vaporiser une grande poêle ou un wok avec de l'enduit anticollant et mettre sur le feu. Ajouter le poulet et cuire, en remuant au besoin, environ 3 minutes, jusqu'à ce qu'il brunisse légèrement. Transvider sur une assiette.

2. Vaporiser la même poêle avec de l'enduit anticollant et mettre sur le feu. Ajouter les oignons, le céleri et l'ail. Cuire, en remuant au besoin, environ 5 minutes.

3. Ajouter les champignons, les germes de haricots, les pois mange-tout, les noix d'acajou, le gingembre émincé, la sauce soja et le poulet. Cuire, en remuant au besoin, de 4 à 5 minutes, jusqu'à ce que le poulet soit bien cuit et que les légumes soient tendres. Servir le riz recouvert avec la préparation au poulet. Garnir avec des tranches de gingembre mariné.

PAR PORTION: 361 Calories, 7 g Gras total, 1 g Gras saturé, 53 mg Cholestérol, 237 mg Sodium, 47 g Glucide total, 5 g Fibres alimentaires, 29 g Protéines, 67 mg Calcium.

PORTION DONNE: 2 pain, 1 fruits/légumes, 3 protéines/lait, 1 matières grasses.

POINTS PAR PORTION: 7.

Poulet à la cannelle à la grecque

6 PORTIONS

Sharon Stavropoulos
Wilmette, Illinois

Sharon est toujours à la recherche de nouvelles recettes pour varier agréablement le menu de son mari et de ses trois fils. Cette recette lui permet de respecter son Programme tout en faisant plaisir aux siens.

15 ml (1 c. à soupe) d'huile d'olive

2 oignons, hachés

4 gousses d'ail, émincées

6 cuisses de poulet sans peau de 120 g (4 oz) chacune

1 boîte de 427 ml (14 ½ oz) de tomates en dés (sans sel ajouté)

50 ml (¼ tasse) de vin blanc sec

2 feuilles de laurier

1 bâton de cannelle

2 ml (½ c. à thé) de cannelle moulue

2 ml (½ c. à thé) de poivre noir grossièrement moulu

1 ml (¼ c. à thé) de sel

1,5 litre (6 tasses) de couscous, cuit et chaud

1. Chauffer l'huile dans une grande poêle à revêtement antiadhésif. Ajouter les oignons et l'ail. Cuire, en remuant au besoin, environ 5 minutes, jusqu'à ce qu'ils soient tendres.

2. Ajouter le poulet, les tomates, le vin, les feuilles de laurier, le bâton de cannelle, la cannelle moulue, le poivre et le sel. Amener à ébullition. Réduire la chaleur et laisser mijoter à couvert, en remuant au besoin, environ 30 minutes, jusqu'à ce que le poulet soit bien cuit. Jeter les feuilles de laurier et le bâton de cannelle. Servir le couscous garni de poulet et arrosé de sauce.

PAR PORTION: 392 Calories, 7 g Gras total, 2 g Gras saturé, 94 mg Cholestérol, 207 mg Sodium, 48 g Glucide total, 3 g Fibres alimentaires, 30 g Protéines, 62 mg Calcium.

PORTION DONNE: 2 pain, 1 fruits/légumes, 3 protéines/lait, 1 matières grasses.

POINTS PAR PORTION: 8.

Poulet minute au cari

2 PORTIONS

Marguerite J. Barber
Virginia Beach, Virginie

Marguerite est détective et elle a résolu un mystère pour le plus grand bonheur de tous: comment préparer un bon poulet au cari sans utiliser trop de matières grasses.

- 10 ml (2 c. à thé) d'huile d'olive
- 1 oignon, haché
- 15 ml (1 c. à soupe) de farine tout usage
- 15 ml (1 c. à soupe) de cari en poudre
- 125 ml (½ tasse) de bouillon de poulet hyposodique
- 125 ml (½ tasse) de compote de pomme
- 1 pomme, évidée et coupée en dés
- 30 ml (2 c. à soupe) de raisins secs
- 375 ml (1 ½ tasse) de poitrine de poulet sans peau, cuite et coupée en cubes
- 50 ml (¼ tasse) de lait écrémé
- 500 ml (2 tasses) de riz brun, cuit et chaud

1. Chauffer l'huile dans une grande casserole à revêtement antiadhésif. Ajouter les oignons et cuire, en remuant au besoin, environ 5 minutes, jusqu'à ce qu'ils soient tendres. Ajouter la farine et le cari. Cuire, en remuant constamment, environ 1 minute, jusqu'à ce que la farine brunisse légèrement.

2. Ajouter le bouillon, la compote de pomme et les raisins secs. Amener à ébullition en remuant constamment. Réduire la chaleur et laisser mijoter à couvert, en remuant au besoin, environ 10 minutes, jusqu'à léger épaississement.

3. Incorporer le poulet et le lait. Cuire environ 3 minutes pour bien réchauffer. Servir le riz recouvert avec le poulet au cari.

PAR PORTION: 538 Calories, 11 g Gras total, 2 g Gras saturé, 73 mg Cholestérol, 123 mg Sodium, 77 g Glucide total, 8 g Fibres alimentaires, 35 g Protéines, 108 mg Calcium.

PORTION DONNE: 2 pain, 2 fruits/légumes, 3 protéines/lait, 1 matières grasses.

POINTS PAR PORTION: 10.

Poulet au four à la californienne

6 PORTIONS

C.L. Tree
Oakland, Californie

C.L. et son mari, Larry Loebig, ont uni leur imagination et leurs talents pour inventer une recette bien épicée qui rassasie même les plus gourmands.

250 ml (1 tasse) de bouillon de poulet hyposodique

1 boîte de 443 ml (15 oz) de haricots noirs, rincés et égouttés

1 boîte de 443 ml (15 oz) de haricots rouges, rincés et égouttés

175 ml (¾ tasse) de salsa douce

2 gousses d'ail, émincées

480 g (1 lb) de poitrines de poulet sans peau et sans os, coupées en morceaux de 5 cm (2 po)

1. Préchauffer le four à 180 °C (350 °F).

2. Dans un plat de cuisson de 32,5 x 22,5 cm (13 x 9 po), mélanger le bouillon, les haricots, la salsa et l'ail. Ajouter le poulet et l'arroser avec le bouillon.

3. Cuire au four, en remuant une seule fois, environ 45 minutes, jusqu'à ce que le poulet soit bien cuit et que le liquide soit réduit.

PAR PORTION: 241 Calories, 2 g Gras total, 0 g Gras saturé, 42 mg Cholestérol, 385 mg Sodium, 29 g Glucide total, 3 g Fibres alimentaires, 27 g Protéines, 43 mg Calcium.

PORTION DONNE: 2 pain, 2 protéines/lait.

POINTS PAR PORTION: 4.

Salade de poulet grillé aux agrumes

Salade de poulet grillé aux agrumes

4 PORTIONS

Vicki Eckersell
Los Angeles, Californie

« Voici un mets qui se sert bien quand il fait très chaud, mais je dois avouer que j'aime le savourer à longueur d'année », raconte Vicki, qui a perdu 8 kg (18 lb) jusqu'à maintenant.

- 125 ml (½ tasse) de coriandre fraîche, hachée
- 125 ml (½ tasse) de jus d'orange
- 50 ml (¼ tasse) de jus de lime fraîchement pressé
- 2 échalotes, finement hachées
- 2 gousses d'ail, émincées
- 5 ml (1 c. à thé) de poudre chili
- 5 ml (1 c. à thé) de cumin moulu
- 5 ml (1 c. à thé) de sucre
- 4 poitrines de poulet sans peau et sans os de 120 g (4 oz) chacune
- 2 litres (8 tasses) de laitue romaine, déchiquetée
- 2 oranges navels, pelées et séparées en quartiers
- 2 branches de céleri, en tranches
- 4 oignons verts, en tranches

(Voir photo.)

1. Pour préparer la marinade et la vinaigrette, mélanger la coriandre, les jus, les échalotes, l'ail, la poudre chili, le cumin et le sucre dans un bol moyen. Verser 125 ml (½ tasse) de ce mélange dans un grand sac pour congélateur refermable (capacité d'environ 4 litres/4 pintes). Ajouter le poulet. Sceller le sac en prenant soin de faire sortir tout l'air qu'il contient. Retourner pour bien enrober le poulet. Mettre dans le réfrigérateur au moins 2 heures ou toute la nuit en retournant le sac de temps en temps. Verser la marinade restante dans un pot, couvrir et mettre dans le réfrigérateur jusqu'au moment de l'utilisation.

2. Dans un grand saladier, mélanger la laitue, les oranges, le céleri et les oignons verts. Couvrir et mettre dans le réfrigérateur jusqu'au moment de l'utilisation.

3. Préchauffer le gril. Tapisser une rôtissoire avec du papier d'aluminium. Égoutter le poulet et jeter la marinade. Griller le poulet à 12,5 cm (5 po) de la source de chaleur de 5 à 6 minutes de chaque côté, jusqu'à ce qu'il soit bien cuit. Mettre le poulet sur une planche à découper et le couper diagonalement en tranches.

4. Verser la vinaigrette restante dans le saladier et bien mélanger. Recouvrir avec le poulet grillé.

PAR PORTION: 208 Calories, 2 g Gras total, 0 g Gras saturé, 66 mg Cholestérol, 107 mg Sodium, 18 g Glucide total, 4 g Fibres alimentaires, 30 g Protéines, 105 mg Calcium.

PORTION DONNE: 3 fruits/légumes, 3 protéines/lait.

POINTS PAR PORTION: 4.

Hamburgers à la dinde grillée et aux fines herbes

4 PORTIONS

Diane O'Neil
Clinton, Michigan

Diane est animatrice Weight Watchers et mère d'un enfant d'âge préscolaire. Les hamburgers qu'elle nous propose sont tout simplement délicieux. Elle en conserve toujours quelques-uns dans le congélateur afin de pouvoir préparer un repas santé en un clin d'œil.

480 g (1 lb) de poitrine de dinde sans peau, hachée

1 oignon, finement haché

80 ml (¼ tasse + 2 c. à soupe) de chapelure assaisonnée

45 ml (3 c. à soupe) de persil frais, haché

45 ml (3 c. à soupe) de mayonnaise hypocalorique

15 ml (1 c. à soupe) de basilic frais, haché, ou 5 ml (1 c. à thé) de basilic séché

10 ml (2 c. à thé) de moutarde de Dijon

2 ml (½ c. à thé) de poivre noir grossièrement moulu

1. Préchauffer le gril.

2. Dans un grand bol, mélanger doucement la dinde, les oignons, la chapelure, le persil, la mayonnaise, le basilic, la moutarde et le poivre. Façonner 4 rouelles de même grosseur.

3. Vaporiser la grille d'une rôtissoire avec de l'enduit anticollant. Griller les rouelles à 12,5 cm (5 po) de la source de chaleur de 4 à 5 minutes de chaque côté, jusqu'à ce qu'elles soient bien cuites.

PAR PORTION: 210 Calories, 4 g Gras total, 1 g Gras saturé, 74 mg Cholestérol, 476 mg Sodium, 11 g Glucide total, 1 g Fibres alimentaires, 30 g Protéines, 34 mg Calcium.

PORTION DONNE: 1 pain, 3 protéines/lait, 1 matières grasses.

POINTS PAR PORTION: 4.

Pâté aux spaghetti et à la dinde

4 PORTIONS

Sharon Ontiveros
Oxnard, Californie

Sharon a l'habitude de servir souvent ce pâté puisqu'il plaît énormément à son mari et à leur fils de neuf ans. Ce plat est agréable à préparer et encore plus agréable à déguster. Une salade composée complétera de belle façon cette recette.

180 g (6 oz) de spaghetti, coupés en deux

3 blancs d'œufs

30 ml (2 c. à soupe) de parmesan, râpé

5 ml (1 c. à thé) d'huile d'olive

300 g (10 oz) de poitrine de dinde sans peau, hachée

1 poivron vert, épépiné et haché

1 oignon, haché

2 gousses d'ail, émincées

1 boîte de 227 ml (8 oz) de sauce tomate (sans sel ajouté)

5 ml (1 c. à thé) d'origan séché

1 ml (¼ c. à thé) de poivre noir fraîchement moulu

75 ml (⅓ tasse) de mozzarella partiellement écrémée, finement râpée

1. Préchauffer le four à 180 °C (350 °F). Vaporiser une assiette à tarte de 22,5 cm (9 po) avec de l'enduit anticollant.

2. Cuire les spaghetti en suivant les indications inscrites sur l'emballage. Rincer à l'eau froide 30 secondes et égoutter. Transvider dans un bol moyen. Incorporer les blancs d'œufs et le parmesan. Transvider les pâtes dans l'assiette à tarte et les presser doucement contre le fond et les côtés.

3. Chauffer l'huile dans une grande poêle à revêtement antiadhésif. Ajouter la dinde, les poivrons, les oignons et l'ail. Cuire, en remuant constamment, environ 5 minutes, jusqu'à ce que la dinde brunisse et que les légumes soient tendres. Ajouter la sauce tomate, l'origan et le poivre. Cuire, en remuant constamment, environ 2 minutes pour bien réchauffer.

4. Étendre la préparation uniformément sur les pâtes. Cuire au four 25 minutes. Saupoudrer de mozzarella et cuire 5 minutes de plus, jusqu'à ce que le fromage soit fondu. Laisser reposer 5 minutes avant de servir.

PAR PORTION: 334 Calories, 5 g Gras total, 2 g Gras saturé, 51 mg Cholestérol, 183 mg Sodium, 41 g Glucide total, 3 g Fibres alimentaires, 30 g Protéines, 127 mg Calcium.

PORTION DONNE: 2 pain, 1 fruits/légumes, 3 protéines/lait.

POINTS PAR PORTION: 6.

Garniture à la dinde et aux épinards

4 PORTIONS

Denise N. Mills
Acton, Californie

Denise est infirmière et elle aime bien prodiguer quelques conseils de Weight Watchers à certains patients qui ont un surplus de poids. Son horaire irrégulier l'empêche souvent de cuisiner des repas élaborés. Cette recette peut être utilisée pour farcir du pain pita.

- 5 ml (1 c. à thé) d'huile d'olive
- 300 g (10 oz) de poitrine de dinde sans peau, hachée
- 3 gousses d'ail, émincées
- 1 paquet de 300 g (10 oz) d'épinards, décongelés et bien épongés
- 2 tomates, hachées
- 2 ml (½ c. à thé) de sel
- 2 ml (½ c. à thé) de poivre noir fraîchement moulu
- 4 petits pains pitas de blé entier, coupés en deux

1. Chauffer l'huile dans une grande poêle à revêtement antiadhésif. Ajouter la dinde et l'ail. Cuire, en remuant constamment, environ 5 minutes, jusqu'à ce que la dinde brunisse.

2. Ajouter les épinards, les tomates, le sel et le poivre. Cuire, en remuant au besoin, environ 5 minutes, jusqu'à ce que les épinards soient ramollis et que les tomates soient tendres. Avec une cuiller, déposer 125 ml (½ tasse) de préparation à la dinde dans chaque demi-pain pita.

PAR PORTION: 201 Calories, 3 g Gras total, 0 g Gras saturé, 44 mg Cholestérol, 519 mg Sodium, 23 g Glucide total, 5 g Fibres alimentaires, 23 g Protéines, 101 mg Calcium.

PORTION DONNE: 1 pain, 1 fruits/légumes, 2 protéines/lait.

POINTS PAR PORTION: 3.

Chili épicé à la dinde et aux haricots

12 PORTIONS

Joanie Kensil-Bradsher
Tempe, Arizona

La façon favorite de Joanie pour servir ce chili est d'en garnir quelques tortillas de blé et de couvrir le tout de laitue hachée et de crème sure sans matières grasses. Ce chili peut aussi être congelé.

15 ml (1 c. à soupe) d'huile d'olive

480 g (1 lb) de poitrine de dinde sans peau, hachée

3 poivrons verts, épépinés et coupés en dés

4 oignons, hachés

6 gousses d'ail, émincées

15 ml (1 c. à soupe) de cumin moulu

10 ml (2 c. à thé) d'origan séché

2 ml (½ c. à thé) de piment de Cayenne

3 feuilles de laurier

1 boîte de 796 ml (28 oz) de tomates broyées (sans sel ajouté)

2 boîtes de 443 ml (15 oz) de haricots noirs, rincés et égouttés

1 boîte de 443 ml (15 oz) de haricots sautés sans matières grasses

1 boîte de 113 ml (4 oz) de piments verts du Chili en dés, rincés et égouttés

1 boîte de 113 ml (4 oz) de piments jalapeños, rincés et égouttés

1. Chauffer l'huile dans une grande casserole ou un grand faitout à revêtement antiadhésif. Ajouter la dinde, les poivrons, les oignons, l'ail, le cumin, l'origan, le piment de Cayenne et les feuilles de laurier. Cuire, en remuant au besoin, de 6 à 8 minutes, jusqu'à ce que la dinde brunisse et que les légumes soient tendres.

2. Ajouter les tomates, les haricots et les piments. Amener à ébullition. Réduire la chaleur et laisser mijoter à couvert, en remuant au besoin, environ 45 minutes pour bien mêler les saveurs. Jeter les feuilles de laurier.

PAR PORTION: 202 Calories, 2 g Gras total, 0 g Gras saturé, 22 mg Cholestérol, 298 mg Sodium, 29 g Glucide total, 5 g Fibres alimentaires, 18 g Protéines, 77 mg Calcium.

PORTION DONNE: 2 pain, 1 fruits/légumes, 1 protéines/lait.

POINTS PAR PORTION: 3.

Casserole de dinde et d'aubergine

8 PORTIONS

Marjorie F. Kohler
Phoenix, Arizona

Marjorie est une enseignante retraitée. Quand elle cuisine, elle aime congeler des portions individuelles du mets qu'elle a préparé afin de pouvoir les réchauffer au micro-ondes plus tard. Une salade verte et un peu de pain français accompagneront merveilleusement cette casserole. Et pourquoi pas se laisser tenter par une pomme cuite au four pour dessert!

600 g (1 ¼ lb) de poitrine de dinde sans peau, hachée

1 oignon, haché

3 gousses d'ail, émincées

1 grosse aubergine de 720 g (1 ½ lb), coupée en cubes

1 boîte de 796 ml (28 oz) de tomates broyées (sans sel ajouté)

1 poivron vert, épépiné et coupé en dés

1 poivron rouge, épépiné et coupé en dés

175 ml (¾ tasse) de chapelure assaisonnée

5 ml (1 c. à thé) de basilic séché

50 ml (¼ tasse) de parmesan, râpé

1. Préchauffer le four à 180 °C (350 °F). Vaporiser un plat de cuisson de 32,5 x 22,5 cm (13 x 9 po) avec de l'enduit anticollant.

2. Vaporiser une grande casserole ou un grand faitout à revêtement antiadhésif avec de l'enduit anticollant et mettre sur le feu. Ajouter la dinde, les oignons et l'ail. Cuire, en remuant au besoin, de 5 à 6 minutes, jusqu'à ce que la dinde brunisse et que les oignons soient tendres.

3. Ajouter les aubergines, les tomates, les poivrons, la chapelure et le basilic. Amener à ébullition en remuant au besoin.

4. Transvider la préparation dans le plat de cuisson, couvrir et cuire au four de 45 à 50 minutes, jusqu'à ce que les légumes soient tendres. Retirer le couvercle et saupoudrer de parmesan. Cuire 15 minutes de plus, jusqu'à ce que le fromage brunisse légèrement. Laisser reposer 5 minutes avant de servir.

PAR PORTION: 189 Calories, 2 g Gras total, 1 g Gras saturé, 46 mg Cholestérol, 397 mg Sodium, 21 g Glucide total, 3 g Fibres alimentaires, 22 g Protéines, 127 mg Calcium.

PORTION DONNE: 1 pain, 1 fruits/légumes, 2 protéines/lait.

POINTS PAR PORTION: 3.

Lasagne à la dinde

8 PORTIONS

Jean Carlton
Minnetonka, Minnesota

La famille de Jean ne peut plus se passer de cette lasagne hors de l'ordinaire. En tant qu'animatrice Weight Watchers, elle a donné le secret de sa recette à plusieurs membres. Ils sont unanimes pour dire que ce plat est remarquable et qu'il figure parmi leurs recettes de prédilection.

- 10 ml (2 c. à thé) d'huile d'olive
- 300 g (10 oz) de poitrine de dinde sans peau, hachée
- 1 oignon, haché
- 1 boîte de 796 ml (28 oz) de tomates entières (sans sel ajouté), grossièrement hachées
- 1 boîte de 170 ml (6 oz) de pâte de tomate (sans sel ajouté)
- 50 ml (¼ tasse) de parmesan, râpé
- 5 ml (1 c. à thé) de basilic séché
- 5 ml (1 c. à thé) d'origan séché
- 2 ml (½ c. à thé) de sucre
- 12 lasagnes prêtes à mettre au four (sans précuisson requise)
- 500 ml (2 tasses) de fromage cottage sans matières grasses
- 250 ml (1 tasse) de mozzarella partiellement écrémée, finement râpée

1. Préchauffer le four à 180 °C (350 °F).

2. Chauffer l'huile dans une grande casserole ou un grand faitout à revêtement antiadhésif. Ajouter la dinde et les oignons. Cuire, en remuant au besoin, environ 5 minutes, jusqu'à ce que la dinde brunisse et que les oignons soient tendres.

3. Incorporer les tomates, la pâte de tomate, le parmesan, le basilic, l'origan et le sucre. Amener à ébullition. Réduire la chaleur et laisser mijoter à découvert environ 5 minutes pour bien mêler les saveurs.

4. Avec une cuiller, napper le fond d'un plat de cuisson de 32,5 x 22,5 cm (13 x 9 po) avec le tiers de la sauce. Couvrir avec 3 lasagnes. Recouvrir avec la moitié du fromage cottage et couvrir avec 3 autres lasagnes. Répéter les couches encore une fois, en terminant avec la sauce. Saupoudrer uniformément de parmesan râpé.

5. Couvrir et cuire au four 1 heure. Retirer le couvercle et cuire 10 minutes de plus, jusqu'à ce que le tout soit bien cuit et que le dessus soit doré. Laisser reposer 10 minutes avant de servir.

PAR PORTION: 275 Calories, 5 g Gras total, 2 g Gras saturé, 37 mg Cholestérol, 359 mg Sodium, 31 g Glucide total, 2 g Fibres alimentaires, 26 g Protéines, 202 mg Calcium.

PORTION DONNE: 1 pain, 1 fruits/légumes, 3 protéines/lait.

POINTS PAR PORTION: 6.

Tacos tendres à la dinde

4 PORTIONS

Karen Jackson
Little Rock, Arkansas

Karen, qui a perdu plus de 31,8 kg (70 lb) grâce à Weight Watchers, a réussi à maintenir son poids depuis 1987! Quel est son secret? « Un régime équilibré et des exercices que j'aime faire », se plaît-elle à dire. Essayez ses tacos à la dinde et vous comprendrez pourquoi elle n'a pas eu de mal à conserver son poids depuis tant d'années.

- 360 g (12 oz) de poitrine de dinde sans peau, hachée
- 1 oignon, haché
- 2 gousses d'ail, émincées
- 250 ml (1 tasse) de haricots noirs, rincés et égouttés
- 1 poivron vert, épépiné et coupé en dés
- 1 boîte de 227 ml (8 oz) de sauce tomate (sans sel ajouté)
- 1 piment jalapeño, épépiné, déveiné et haché (manipuler avec des gants pour prévenir l'irritation de la peau des mains)
- 10 ml (2 c. à thé) de cumin moulu
- 10 ml (2 c. à thé) de poudre chili
- 2 ml (½ c. à thé) d'origan séché
- 8 tortillas de blé sans matières grasses de 15 cm (6 po) chacune, chaudes
- 500 ml (2 tasses) de laitue, en fines lamelles
- 1 tomate, hachée

1. Vaporiser une grande poêle à revêtement antiadhésif avec de l'enduit anticollant et mettre sur le feu. Ajouter la dinde, les oignons et l'ail. Cuire, en remuant au besoin, environ 5 minutes, jusqu'à ce que la dinde brunisse et que les oignons soient tendres.

2. Ajouter les haricots, les poivrons, la sauce tomate, le jalapeño, le cumin, la poudre chili et l'origan. Amener à ébullition. Réduire la chaleur et laisser mijoter à découvert, en remuant au besoin, de 10 à 15 minutes pour bien mêler les saveurs.

3. Garnir les tortillas avec la préparation à la dinde, la laitue et les tomates. Rouler et servir.

PAR PORTION: 432 Calories, 2 g Gras total, 0 g Gras saturé, 53 mg Cholestérol, 756 mg Sodium, 71 g Glucide total, 6 g Fibres alimentaires, 33 g Protéines, 67 mg Calcium.

PORTION DONNE: 2 pain, 1 fruits/légumes, 3 protéines/lait.

POINTS PAR PORTION: 8.

Casserole de tortillas à la dinde

4 PORTIONS

Pat Unger
Wausau, Wisconsin

Pat, son époux et sa fille suivent tous le Programme Weight Watchers. Ils sont d'accord pour dire que des plats aussi bons et nourrissants que cette casserole les aident à poursuivre leurs efforts pour perdre du poids et ils sont enchantés de pouvoir toujours manger à leur faim.

- 10 ml (2 c. à thé) d'huile de canola
- 1 poivron vert, épépiné et haché
- 1 oignon, haché
- 240 g (8 oz) de poitrine de dinde sans peau, hachée
- 1 boîte de 427 ml (14 ½ oz) de tomates étuvées à la mode cajun
- 250 ml (1 tasse) de haricots sautés sans matières grasses
- 1 boîte de 113 ml (4 oz) de piments verts du Chili, rincés et égouttés
- 6 tortillas de maïs de 15 cm (6 po) chacune, coupées en quatre
- 75 ml (⅓ tasse) de fromage monterey jack à teneur réduite en matières grasses, finement râpé

1. Préchauffer le four à 180 °C (350 °F).

2. Faire chauffer l'huile dans une grande poêle à revêtement antiadhésif. Ajouter les poivrons et les oignons. Cuire, en remuant au besoin, environ 5 minutes, jusqu'à ce qu'ils soient tendres.

3. Ajouter la dinde et cuire, en remuant au besoin, environ 5 minutes, jusqu'à ce qu'elle brunisse. Incorporer les tomates, les haricots et les piments. Amener à ébullition. Réduire la chaleur et laisser mijoter à découvert, en remuant souvent, environ 5 minutes, jusqu'à léger épaississement.

4. Avec une cuiller, couvrir le fond d'un plat de cuisson de 25 x 15 cm (10 x 6 po) avec le tiers de la préparation à la dinde. Recouvrir uniformément avec la moitié des tortillas. Répéter les couches encore une fois, en terminant avec une couche de préparation à la dinde. Recouvrir uniformément de fromage râpé. Couvrir et cuire au four 20 minutes. Retirer le couvercle et cuire environ 10 minutes de plus, jusqu'à ce que le tout soit bien chaud et que le dessus soit doré.

PAR PORTION: 291 Calories, 5 g Gras total, 2 g Gras saturé, 42 mg Cholestérol, 774 mg Sodium, 38 g Glucide total, 6 g Fibres alimentaires, 24 g Protéines, 202 mg Calcium.

PORTION DONNE: 2 pain, 1 fruits/légumes, 3 protéines/lait, 1 matières grasses.

POINTS PAR PORTION: 5.

Pizza à la dinde et aux légumes

8 PORTIONS

Maria Stavropoulos
Windsor, Connecticut

Maria est avocate et son horaire irrégulier l'a empêchée pendant longtemps de se rendre compte qu'elle gagnait du poids. Lorsqu'elle a fait cette prise de conscience, elle a joint les rangs de Weight Watchers et a apporté d'importants changements à son alimentation. « Cette recette, écrit-elle, m'est venue en essayant d'intégrer plus de légumes à mes repas principaux. J'aime les plats simples qui goûtent bon. »

120 g (4 oz) de poitrine de dinde sans peau, hachée

1 oignon, en tranches fines

4 gousses d'ail, émincées

1 paquet de 270 g (9 oz) de cœurs d'artichauts, décongelés

375 ml (1 ½ tasse) de champignons, en tranches

1 boîte de 227 ml (8 oz) de sauce tomate (sans sel ajouté)

1 poivron vert, épépiné et coupé en dés

15 ml (1 c. à soupe) de câpres, rincées et égouttées

5 ml (1 c. à thé) de basilic séché

5 ml (1 c. à thé) d'origan séché

1 pâte à pizza de 30 cm (12 po), cuite

375 ml (1 ½ tasse) de mozzarella sans matières grasses, finement râpée

1. Préchauffer le four à 190 °C (375 °F).

2. Vaporiser une grande poêle à revêtement antiadhésif avec de l'enduit anticollant et mettre sur le feu. Ajouter la dinde, les oignons et l'ail. Cuire, en remuant au besoin, environ 5 minutes, jusqu'à ce que la dinde brunisse et que les oignons soient tendres.

3. Ajouter les artichauts, les champignons, la sauce tomate, les poivrons, les câpres, le basilic et l'origan. Amener à ébullition. Réduire la chaleur et laisser mijoter à découvert, en remuant au besoin, de 8 à 10 minutes, jusqu'à ce que les légumes soient tendres.

4. Mettre la pâte à pizza sur une plaque à pâtisserie. Avec une cuiller à égoutter, déposer la préparation à la dinde sur la pâte. Cuire le liquide restant dans la poêle environ 2 minutes pour le réduire à 30 ml (2 c. à soupe). Mouiller le dessus de la pizza uniformément avec ce liquide. Recouvrir de fromage râpé et cuire au four de 15 à 18 minutes, jusqu'à ce que le fromage soit fondu.

PAR PORTION : 215 Calories, 2 g Gras total, 0 g Gras saturé, 11 mg Cholestérol, 477 mg Sodium, 35 g Glucide total, 5 g Fibres alimentaires, 16 g Protéines, 173 mg Calcium.

PORTION DONNE : 2 pain, 1 fruits/légumes, 1 protéines/lait.

POINTS PAR PORTION : 3.

Dinde et farce en casserole

4 PORTIONS

Lana M. Wraith
North Massapequa, New York

« Je suis fière d'avoir inventé cette recette qui me permet de vraiment bien manger plutôt que de m'empiffrer d'aliments sans valeur nutritive », raconte Lana. Sa recette de dinde est digne des jours de fête.

4 escalopes de dinde sans peau et sans os de 90 g (3 oz) chacune

45 ml (3 c. à soupe) de vinaigrette à l'italienne sans matières grasses

2 branches de céleri, en tranches

2 oignons, hachés

1 sachet de 240 g (8 oz) de mélange à farce assaisonné

2 pommes, évidées et coupées en dés

50 ml (¼ tasse) de raisins secs

1. Dans un grand sac pour congélateur refermable (capacité d'environ 4 litres/4 pintes), mélanger la dinde et la vinaigrette. Sceller le sac en prenant soin de faire sortir tout l'air qu'il contient. Retourner le sac pour bien enrober la dinde. Mettre dans le réfrigérateur au moins 2 heures ou toute la nuit, en retournant le sac de temps en temps.

2. Préchauffer le four à 180 °C (350 °F). Vaporiser un plat de cuisson de 30 x 20 cm (12 x 8 po) avec de l'enduit anticollant.

3. Vaporiser une grande casserole à revêtement antiadhésif avec de l'enduit anticollant et mettre sur le feu. Ajouter la dinde et la marinade. Cuire environ 3 minutes de chaque côté, jusqu'à ce que la dinde brunisse légèrement. Transvider sur une assiette.

4. Vaporiser la même casserole avec de l'enduit anticollant. Ajouter le céleri et les oignons et faire sauter environ 5 minutes, jusqu'à ce qu'ils soient tendres. Incorporer le mélange à farce, les pommes, les raisins secs et 375 ml (1 ½ tasse) d'eau chaude. Transvider dans le plat de cuisson et recouvrir avec la dinde. Couvrir et cuire au four 15 minutes. Retirer le couvercle et cuire environ 5 minutes de plus pour bien réchauffer.

PAR PORTION: 400 Calories, 4 g Gras total, 0 g Gras saturé, 53 mg Cholestérol, 986 mg Sodium, 64 g Glucide total, 3 g Fibres alimentaires, 28 g Protéines, 111 mg Calcium.

PORTION DONNE: 2 pain, 2 fruits/légumes, 2 protéines/lait.

POINTS PAR PORTION: 8.

Dinde cordon-bleu

4 PORTIONS

Rose Marie Cullen
Springfield, Ohio

Rose Marie est animatrice Weight Watchers depuis presque vingt ans. Elle a atteint le but qu'elle s'était fixé il y a plus de vingt-cinq ans. Cette recette est l'une de ses préférées pour maintenir son poids.

15 ml (1 c. à soupe) de farine tout usage

1 ml (¼ c. à thé) de poivre noir fraîchement moulu

1 ml (¼ c. à thé) d'assaisonnement pour volaille

4 escalopes de dinde sans peau et sans os de 90 g (3 oz) chacune

15 ml (1 c. à soupe) d'huile d'olive

250 ml (1 tasse) de champignons, en tranches fines

1 oignon, haché

50 ml (¼ tasse) de jambon maigre, haché

2 tranches de mozzarella partiellement écrémée de 22 ½ g (¾ oz) chacune, coupées en deux

50 ml (¼ tasse) de pimientos en conserve, en julienne

1. Préchauffer le four à 180 °C (350 °F). Vaporiser un plat de cuisson carré de 20 x 20 cm (8 x 8 po) avec de l'enduit anticollant.

2. Dans un grand sac pour congélateur refermable (capacité d'environ 4 litres/4 pintes), mélanger la farine, le poivre et l'assaisonnement pour volaille. Ajouter la dinde. Remuer pour bien enrober.

3. Chauffer l'huile dans une grande poêle à revêtement antiadhésif. Ajouter la dinde et cuire environ 2 minutes de chaque côté, jusqu'à ce qu'elle brunisse légèrement. Transvider dans le plat de cuisson.

4. Dans la même poêle, mélanger les champignons, les oignons et le jambon. Cuire, en remuant constamment, environ 5 minutes, jusqu'à ce qu'ils soient tendres. Verser avec une cuiller sur la dinde. Recouvrir chaque escalope avec une demi-tranche de fromage. Cuire au four environ 15 minutes, jusqu'à ce que la dinde soit bien cuite. Garnir de julienne de pimientos et servir.

PAR PORTION: 186 Calories, 6 g Gras total, 2 g Gras saturé, 63 mg Cholestérol, 180 mg Sodium, 5 g Glucide total, 1 g Fibres alimentaires, 26 g Protéines, 85 mg Calcium.

PORTION DONNE: 3 protéines/lait, 1 matières grasses.

POINTS PAR PORTION: 4.

Dinde à la mode hawaïenne

4 PORTIONS

Kim Berge
Wetaskiwin, Alberta

Avez-vous des restes de dinde à ne plus savoir quoi en faire? Essayez cette recette qui ne cache pas une certaine pointe d'exotisme. « J'ai regardé ce qu'il me restait dans le réfrigérateur, dit Kim, et j'ai concocté ce plat vraiment bon pour la santé. »

- 5 ml (1 c. à thé) d'huile de canola
- 2 carottes, en julienne
- 2 branches de céleri, en tranches
- 2 oignons, hachés
- 30 ml (2 c. à soupe) de farine tout usage
- 250 ml (1 tasse) de bouillon de poulet hyposodique
- 500 ml (2 tasses) de poitrines de dinde sans peau, cuites et coupées en cubes
- 500 ml (2 tasses) de champignons, en tranches
- 1 boîte de 568 ml (20 oz) de gros morceaux d'ananas non sucrés (réserver le jus)
- 5 ml (1 c. à thé) de thym séché
- 1 ml (¼ c. à thé) de sauge séchée
- 1 litre (4 tasses) de riz brun, cuit et chaud

1. Chauffer l'huile dans une grande poêle à revêtement antiadhésif. Ajouter les carottes, le céleri et les oignons. Cuire, en remuant au besoin, de 6 à 8 minutes, jusqu'à ce qu'ils soient tendres.

2. Dans un petit bol, mélanger la farine avec 30 ml (2 c. à soupe) d'eau froide. Mélanger pour obtenir une pâte homogène. Incorporer le bouillon et mélanger pour faire une pâte onctueuse. Verser dans la poêle. Cuire, en remuant constamment, de 2 à 3 minutes, jusqu'à ébullition et épaississement. Incorporer la dinde, les champignons, les ananas et leur jus, le thym et la sauge. Amener à ébullition. Réduire la chaleur et laisser mijoter à couvert de 3 à 4 minutes pour bien réchauffer. Garnir le riz avec la préparation à la dinde et servir.

PAR PORTION: 460 Calories, 4 g Gras total, 1 g Gras saturé, 48 mg Cholestérol, 101 mg Sodium, 82 g Glucide total, 7 g Fibres alimentaires, 26 g Protéines, 88 mg Calcium.

PORTION DONNE: 2 pain, 3 fruits/légumes, 2 protéines/lait.

POINTS PAR PORTION: 8.

Pâté à la dinde

Pâté à la dinde

4 PORTIONS

Mary C. Hansen
Saint Louis, Missouri

Mary est une grand-mère qui n'a jamais assez d'une journée pour faire tout ce qu'elle aime. Elle a même remporté le premier prix dans un journal de sa municipalité grâce à cette recette de pâté à la dinde. Cette version révisée selon les standards de Weight Watchers a obtenu un succès phénoménal lors d'un récent repas communautaire auquel elle a participé.

6 feuilles de pâte filo (environ 120 g /4 oz), décongelées

5 ml (1 c. à thé) de margarine dure sans sel

1 oignon, haché

45 ml (3 c. à soupe) de farine tout usage

500 ml (2 tasses) de lait écrémé

1 paquet de 480 g (1 lb) de mélange de légumes surgelés (brocolis, choux-fleurs et carottes), décongelé

500 ml (2 tasses) de poitrine de dinde sans peau, cuite et coupée en dés

250 ml (1 tasse) de champignons, en tranches

1 sachet de bouillon de poulet instantané hyposodique

75 ml (⅓ tasse) de cheddar sans matières grasses, finement râpé

(Voir photo.)

1. Préchauffer le four à 190 °C (375 °F). Couvrir la pâte filo avec un linge humide et l'envelopper de pellicule plastique pour l'empêcher de sécher.

2. Faire fondre la margarine dans une grande casserole à revêtement antiadhésif. Ajouter les oignons et cuire, en remuant au besoin, environ 5 minutes, jusqu'à ce qu'ils soient tendres.

3. Ajouter la farine et cuire, en remuant constamment, environ 1 minute, jusqu'à ce que les oignons soient bien enrobés de farine. Verser lentement le lait. Cuire, en remuant constamment, de 4 à 5 minutes, jusqu'à ébullition et épaississement. Ajouter les légumes mélangés, la dinde, les champignons et le sachet de bouillon. Ramener à ébullition en remuant au besoin. Retirer du feu et incorporer le fromage.

4. Verser la préparation dans un plat de cuisson carré de 22,5 x 22,5 cm (9 x 9 po). Plier chaque feuille de pâte filo en deux. Les placer, une à la fois, sur la préparation à la dinde en les pulvérisant légèrement d'enduit anticollant (y compris la feuille du dessus). Rentrer la pâte avec un couteau afin qu'elle ne déborde pas du plat. Cuire au four environ 30 minutes, jusqu'à ce que le dessus soit doré. Laisser reposer 10 minutes avant de servir.

PAR PORTION: 294 Calories, 4 g Gras total, 1 g Gras saturé, 51 mg Cholestérol, 334 mg Sodium, 35 g Glucide total, 4 g Fibres alimentaires, 29 g Protéines, 287 mg Calcium.

PORTION DONNE: 1 pain, 1 fruits/légumes, 3 protéines/lait.

POINTS PAR PORTION: 5.

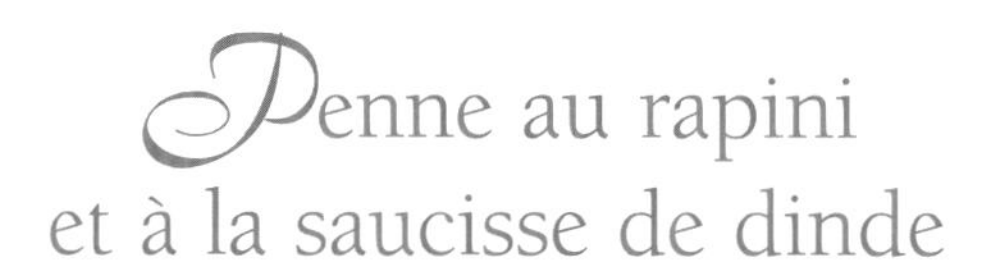

Penne au rapini et à la saucisse de dinde

4 PORTIONS

Maria A. Geocos
Dumont, New Jersey

Voici une recette typiquement italienne qui sait même plaire à une Napolitaine pur-sang! Servez ces pâtes avec une salade César préparée avec une vinaigrette à faible teneur en matières grasses.

10 ml (2 c. à thé) d'huile d'olive

4 saucisses de dinde fortes épicées à l'italienne (sans leur enveloppe)

2 gousses d'ail, émincées

250 ml (1 tasse) de bouillon de poulet hyposodique

1 ml (¼ c. à thé) de piment de Cayenne broyé

2 litres (8 tasses) de rapini, nettoyé et haché

1 litre (4 tasses) de penne, cuits et chauds

30 ml (2 c. à soupe) de parmesan, râpé

1. Chauffer l'huile dans une grande poêle à revêtement antiadhésif. Ajouter les saucisses et l'ail. Cuire, en remuant au besoin, de 6 à 8 minutes, jusqu'à ce que les saucisses brunissent et s'émiettent.

2. Ajouter le bouillon et le piment de Cayenne broyé. Amener à ébullition tout en raclant le fond de la poêle. Incorporer le rapini, réduire la chaleur et laisser mijoter à couvert, en remuant au besoin, de 5 à 6 minutes, jusqu'à ce qu'il soit ramolli. Servir les pâtes garnies de préparation aux saucisses. Saupoudrer de parmesan râpé.

PAR PORTION: 370 Calories, 11 g Gras total, 3 g Gras saturé, 33 mg Cholestérol, 514 mg Sodium, 49 g Glucide total, 6 g Fibres alimentaires, 22 g Protéines, 162 mg Calcium.

PORTION DONNE: 2 pains, 2 fruits/légumes, 2 protéines/lait, 1 matières grasses.

POINTS PAR PORTION: 7.

Nouilles au chou et à la saucisse de dinde

4 PORTIONS

Gile M. Kirk
Corona, Californie

Ces nouilles sont indubitablement plus intéressantes que tous les ingrédients qui la composent pris séparément...

4 saucisses de dinde fortes ou douces épicées à l'italienne, coupées en morceaux de 2,5 cm (1 po)

1 carotte, hachée

1 oignon, haché

1 branche de céleri, en tranches fines

2 gousses d'ail, émincées

750 ml (3 tasses) de chou, haché

1 boîte de 427 ml (14 ½ oz) de tomates en dés (sans sel ajouté)

250 ml (1 tasse) de bouillon de poulet hyposodique

1 ml (¼ c. à thé) de poivre noir fraîchement moulu

500 ml (2 tasses) de nouilles aux œufs, cuites et chaudes

1. Vaporiser une grande poêle à revêtement anti-adhésif avec de l'enduit anticollant et mettre sur le feu. Ajouter les saucisses et cuire, en remuant au besoin, environ 5 minutes, jusqu'à ce qu'elles soient presque cuites. Ajouter les carottes, les oignons, le céleri et l'ail. Cuire, en remuant au besoin, environ 5 minutes, jusqu'à ce qu'ils soient tendres.

2. Ajouter le chou, les tomates, le bouillon et le poivre. Amener à ébullition. Réduire la chaleur et laisser mijoter à couvert environ 10 minutes, jusqu'à ce que les saucisses soient bien cuites et que les légumes soient tendres. Servir les nouilles recouvertes avec la préparation aux saucisses et aux légumes.

PAR PORTION: 235 Calories, 8 g Gras total, 2 g Gras saturé, 49 mg Cholestérol, 443 mg Sodium, 28 g Glucide total, 4 g Fibres alimentaires, 15 g Protéines, 96 mg Calcium.

PORTION DONNE: 1 pain, 2 fruits/légumes, 1 protéines/lait.

POINTS PAR PORTION: 5.

Linguine à la saucisse de dinde

4 PORTIONS

Katherine J. Newman
Zionsville, Indiana

« La première fois que j'ai joint les rangs de Weight Watchers, je venais tout juste d'accoucher de mon premier bébé », raconte Katherine. J'y suis allée le premier lundi qui a suivi le Nouvel An. Mon « bébé » aura bientôt vingt-sept ans et elle a déjà trois enfants. C'est certainement grâce à Weight Watchers si j'ai pu maintenir mon poids pendant toutes ces années. » Ce plat qu'elle nous offre est né de son expérience et de sa créativité.

- 10 ml (2 c. à thé) d'huile d'olive
- 4 saucisses de dinde fortes ou douces épicées à l'italienne (sans leur enveloppe)
- 1 oignon, haché
- 1 boîte de 427 ml (14 ½ oz) de tomates étuvées à l'italienne
- 1 poivron vert, épépiné et coupé en dés
- 2 branches de céleri, hachées
- 1 litre (4 tasses) de linguine, cuits et chauds
- 30 ml (2 c. à soupe) de parmesan, râpé

1. Chauffer l'huile dans une grande poêle à revêtement antiadhésif. Ajouter les saucisses et les oignons. Cuire, en remuant au besoin, de 6 à 8 minutes, jusqu'à ce que les saucisses brunissent et s'émiettent et que les oignons soient tendres.

2. Ajouter les tomates, les poivrons et le céleri. Amener à ébullition. Réduire la chaleur et laisser mijoter à couvert, en remuant au besoin, environ 10 minutes, jusqu'à ce que les saveurs soient bien mêlées et que les légumes soient tendres. Servir les pâtes recouvertes avec la préparation aux saucisses. Saupoudrer de parmesan râpé.

PAR PORTION: 353 Calories, 9 g Gras total, 2 g Gras saturé, 30 mg Cholestérol, 837 mg Sodium, 51 g Glucide total, 5 g Fibres alimentaires, 17 g Protéines, 52 mg Calcium.

PORTION DONNE: 2 pain, 1 fruits/légumes, 2 protéines/lait, 1 matières grasses.

POINTS PAR PORTION: 7.

Chapitre 6

Poissons et fruits de mer

Plie à la florentine

6 PORTIONS

Barbara M. Friedrich
Santa Barbara, Californie

Barbara est diabétique et elle a du mal à trouver des recettes qui conviennent à son régime. Ce plat a tout pour faire son bonheur. Servez-le avec du riz brun.

- 18 tomates cerises, coupées en deux
- 8 oignons verts, en tranches
- 50 ml (4 oz) de jus de citron fraîchement pressé
- 750 ml (3 tasses) de champignons, en tranches
- 3 gousses d'ail, émincées
- 1 paquet de 300 g (10 oz) d'épinards hachés, décongelés et bien épongés
- 30 ml (2 c. à soupe) d'aneth frais, haché
- 1 ml (¼ c. à thé) de sel
- 6 filets de plie ou de hoplostète orange de 120 g (4 oz) chacun
- 12 tranches de citron

1. Préchauffer le four à 220 °C (425 °F). Dans un bol moyen, mélanger les tomates, les oignons verts et le jus de citron.

2. Vaporiser une grande poêle à revêtement antiadhésif avec de l'enduit anticollant et mettre sur le feu. Ajouter les champignons et l'ail. Cuire, en remuant constamment, environ 5 minutes, jusqu'à ce qu'ils soient tendres. Retirer du feu et incorporer les épinards, l'aneth et le sel.

3. Mettre une même quantité de préparation aux épinards sur 6 feuilles de papier d'aluminium à double épaisseur. Placer un filet de poisson sur chaque portion d'épinards. Recouvrir avec la préparation aux tomates et les tranches de citron. Replier le papier en plissant les bords comme un ourlet, de façon à obtenir un paquet bien fermé qui ne se déchirera pas en gonflant à la chaleur du four. Placer les papillotes sur une plaque à pâtisserie et cuire au four de 18 à 20 minutes, jusqu'à ce que le poisson soit opaque. Pour vérifier la cuisson, ouvrir les papillotes délicatement puisque de la vapeur s'en échappera.

PAR PORTION: 182 Calories, 9 g Gras total, 0 g Gras saturé, 23 mg Cholestérol, 203 mg Sodium, 9 g Glucide total, 2 g Fibres alimentaires, 20 g Protéines, 79 mg Calcium.

PORTION DONNE: 1 fruits/légumes, 2 protéines/lait.

POINTS PAR PORTION: 4.

Poisson et légumes à la grecque

4 PORTIONS

Sharon Stavropoulos
Wilmette, Illinois

«Ce plaki, un plat traditionnel de Salonique, est une adaptation de la manière traditionnelle de cuire le poisson en Grèce, pays d'origine de mon mari, raconte Sharon. Savourez ce plat extraordinaire et imaginez que vous êtes en train de manger dans une taverna quelque part dans une île grecque... »

- 15 ml (1 c. à soupe) d'huile d'olive
- 2 oignons, hachés
- 5 gousses d'ail, émincées
- 1 boîte de 796 ml (28 oz) de tomates entières (sans sel ajouté), grossièrement hachées
- 4 carottes, en tranches fines
- 1 poivron vert, épépiné et haché
- 50 ml (¼ tasse) de vin blanc sec
- 10 ml (2 c. à thé) d'origan séché
- 125 ml (½ tasse) de persil plat (italien) frais, haché
- 600 g (1 ¼ lb) de filets de poisson (perche, hoplostète orange, morue ou plie)
- Poivre noir fraîchement moulu, au goût

1. Préchauffer le four à 200 °C (400 °F).

2. Chauffer l'huile dans une grande casserole ou un grand faitout à revêtement antiadhésif. Ajouter les oignons et l'ail. Cuire, en remuant au besoin, environ 5 minutes, jusqu'à ce qu'ils soient tendres.

3. Ajouter les tomates, les carottes, les poivrons, le vin et l'origan. Amener à ébullition. Réduire la chaleur et laisser mijoter à découvert, en remuant au besoin, environ 20 minutes, jusqu'à ce que la sauce épaississe légèrement. Incorporer le persil.

4. Avec une louche, verser la moitié de la sauce dans une casserole de 2,5 litres (2 ½ pintes). Mettre le poisson dans la casserole. Recouvrir avec la sauce restante. Cuire au four de 15 à 20 minutes, jusqu'à ce que le poisson soit opaque. Poivrer au goût et servir.

PAR PORTION: 283 Calories, 6 g Gras total, 1 g Gras saturé, 128 mg Cholestérol, 155 mg Sodium, 26 g Glucide total, 6 g Fibres alimentaires, 31 g Protéines, 230 mg Calcium.

PORTION DONNE: 2 fruits/légumes, 2 protéines/lait, 1 matières grasses.

POINTS PAR PORTION: 5.

Flétan grillé avec salsa à la nectarine

4 PORTIONS

Diane Barnette
Sparks, Nevada

« Je vous recommande cette recette pour les chaudes soirées d'été. Cette façon d'apprêter le flétan me rappelle certains excellents restaurants de la côte californienne », confie Diane, qui habite dans le désert du Nevada.

3 nectarines, dénoyautées et coupées en dés

¼ d'oignon rouge, haché

1 piment jalapeño, épépiné, déveiné et haché (manipuler avec des gants pour prévenir l'irritation de la peau des mains)

30 ml (2 c. à soupe) de coriandre fraîche, hachée

15 ml (1 c. à soupe) de jus de citron fraîchement pressé

5 ml (1 c. à thé) de miel

4 darnes de flétan de 180 g (6 oz) chacune

2 ml (½ c. à thé) de poivre noir fraîchement moulu

Brins de coriandre fraîche

1. Vaporiser le gril ou la grille avec de l'enduit anti-collant et réserver. Préchauffer le gril.

2. Dans un bol moyen en verre ou en acier inoxydable, mélanger les nectarines, les oignons, les piments, la coriandre hachée, le jus de citron et le miel. Bien mélanger.

3. Poivrer les darnes de flétan des deux côtés. Griller à 12,5 cm (5 po) de la source de chaleur de 5 à 6 minutes de chaque côté, jusqu'à ce que le poisson soit opaque. Napper de salsa de nectarine et servir. Garnir de brins de coriandre.

PAR PORTION: 236 Calories, 4 g Gras total, 1 g Gras saturé, 54 mg Cholestérol, 93 mg Sodium, 12 g Glucide total, 1 g Fibres alimentaires, 36 g Protéines, 88 mg Calcium.

PORTION DONNE: 1 fruits/légumes, 3 protéines/lait.

POINTS PAR PORTION: 5.

Filets de sole pochés

2 PORTIONS

Donna-Marie Fieldsa-Fowler
Brooklyn, New York

Donna-Marie et son mari ont presque complètement éliminé la viande de leur alimentation. Ils ne se lassent jamais de ce filet de sole qu'ils trouvent particulièrement bon servi sur du riz avec une salade verte.

- 10 ml (2 c. à thé) d'huile d'olive
- ½ oignon, finement haché
- 3 échalotes, finement hachées
- 1 gousse d'ail, émincée
- 50 ml (¼ tasse) de vin blanc sec
- 10 ml (2 c. à thé) de jus de citron
- 5 ml (1 c. à thé) d'estragon séché
- 1 feuille de laurier
- 0,5 ml (⅛ c. à thé) de poivre noir fraîchement moulu
- 2 filets de sole ou de plie de 120 g (4 oz) chacun
- 1 ½ tomate, hachée

1. Chauffer l'huile dans une grande poêle à revêtement antiadhésif. Ajouter les oignons, les échalotes et l'ail. Cuire, en remuant au besoin, environ 5 minutes, jusqu'à ce qu'ils soient tendres.

2. Ajouter le vin, le jus de citron, l'estragon, la feuille de laurier et le poivre. Ajouter le poisson en nappant délicatement les filets avec la préparation aux oignons. Réduire la chaleur et laisser mijoter environ 3 minutes, jusqu'à ce que le poisson soit partiellement cuit.

3. Incorporer délicatement les tomates. Laisser mijoter à couvert de 2 à 3 minutes, jusqu'à ce que le poisson soit opaque et se défasse facilement avec une fourchette. Jeter la feuille de laurier. Napper les filets de sauce et servir.

PAR PORTION: 254 Calories, 7 g Gras total, 1 g Gras saturé, 68 mg Cholestérol, 132 mg Sodium, 13 g Glucide total, 2 g Fibres alimentaires, 29 g Protéines, 64 mg Calcium.

PORTION DONNE: 1 fruits/légumes, 2 protéines/lait, 1 matières grasses.

POINTS PAR PORTION: 5.

Darnes d'espadon au poivre et au citron

Darnes d'espadon au poivre et au citron

4 PORTIONS

Theresa Sylvester
Columbus, Ohio

Ce poisson qui sent bon les fines herbes fraîches est encore meilleur si on le sert avec un plat de riz et une salade verte. Theresa présente fièrement ce mets à tous ses invités, même ceux qui n'ont pas à se soucier de leur poids. Le paquet peut être préparé la veille ou le matin et conservé dans le réfrigérateur.

1 darne d'espadon de 600 g (1 ¼ lb) et de 2,5 cm (1 po) d'épaisseur, coupée en 4 morceaux de même grosseur

2 citrons, en tranches fines

½ oignon rouge, en tranches fines

30 ml (2 c. à soupe) de romarin frais, haché, ou 10 ml (2 c. à thé) de romarin séché

15 ml (1 c. à soupe) de thym frais, haché, ou 5 ml (1 c. à thé) de thym séché

5 ml (1 c. à thé) de poivre grossièrement moulu

1 ml (¼ c. à thé) de sel

(Voir photo.)

1. Préchauffer le four à 260 °C (500 °F) ou préparer le gril.

2. Couper 4 feuilles de papier d'aluminium à double épaisseur et mettre 1 morceau de poisson au centre de chaque feuille. Recouvrir chaque morceau avec une même quantité de citron, d'oignons, de romarin, de thym, de poivre et de sel. Replier le papier en plissant les bords comme un ourlet, de façon à obtenir un paquet bien fermé qui ne déchirera pas en gonflant à la chaleur du four. Pour la cuisson au four, placer les papillotes sur une plaque à pâtisserie. Cuire au four ou griller de 10 à 12 minutes, jusqu'à ce que le poisson soit opaque. Pour vérifier la cuisson, ouvrir les papillotes délicatement puisque de la vapeur s'en échappera.

PAR PORTION: 189 Calories, 6 g Gras total, 2 g Gras saturé, 55 mg Cholestérol, 266 mg Sodium, 7 g Glucide total, 0 g Fibres alimentaires, 29 g Protéines, 57 mg Calcium.

PORTION DONNE: 2 protéines/lait.

POINTS PAR PORTION: 4.

Saumon à la sauce aux crevettes et aux fines herbes

4 PORTIONS

Marilyn Guild
Orinda, Californie

Ce saumon répond parfaitement aux besoins diététiques de Marilyn tout en faisant l'affaire de son mari et de sa fille qui le trouvent bon au goût et numéro un pour la santé.

- 1 filet de saumon de 360 g (12 oz)
- 50 ml (¼ tasse) de vin blanc sec
- 10 ml (2 c. à thé) de margarine hypocalorique
- 30 ml (2 c. à soupe) de farine tout usage
- 175 ml (¾ tasse) de bouillon de poulet hyposodique
- 30 ml (2 c. à soupe) de jus de citron fraîchement pressé
- 120 g (4 oz) de petites crevettes, cuites et décortiquées
- 15 ml (1 c. à soupe) d'origan frais, haché, ou 2 ml (½ c. à thé) d'origan séché
- 15 ml (1 c. à soupe) de romarin frais, haché, ou 2 ml (½ c. à thé) de romarin séché
- 2 ml (½ c. à thé) de poivre noir grossièrement moulu
- Brins de romarin frais

1. Préchauffer le four à 180 °C (350 °F). Vaporiser un plat de cuisson carré de 20 x 20 cm (8 x 8 po) avec de l'enduit anticollant.

2. Placer le saumon dans le plat et verser le vin par-dessus. Cuire au four de 15 à 20 minutes, jusqu'à ce que le poisson soit opaque et se défasse facilement avec une fourchette.

3. Faire fondre la margarine dans une casserole moyenne à revêtement antiadhésif. Ajouter la farine et cuire, en remuant constamment, environ 1 minute. Incorporer lentement le bouillon et le jus de citron. Cuire, en remuant constamment, de 2 à 3 minutes, jusqu'à ébullition et épaississement. Ajouter les crevettes, l'origan, le romarin et le poivre. Cuire, en remuant au besoin, environ 2 minutes pour bien réchauffer.

4. Mettre le saumon sur une assiette. Verser les jus de cuisson qui sont dans le plat de cuisson dans la sauce. Cuire, en remuant au besoin, environ 1 minute pour bien réchauffer. Verser la sauce sur le saumon et servir avec des brins de romarin.

PAR PORTION:: 192 Calories, 7 g Gras total, 1 g Gras saturé, 103 mg Cholestérol, 144 mg Sodium, 4 g Glucide total, 0 g Fibres alimentaires, 24 g Protéines, 33 mg Calcium.

PORTION DONNE: 2 protéines/lait.

POINTS PAR PORTION: 4.

Truite amandine

2 PORTIONS

Estelle Sassaman
Waldoboro, Maine

Estelle enseigne la rédaction à l'Université du Maine à Augusta. Sa version allégée de la truite amandine est l'un de ses plus grands caprices...

2 truites entières de 240 g (8 oz) chacune, nettoyées

30 ml (2 c. à soupe) de jus de citron fraîchement pressé

5 ml (1 c. à thé) de margarine hypocalorique

2 ml (½ c. à thé) de paprika

30 ml (2 c. à soupe) de persil plat (italien) frais, haché

15 ml (1 c. à soupe) d'amandes tranchées non mondées, grillées*

2 quartiers de citron

1. Préchauffer le four à 180 °C (350 °F). Vaporiser un plat de cuisson de 32,5 x 22,5 cm (13 x 9 po) avec de l'enduit anticollant.

2. Mettre la truite, peau vers le fond, dans le plat de cuisson. Arroser de jus de citron, couvrir avec la margarine coupée en petits morceaux et saupoudrer de paprika. Couvrir et cuire au four environ 5 minutes. Retirer le couvercle et cuire environ 5 minutes de plus, jusqu'à ce que le poisson soit opaque. Saupoudrer de persil et d'amandes et garnir de quartiers de citron.

PAR PORTION: 290 Calories, 14 g Gras total, 2 g Gras saturé, 99 mg Cholestérol, 114 mg Sodium, 4 g Glucide total, 0 g Fibres alimentaires, 36 g Protéines, 97 mg Calcium.

PORTION DONNE: 2 protéines/lait, 1 matières grasses.

POINTS PAR PORTION: 7.

* *Pour griller les amandes, mettre une petite poêle à revêtement antiadhésif sur feu moyen. Ajouter les amandes et cuire en remuant constamment pendant 2 ou 3 minutes, jusqu'à ce qu'elles brunissent légèrement.*

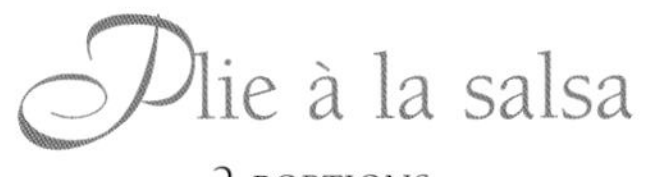

Plie à la salsa

2 PORTIONS

Pauline Philipps-Zabel
Evanston, Illinois

Pauline suggère de servir ce poisson avec du riz à l'espagnole et des haricots verts cuits à la vapeur.

30 ml (2 c. à soupe) de coriandre fraîche, hachée

30 ml (2 c. à soupe) de moutarde de Dijon

80 ml (¼ tasse + 2 c. à soupe) de chapelure nature

2 filets de plie ou de sole de 240 g (8 oz) chacun

45 ml (3 c. à soupe) de salsa

30 ml (2 c. à soupe) de parmesan, râpé

1. Préchauffer le four à 180 °C (350 °F). Vaporiser un plat de cuisson de 30 x 20 cm (12 x 8 po) avec de l'enduit anticollant.

2. Sur une assiette plate, mélanger la coriandre, la moutarde et 30 ml (2 c. à soupe) d'eau. Mettre la chapelure sur une autre assiette de même grandeur. Tremper chaque filet dans la préparation à la moutarde, puis les passer dans la chapelure en les enrobant bien des deux côtés.

3. Mettre les filets dans le plat de cuisson. Recouvrir avec la salsa et saupoudrer de parmesan. Cuire au four environ 20 minutes, jusqu'à ce que le poisson soit opaque.

PAR PORTION: 335 Calories, 6 g Gras total, 2 g Gras saturé, 113 mg Cholestérol, 917 mg Sodium, 16 g Glucide total, 1 g Fibres alimentaires, 47 g Protéines, 157 mg Calcium.

PORTION DONNE: 1 pain, 3 protéines/lait.

POINTS PAR PORTION: 7.

Crevettes au cari

4 PORTIONS

Leo Berg
Atascadero, Californie

Leo et son épouse sont traiteurs et ils ont déjà servi ce plat à deux cents invités pour un repas de noces. Un triomphe!

- 10 ml (2 c. à thé) d'huile végétale
- 1 poivron vert, épépiné et haché
- 1 oignon, haché
- 1 gousse d'ail, émincée
- 30 ml (2 c. à soupe) de farine tout usage
- 15 ml (1 c. à soupe) de cari en poudre, ou au goût
- 1 ml (¼ c. à thé) de gingembre moulu
- 1 ml (¼ c. à thé) de sel
- 375 ml (1 ½ tasse) de bouillon de poulet hyposodique
- 480 g (1 lb) de crevettes moyennes, cuites et décortiquées
- 1 litre (4 tasses) de riz brun, cuit et chaud

1. Chauffer l'huile dans une grande casserole à revêtement antiadhésif. Ajouter les poivrons, les oignons et l'ail. Cuire, en remuant au besoin, environ 5 minutes, jusqu'à ce qu'ils soient tendres.

2. Ajouter la farine, le cari, le gingembre et le sel. Cuire, en remuant constamment, environ 30 secondes. Verser le bouillon. Cuire, en remuant constamment, environ 2 minutes, jusqu'à ébullition et épaississement.

3. Ajouter les crevettes et cuire, en remuant au besoin, environ 3 minutes pour bien réchauffer. Servir le riz recouvert avec la préparation aux crevettes.

PAR PORTION: 395 Calories, 6 g Gras total, 1 g Gras saturé, 223 mg Cholestérol, 441 mg Sodium, 53 g Glucide total, 5 g Fibres alimentaires, 31 g Protéines, 86 mg Calcium.

PORTION DONNE: 2 pain, 1 fruits/légumes, 2 protéines/lait, 1 matières grasses.

POINTS PAR PORTION: 7.

Crevettes au gingembre

Crevettes au gingembre

4 PORTIONS

Toni Gerdes
Shawnee Mission, Kansas

Toni recherche toujours des saveurs qui ne sont pas banales. Cette recette ajoute une joyeuse touche asiatique à sa cuisine.

- 5 ml (1 c. à thé) d'huile d'olive
- 600 g (1 ¼ lb) de crevettes moyennes, décortiquées et déveinées
- 2 carottes, en julienne
- 30 ml (2 c. à soupe) de gingembre frais, pelé et émincé
- 3 gousses d'ail, émincées
- 500 ml (2 tasses) de pois mange-tout, parés
- 125 ml (½ tasse) de bouillon de poulet hyposodique
- 10 ml (2 c. à thé) de sauce soja hyposodique
- 5 ml (1 c. à thé) d'huile de sésame orientale
- 1 litre (4 tasses) de riz brun, cuit et chaud
- 30 ml (2 c. à soupe) de graines de sésame, grillées*

(Voir photo.)

1. Chauffer l'huile d'olive dans une grande poêle à revêtement antiadhésif. Ajouter les crevettes. Cuire, en remuant au besoin, environ 3 minutes, jusqu'à ce qu'elles soient roses. Transvider sur une assiette et réserver au chaud.

2. Ajouter les carottes dans la poêle. Cuire, en remuant au besoin, de 4 à 5 minutes, jusqu'à ce qu'elles soient tendres mais encore croquantes. Ajouter le gingembre et l'ail. Cuire, en remuant constamment, environ 1 minute, jusqu'à ce que l'ail brunisse légèrement. Réduire la chaleur et laisser mijoter à couvert environ 1 minute de plus pour bien réchauffer.

3. Ajouter les crevettes, les pois mange-tout, le bouillon, la sauce soja et l'huile de sésame. Amener à ébullition en remuant au besoin. Réduire la chaleur et laisser mijoter à couvert environ 1 minute de plus pour bien réchauffer. Servir le riz recouvert avec la préparation aux crevettes. Saupoudrer de graines de sésame.

PAR PORTION: 446 Calories, 9 g Gras total, 1 g Gras saturé, 175 mg Cholestérol, 315 mg Sodium, 59 g Glucide total, 7 g Fibres alimentaires, 32 g Protéines, 175 mg Calcium.

PORTION DONNE: 2 pain, 1 fruits/légumes, 2 protéines/lait, 1 matières grasses.

POINTS PAR PORTION: 8.

* *Pour griller les graines de sésame, mettre une petite poêle à revêtement antiadhésif sur feu doux. Ajouter les graines de sésame et cuire en remuant constamment environ 2 ou 3 minutes, jusqu'à ce qu'elles brunissent légèrement.*

Penne aux crevettes et aux champignons

4 PORTIONS

Koreena M. Taylor
Albuquerque, Nouveau-Mexique

« J'aime beaucoup les fruits de mer et j'ai trouvé une manière de manger des crevettes tout en respectant mon Programme », avoue Koreena. Delicioso!

- 15 ml (1 c. à soupe) de margarine dure sans sel
- 1 oignon, haché
- 4 gousses d'ail, émincées
- 600 g (1 ¼ lb) de crevettes moyennes, décortiquées et déveinées
- 1 litre (4 tasses) de champignons, en tranches
- 125 ml (½ tasse) de persil frais, haché
- 30 ml (2 c. à soupe) de jus de citron fraîchement pressé
- 1 ml (¼ c. à thé) de poivre noir grossièrement moulu
- 1 litre (4 tasses) de penne, cuits et chauds

1. Faire fondre la margarine dans une grande poêle à revêtement antiadhésif. Ajouter les oignons et l'ail. Cuire, en remuant au besoin, environ 5 minutes, jusqu'à ce qu'ils soient tendres.

2. Ajouter les crevettes et les champignons. Cuire, en remuant au besoin, de 6 à 8 minutes, jusqu'à ce que les crevettes deviennent roses et que les champignons commencent à laisser échapper leur eau. Incorporer le parmesan, le jus de citron et le poivre. Servir les pâtes recouvertes avec la préparation aux crevettes.

PAR PORTION: 379 Calories, 6 g Gras total, 1 g Gras saturé, 174 mg Cholestérol, 178 mg Sodium, 48 g Glucide total, 4 g Fibres alimentaires, 32 g Protéines, 94 mg Calcium.

PORTION DONNE: 2 pain, 1 fruits/légumes, 2 protéines/lait, 1 matières grasses.

POINTS PAR PORTION: 7.

Penne aux crevettes à la sauce aux poivrons

4 PORTIONS

Joel Riley
Paso Robles, Californie

« J'ai ajouté des épices jusqu'à ce que je sois satisfait du résultat », dit Joel. Servez cette sauce avec vos pâtes tubulaires favorites et souriez à la vie!

- 4 poivrons rouges, grillés*
- 125 ml (½ tasse) de persil frais
- 50 ml (¼ tasse) de vin blanc sec
- 2 gousses d'ail
- 5 ml (1 c. à thé) d'origan séché
- 480 g (1 lb) de grosses crevettes, décortiquées et déveinées
- 1 litre (4 tasses) de penne, cuits et chauds
- Poivre noir fraîchement moulu, au goût

1. Dans le mélangeur ou le robot de cuisine, réduire en purée les poivrons, le persil, le vin, l'ail et l'origan.

2. Verser la préparation aux poivrons dans une casserole moyenne et amener à ébullition. Ajouter les crevettes. Réduire la chaleur et laisser mijoter à couvert, en remuant au besoin, de 3 à 5 minutes, jusqu'à ce que les crevettes deviennent roses. Servir les pâtes recouvertes avec la préparation aux crevettes. Poivrer.

PAR PORTION: 336 Calories, 3 g Gras total, 0 g Gras saturé, 140 mg Cholestérol, 143 mg Sodium, 48 g Glucide total, 4 g Fibres alimentaires, 26 g Protéines, 86 mg Calcium.

PORTION DONNE: 2 pain, 1 fruits/légumes, 1 protéines/lait.

POINTS PAR PORTION: 6.

* *Pour griller les poivrons, préchauffer le four. Recouvrir une tôle à pâtisserie de papier d'aluminium et y ranger les poivrons. Griller de 10 à 15 cm (4 à 6 po) de la chaleur, en les tournant souvent à l'aide de longues pinces, environ 10 minutes ou jusqu'à ce qu'ils soient légèrement noircis sur toutes les faces. Placer les poivrons dans un sac de papier, bien fermer et laisser reposer 10 minutes. Peler et épépiner les poivrons au-dessus de l'évier afin de laisser égoutter le liquide.*

Crevettes à la feta et à la tomate

4 PORTIONS

Bill Spence
Sebastopol, Californie

Le professeur de maths Bill Spence a dû jongler avec les nombres pour équilibrer cette recette de crevettes à faible teneur en matières grasses. Il s'agit d'une version allégée d'une recette beaucoup plus grasse qu'il avait l'habitude de commander au restaurant du coin.

- 5 ml (1 c. à thé) d'huile d'olive
- 4 oignons verts, en tranches
- 2 gousses d'ail, émincées
- 3 tomates, hachées
- 50 ml (¼ tasse) de vin blanc sec
- 15 ml (1 c. à soupe) de jus de citron fraîchement pressé
- 2 ml (½ c. à thé) d'origan séché
- 1 ml (¼ c. à thé) de poivre noir fraîchement moulu
- 480 g (1 lb) de grosses crevettes, décortiquées et déveinées
- 75 ml (⅓ tasse) de fromage feta, émietté
- 50 ml (¼ tasse) de persil plat (italien) frais, haché
- 1 litre (4 tasses) de riz basmati brun, cuit et chaud

1. Chauffer l'huile dans une grande poêle à revêtement antiadhésif. Ajouter les oignons verts et l'ail. Cuire, en remuant au besoin, de 2 à 3 minutes, jusqu'à ce qu'ils soient tendres.

2. Ajouter les tomates, le vin, le jus de citron, l'origan et le poivre. Cuire, en remuant au besoin, environ 2 minutes, jusqu'à ce que les tomates commencent à ramollir. Ajouter les crevettes. Réduire la chaleur et laisser mijoter à couvert de 3 à 5 minutes, jusqu'à ce que les crevettes deviennent roses. Retirer du feu. Incorporer le fromage et le persil. Servir le riz recouvert avec la préparation aux crevettes.

PAR PORTION: 395 Calories, 7 g Gras total, 3 g Gras saturé, 150 mg Cholestérol, 284 mg Sodium, 53 g Glucide total, 5 g Fibres alimentaires, 27 g Protéines, 146 mg Calcium.

PORTION DONNE: 2 pain, 2 fruits/légumes, 2 protéines/lait.

POINTS PAR PORTION: 7.

Crevettes et légumes à la créole

6 PORTIONS

Contessa N. Skelton
Amarillo, Texas

Inspirée par l'abondance qui régnait au marché, Contessa a eu l'idée géniale de combiner plusieurs ingrédients frais pour n'en faire qu'un seul plat. Ayant presque atteint le poids qu'elle s'est fixé, elle est persuadée qu'avec de telles recettes il est facile à quiconque de réaliser son objectif.

- 15 ml (1 c. à soupe) d'huile végétale
- 2 oignons, hachés
- 1 branche de céleri, hachée
- ½ poivron vert, épépiné et haché
- ½ poivron rouge, épépiné et haché
- ½ poivron jaune, épépiné et haché
- 2 gousses d'ail, émincées
- 1 boîte de 427 ml (14 ½ oz) de tomates en dés (sans sel ajouté)
- 1 boîte de 227 ml (8 oz) de sauce tomate (sans sel ajouté)
- 10 ml (2 c. à thé) de sauce Worcestershire
- 5 ml (1 c. à thé) d'origan séché
- 2 ml (½ c. à thé) de thym séché
- 0,5 à 1 ml (⅛ à ¼ c. à thé) de piment de Cayenne
- 480 g (1 lb) de crevettes moyennes, décortiquées et déveinées
- 3 courgettes moyennes, en tranches
- 1,5 litre (6 tasses) de riz blanc, cuit et chaud

1. Chauffer l'huile dans une grande casserole ou un grand faitout à revêtement antiadhésif. Ajouter les oignons, le céleri, les poivrons et l'ail. Cuire, en remuant au besoin, de 6 à 8 minutes, jusqu'à ce qu'ils soient tendres.

2. Ajouter les tomates, la sauce tomate, la sauce Worcestershire, l'origan, le thym et le piment de Cayenne. Amener à ébullition. Réduire la chaleur et cuire, en remuant au besoin, environ 10 minutes, jusqu'à ce que la sauce épaississe légèrement.

3. Ajouter les crevettes et les courgettes. Ramener à ébullition. Réduire la chaleur et laisser mijoter à couvert, en remuant au besoin, de 5 à 7 minutes, jusqu'à ce que les crevettes deviennent roses. Servir le riz recouvert avec la préparation aux crevettes.

PAR PORTION: 423 Calories, 5 g Gras total, 1 g Gras saturé, 108 mg Cholestérol, 154 mg Sodium, 72 g Glucide total, 3 g Fibres alimentaires, 23 g Protéines, 111 mg Calcium.

PORTION DONNE: 2 pain, 2 fruits/légumes, 1 protéines/lait, 1 matières grasses.

POINTS PAR PORTION: 8.

Crevettes aux légumes et aux farfalle

4 PORTIONS

Kathleen M. Correia
Pawtucket, Rhode Island

Après avoir perdu 31,4 kg (69 lb) et atteint son poids santé, Kathleen est devenue membre à vie. Elle apprécie le soutien et les conseils qu'elle reçoit pendant les rencontres. Un de ses trucs préférés est d'adapter une recette qu'elle aime à son nouveau Programme Weight Watchers. Voici l'une de ses « conversions ».

15 ml (1 c. à soupe) d'huile d'olive

2 oignons, hachés

3 gousses d'ail, émincées

480 g (1 lb) de crevettes, décortiquées et déveinées

3 courgettes moyennes, en tranches

250 ml (1 tasse) de bouillon de poulet hyposodique

15 ml (1 c. à soupe) d'origan séché

2 ml (½ c. à thé) de poivre noir fraîchement moulu

1 litre (4 tasses) de farfalle (pâtes en forme de papillon), cuits et chauds

2 tomates, coupées en quartiers

30 ml (2 c. à soupe) de parmesan, râpé

1. Chauffer l'huile dans une grande poêle à revêtement antiadhésif. Ajouter les oignons et l'ail. Cuire, en remuant au besoin, environ 5 minutes, jusqu'à ce qu'ils soient tendres.

2. Ajouter les crevettes, les courgettes, le bouillon, l'origan et le poivre. Amener à ébullition. Réduire la chaleur et laisser mijoter à découvert, en remuant au besoin, de 3 à 5 minutes, jusqu'à ce que les crevettes deviennent roses.

3. Incorporer les pâtes et les tomates. Cuire, en remuant au besoin, de 2 à 3 minutes pour bien réchauffer. Saupoudrer de parmesan râpé et servir.

PAR PORTION: 406 Calories, 9 g Gras total, 2 g Gras saturé, 135 mg Cholestérol, 269 mg Sodium, 54 g Glucide total, 5 g Fibres alimentaires, 30 g Protéines, 186 mg Calcium.

PORTION DONNE: 2 pain, 2 fruits/légumes, 2 protéines/lait, 1 matières grasses.

POINTS PAR PORTION: 8.

Crevettes grillées minute

2 PORTIONS

Marie A. Geocos
Dumont, New Jersey

Marie est mariée et mère de deux jeunes enfants. Au cours de son cheminement pour perdre du poids, elle a créé cette recette très simple à faible teneur en matières grasses. Ces crevettes sont excellentes avec du pain français croûté et une salade verte.

5 ml (1 c. à thé) d'huile d'olive extravierge

2 gousses d'ail, émincées

240 g (8 oz) de grosses crevettes, décortiquées et déveinées

1 tomate, grossièrement hachée

50 ml (¼ tasse) de vin blanc sec

75 ml (⅓ tasse) de mozzarella partiellement écrémée, finement râpée

1. Préchauffer le gril.

2. Chauffer l'huile dans une casserole moyenne allant au four. Ajouter l'ail et cuire, en remuant constamment, environ 1 minute, jusqu'à ce qu'il brunisse légèrement.

3. Ajouter les crevettes et les tomates. Cuire, en remuant au besoin, de 3 à 5 minutes, jusqu'à ce que les crevettes deviennent roses. Verser le vin et cuire 1 minute de plus.

4. Recouvrir uniformément de fromage râpé et griller de 2 à 3 minutes, jusqu'à ce que le fromage soit fondu et doré.

PAR PORTION: 207 Calories, 7 g Gras total, 3 g Gras saturé, 152 mg Cholestérol, 234 mg Sodium, 6 g Glucide total, 1 g Fibres alimentaires, 24 g Protéines, 181 mg Calcium.

PORTION DONNE: 1 fruits/légumes, 2 protéines/lait, 1 matières grasses.

POINTS PAR PORTION: 5.

Enchiladas au crabe

4 PORTIONS

Angela J. Stanfel
San Bruno, Californie

Angela est une femme d'affaires dynamique qui trouve le temps de diriger une équipe féminine de basket-ball pendant ses loisirs. Elle sert souvent ce plat pour ses invités qui aiment les fruits de mer et la cuisine mexicaine. N'hésitez pas à manger toute la portion – deux enchiladas en fait. Vous aimerez peut-être les garnir avec un peu de crème sure sans matières grasses et les servir avec une salade rehaussée de salsa.

- 10 ml (2 c. à thé) d'huile de canola
- 1 oignon, en tranches fines
- 2 gousses d'ail, émincées
- 360 g (12 oz) de chair de crabe, cuite et défaite en flocons avec une fourchette
- 1 boîte de 427 ml (14 ½ oz) de tomates en dés (sans sel ajouté)
- 250 ml (1 tasse) de salsa
- 1 ml (¼ c. à thé) de poivre noir fraîchement moulu
- 8 tortillas de farine sans matières grasses de 15 cm (6 po) chacune
- 175 ml (¾ tasse) de cheddar sans matières grasses, finement râpé
- 175 ml (¾ tasse) de fromage monterey jack sans matières grasses, finement râpé

1. Préchauffer le four à 180 °C (350 °F).

2. Chauffer l'huile dans une grande poêle à revêtement anti-adhésif. Ajouter les oignons et l'ail. Cuire, en remuant au besoin, environ 5 minutes, jusqu'à ce qu'ils soient tendres.

3. Incorporer la chair de crabe, les tomates, la salsa et le poivre. Amener à ébullition. Réduire la chaleur et laisser mijoter à découvert environ 3 minutes pour bien mêler les saveurs.

4. Étendre environ 125 ml (½ tasse) de la préparation au crabe uniformément au fond d'un plat de cuisson de 25 x 15 cm (10 x 6 po). Mettre environ 75 ml (⅓ tasse) de préparation au crabe sur chaque tortilla. Rouler et mettre dans le plat de cuisson, ouverture vers le fond. Avec une cuiller, déposer la préparation au crabe restante sur les tortillas. Recouvrir avec les fromages râpés. Couvrir et cuire au four environ 25 minutes. Retirer le couvercle et cuire environ 10 minutes de plus, jusqu'à ce que des bulles commencent à se former et que le fromage soit doré.

PAR PORTION: 382 Calories, 4 g Gras total, 0 g Gras saturé, 87 mg Cholestérol, 1349 mg Sodium, 48 g Glucide total, 3 g Fibres alimentaires, 36 g Protéines, 310 mg Calcium.

PORTION DONNE: 2 pains, 1 fruits/légumes, 2 protéines/lait, 1 matières grasses.

POINTS PAR PORTION: 7.

Nouilles aux tomates et au crabe

4 PORTIONS

Jane Szumanski
Las Vegas, Nevada

Jane est réceptionniste chez Weight Watchers à Las Vegas. Elle a perdu 22,7 kg (50 lb) et elle n'aime pas jouer avec le feu. Elle a touché le gros lot lorsqu'elle a trouvé cette recette généreuse qu'elle aime servir avec une grosse salade et un morceau de pain français sans matières grasses fait par son mari. Ce mets est particulièrement appétissant si on utilise des nouilles aux épinards.

- 125 ml (½ tasse) de bouillon de poulet hyposodique
- 1 oignon, haché
- 3 gousses d'ail, émincées
- 8 petites tomates prunes, coupées en quartiers
- 50 ml (¼ tasse) de pâte de tomate (sans sel ajouté)
- 50 ml (¼ tasse) de vin blanc sec
- 5 ml (1 c. à thé) de basilic séché
- 1 ml (¼ c. à thé) de poivre noir fraîchement moulu
- 0,5 ml (⅛ c. à thé) de piment de Cayenne
- 360 g (12 oz) de chair de crabe, cuite et défaite en flocons avec une fourchette
- 50 ml (¼ tasse) de persil frais, haché
- 180 g (6 oz) de nouilles (fettuccine)
- 4 oignons verts, en tranches
- 30 ml (2 c. à soupe) de parmesan, râpé

1. Dans une grande poêle à revêtement antiadhésif, amener à ébullition le bouillon, les oignons et l'ail. Réduire la chaleur et laisser mijoter à découvert, en remuant au besoin, environ 5 minutes, jusqu'à ce que les oignons soient tendres et que le liquide soit presque complètement évaporé.

2. Ajouter les tomates, la pâte de tomate, le vin, le basilic, le poivre et le piment de Cayenne. Cuire, en remuant au besoin, de 5 à 6 minutes, jusqu'à ce que les tomates soient tendres. Ajouter le crabe et le persil. Cuire, en remuant au besoin, de 2 à 3 minutes pour bien réchauffer.

3. Pendant ce temps, faire cuire les nouilles en suivant les indications inscrites sur l'emballage. Égoutter et réserver 125 ml (½ tasse) du liquide de cuisson. Verser les nouilles dans un bol de service. Ajouter immédiatement la préparation au crabe et le liquide réservé. Bien mélanger. Garnir d'oignons verts et de parmesan et servir.

PAR PORTION: 311 Calories, 3 g Gras total, 1 g Gras saturé, 88 mg Cholestérol, 320 mg Sodium, 41 g Glucide total, 3 g Fibres alimentaires, 26 g Protéines, 169 mg Calcium.

PORTION DONNE: 2 pain, 1 fruits/légumes, 2 protéines/lait.

POINTS PAR PORTION: 6.

Salade de crabe et de penne

4 PORTIONS

Mary Lewis
Stafford, Texas

Le mari et les deux jeunes fils de Mary ne se font jamais prier pour goûter les nouveaux plats qu'elle leur propose. Cette salade, qu'elle sert avec des toasts Melba, est l'une de leurs préférées.

- 50 ml (¼ tasse) de yogourt nature sans matières grasses
- 50 ml (¼ tasse) de crème sure sans matières grasses
- 15 ml (1 c. à soupe) de jus de citron fraîchement pressé
- 1 gousse d'ail, émincée
- 1 ml (¼ c. à thé) de poivre noir fraîchement moulu
- 1 litre (4 tasses) de penne, cuits et refroidis
- 240 g (8 oz) de chair de crabe, cuite et défaite en flocons avec une fourchette
- 500 ml (2 tasses) de bouquets de brocoli
- 1 carotte, coupée en dés
- 4 oignons verts, en tranches fines
- 10 petites olives noires, dénoyautées et coupées en tranches
- 5 ml (1 c. à thé) de câpres, rincées et égouttées

1. Dans un grand bol, mélanger le yogourt, la crème sure, le jus de citron, l'ail et le poivre.

2. Ajouter les pâtes, le crabe, le brocoli, les carottes, les oignons verts, les olives et les câpres. Bien mélanger. Couvrir et mettre dans le réfrigérateur au moins 1 heure pour bien refroidir.

PAR PORTION: 317 Calories, 3 g Gras total, 0 g Gras saturé, 57 mg Cholestérol, 298 mg Sodium, 49 g Glucide total, 5 g Fibres alimentaires, 23 g Protéines, 167 mg Calcium.

PORTION DONNE: 2 pain, 1 fruits/légumes, 1 protéines/lait.

POINTS PAR PORTION: 6.

Fruits de mer à la diable

8 PORTIONS

Tina Marie Fiorito
Wellington, Floride

Tina est animatrice Weight Watchers et elle est heureuse de mettre son héritage italien en valeur dans cette recette de pâtes au goût unique. Si vous trouvez le crabe frais un peu trop cher, prenez du crabe en conserve sans hésiter. Évitez le surimi dont la texture est moins intéressante.

- 10 ml (2 c. à thé) d'huile d'olive
- 4 oignons, hachés
- 4 grosses gousses d'ail, émincées
- 1 boîte de 796 ml (28 oz) de tomates broyées (sans sel ajouté)
- 2 boîtes de 227 ml (8 oz) de sauce tomate (sans sel ajouté)
- 1 boîte de 170 ml (6 oz) de pâte de tomate (sans sel ajouté)
- 50 ml (¼ tasse) de vin rouge sec
- 5 ml (1 c. à thé) de piment de Cayenne broyé, ou au goût
- 5 ml (1 c. à thé) de basilic séché
- 1 ml (¼ c. à thé) d'origan séché
- 0,5 ml (⅛ c. à thé) de poivre noir fraîchement moulu
- 480 g (1 lb) de pétoncles de baie
- 360 g (12 oz) de grosses crevettes, décortiquées et déveinées
- 240 g (8 oz) de chair de crabe, cuite et défaite en flocons avec une fourchette
- 1 boîte de 360 g (12 oz) de capellini (pâtes cheveux d'ange)
- 50 ml (¼ tasse) de persil frais, haché

1. Chauffer l'huile dans un grand faitout. Ajouter les oignons et l'ail. Cuire, en remuant au besoin, environ 5 minutes, jusqu'à ce qu'ils soient tendres.

2. Ajouter les tomates, la sauce tomate, la pâte de tomate, le vin, le piment de Cayenne broyé, le basilic, l'origan, le poivre et 250 ml (1 tasse) d'eau. Amener à ébullition. Réduire la chaleur et laisser mijoter à découvert environ 15 minutes, jusqu'à léger épaississement.

3. Ajouter les pétoncles, les crevettes et le crabe. Cuire, en remuant au besoin, de 8 à 10 minutes, jusqu'à ce que les crevettes deviennent roses.

4. Pendant ce temps, faire cuire les pâtes en suivant les indications inscrites sur l'emballage. Napper de sauce et servir. Parsemer de persil.

PAR PORTION: 375 Calories, 4 g Gras total, 1 g Gras saturé, 112 mg Cholestérol, 306 mg Sodium, 51 g Glucide total, 5 g Fibres alimentaires, 32 g Protéines, 146 mg Calcium.

PORTION DONNE: 2 pain, 2 fruits/légumes, 2 protéines/lait.

POINTS PAR PORTION: 7.

Linguine aux crevettes et au crabe

Linguine aux crevettes et au crabe

4 PORTIONS

Edna Stewart
Indianapolis, Indiana

« Un jour, se plaît à dire Edna, j'écrirai mon propre livre de recettes. » Si tous ses plats sont aussi savoureux que celui-ci, souhaitons qu'elle trouve un éditeur le plus tôt possible…

- 15 ml (1 c. à soupe) d'huile d'olive extravierge
- 8 oignons verts, en tranches fines
- 3 gousses d'ail, émincées
- 240 g (8 oz) de crevettes moyennes, cuites et décortiquées
- 240 g (8 oz) de chair de crabe, cuite et défaite en flocons avec une fourchette
- 30 ml (2 c. à soupe) de vin blanc sec
- 15 ml (1 c. à soupe) de jus de citron fraîchement pressé
- 1 ml (¼ c. à thé) de piment de Cayenne broyé
- 1 ml (¼ c. à thé) de thym séché
- 1 ml (¼ c. à thé) de sel
- 1 litre (4 tasses) de linguine, cuits et chauds

(Voir photo.)

1. Chauffer l'huile dans une grande poêle à revêtement antiadhésif. Ajouter les oignons verts et l'ail. Cuire, en remuant constamment, de 2 à 3 minutes, jusqu'à ce qu'ils soient tendres.

2. Ajouter les crevettes, le crabe, le vin, le jus de citron, le piment de Cayenne broyé, le thym et le sel. Cuire, en remuant constamment, environ 3 minutes pour bien réchauffer. Servir les pâtes recouvertes avec la préparation aux fruits de mer.

PAR PORTION: 356 Calories, 6 g Gras total, 1 g Gras saturé, 167 mg Cholestérol, 425 mg Sodium, 42 g Glucide total, 3 g Fibres alimentaires, 30 g Protéines, 109 mg Calcium.

PORTION DONNE: 2 pain, 2 protéines/lait, 1 matières grasses.

POINTS PAR PORTION: 7.

Pâtes aux fruits de mer, sauce aneth et citron

4 PORTIONS

Kimberly Holl
Portola Valley, Californie

Kimberly aime tellement le vélo qu'elle a déjà pédalé de Paris jusqu'à Rome. Elle adore aussi les fruits de mer et partage l'un de ses meilleurs secrets avec nous. N'oubliez pas de zester le citron avant de le presser.

10 ml (2 c. à thé) de margarine hypocalorique

2 échalotes, finement hachées

15 ml (1 c. à soupe) de farine tout usage

250 ml (1 tasse) de lait écrémé

300 g (10 oz) de pétoncles de baie

240 g (8 oz) de chair de crabe, cuite et défaite en flocons avec une fourchette

120 g (4 oz) de crevettes, cuites et décortiquées

30 ml (2 c. à soupe) d'aneth frais, haché

15 ml (1 c. à soupe) de jus de citron fraîchement pressé

5 ml (1 c. à thé) de zeste de citron, râpé

1 litre (4 tasses) de coquillettes moyennes (pâtes), cuites et chaudes

Brins d'aneth frais

1. Faire fondre la margarine dans une casserole moyenne à revêtement antiadhésif. Ajouter les échalotes et cuire, en remuant au besoin, environ 2 minutes, jusqu'à ce qu'elles soient tendres. Ajouter la farine et cuire 1 minute en remuant constamment. Verser lentement le lait et cuire, en remuant constamment, environ 3 minutes, jusqu'à ébullition et épaississement.

2. Ajouter les pétoncles, le crabe, les crevettes, l'aneth haché, le jus de citron et le zeste. Cuire, en remuant au besoin, environ 5 minutes, jusqu'à ce que les pétoncles soient opaques. Servir les pâtes recouvertes avec la préparation aux pétoncles. Garnir avec des brins d'aneth.

PAR PORTION: 354 Calories, 4 g Gras total, 1 g Gras saturé, 137 mg Cholestérol, 394 mg Sodium, 40 g Glucide total, 2 g Fibres alimentaires, 37 g Protéines, 182 mg Calcium.

PORTION DONNE: 2 pain, 3 protéines/lait.

POINTS PAR PORTION: 7.

Pétoncles et légumes servis sur pâtes

6 PORTIONS

Pirita Krobisch
Suffern, New York

« Les moments passés à table figurent parmi les plus précieux de la vie », écrit Pirita, qui a fait cette recette la toute première fois pour nourrir douze personnes attablées à la maison d'été de son frère, dans le Maine. Si les pétoncles coûtent trop cher, remplacez-les par des crevettes, du poisson ou même du poulet.

30 ml (2 c. à soupe) d'huile d'olive

3 oignons, hachés

3 gousses d'ail, émincées

1 boîte de 796 ml (28 oz) de tomates broyées (sans sel ajouté)

2 poivrons verts, épépinés et hachés

1 courgette moyenne, hachée

960 g (2 lb) de pétoncles de mer

125 ml (½ tasse) de bouillon de poulet hyposodique

50 ml (¼ tasse) de basilic frais, haché

30 ml (2 c. à soupe) de jus de citron fraîchement pressé

1,5 litre (6 tasses) de penne, cuits et chauds

50 ml (¼ tasse) de persil frais, haché

1. Chauffer l'huile dans une grande poêle à revêtement antiadhésif. Ajouter les oignons et l'ail. Cuire, en remuant au besoin, environ 5 minutes, jusqu'à ce qu'ils soient tendres. Ajouter les tomates, les poivrons et les courgettes. Amener à ébullition. Réduire la chaleur et laisser mijoter à découvert environ 5 minutes, jusqu'à léger épaississement.

2. Ajouter les pétoncles, le bouillon, le basilic et le jus de citron. Amener à ébullition. Réduire la chaleur et laisser mijoter, en remuant au besoin, environ 5 minutes, jusqu'à ce que les pétoncles soient opaques.

3. Verser les pâtes dans un grand bol de service. Ajouter la préparation aux pétoncles et le persil. Bien mélanger.

PAR PORTION: 423 Calories, 7 g Gras total, 1 g Gras saturé, 47 mg Cholestérol, 259 mg Sodium, 56 g Glucide total, 5 g Fibres alimentaires, 33 g Protéines, 114 mg Calcium.

PORTION DONNE: 2 pain, 1 fruits/légumes, 2 protéines/lait, 1 matières grasses.

POINTS PAR PORTION: 8.

Salade de thon et de macaroni

Salade de thon et de macaroni

4 PORTIONS

Linda Fogg
Columbus, Ohio

Après s'être cassé le pouce à cause d'une mauvaise chute à skis, Linda avait du mal à cuisiner. C'est ainsi qu'elle a inventé cette salade vite faite qui prouve une fois de plus que la nécessité est mère de l'invention...

375 ml (1 ½ tasse) de macaroni coupés

1 paquet de 480 g (1 lb) de légumes mélangés (choux-fleurs, carottes et pois mange-tout), décongelés

2 boîtes de 180 g (6 oz) de thon conservé dans l'eau, égoutté et défait en flocons

4 oignons verts, en tranches

50 ml (¼ tasse) de persil plat (italien) frais, haché

45 ml (3 c. à soupe) de vinaigrette à l'italienne sans matières grasses

30 ml (2 c. à soupe) de vinaigre balsamique

10 ml (2 c. à thé) de basilic séché

1 ml (¼ c. à thé) de piment de Cayenne broyé

(Voir photo.)

1. Dans une grande quantité d'eau bouillante, cuire les macaroni 6 minutes, jusqu'à ce qu'ils soient presque tendres. Ajouter les légumes mélangés. Ramener l'eau à ébullition, puis cuire environ 1 minute de plus, jusqu'à ce que les pâtes et les légumes soient tendres. Égoutter et rincer à l'eau froide.

2. Pendant ce temps, dans un grand bol, mélanger le thon, les oignons verts, le persil, la vinaigrette, le vinaigre, le basilic et le piment de Cayenne broyé. Ajouter les pâtes et les légumes. Bien mélanger. Couvrir et mettre dans le réfrigérateur au moins 2 heures pour bien refroidir.

PAR PORTION: 291 Calories, 1 g Gras total, 0 g Gras saturé, 32 mg Cholestérol, 417 mg Sodium, 39 g Glucide total, 4 g Fibres alimentaires, 30 g Protéines, 75 mg Calcium.

PORTION DONNE: 2 pain, 1 fruits/légumes, 1 protéines/lait.

POINTS PAR PORTION: 5.

Linguine aux palourdes

4 PORTIONS

Connie Lyndon
Calgary, Alberta

Après un tour du monde en solitaire qui a duré dix mois, Connie a trouvé le courage nécessaire pour perdre 27,3 kg (60 lb). Ces pâtes délicieuses ont été adaptées d'une recette qui figure au menu de son restaurant italien préféré.

- 8 oignons verts, en tranches
- 2 gousses d'ail, émincées
- 1 ml (¼ c. à thé) de piment de Cayenne broyé
- 2 boîtes de 195 g (6 ½ oz) de palourdes hachées, égouttées (réserver le liquide)
- 1 boîte de 427 ml (14 ½ oz) de tomates étuvées (sans sel ajouté)
- 50 ml (1/4 tasse) de vin blanc sec
- 30 ml (2 c. à soupe) de basilic frais, haché, ou 10 ml (2 c. à thé) de basilic séché
- 5 ml (1 c. à thé) d'origan séché
- 1 litre (4 tasses) de linguine, cuits et chauds
- 30 ml (2 c. à soupe) de parmesan, râpé

1. Vaporiser une grande poêle à revêtement antiadhésif avec de l'enduit anticollant et mettre sur le feu. Ajouter les oignons verts, l'ail et le piment de Cayenne broyé. Cuire, en remuant au besoin, de 2 à 3 minutes, jusqu'à ce qu'ils soient tendres.

2. Ajouter les palourdes, le liquide réservé, les tomates, le vin, le basilic et l'origan. Amener à ébullition. Réduire la chaleur et laisser mijoter à découvert de 10 à 12 minutes, jusqu'à réduction du liquide au tiers.

3. Verser les pâtes dans un grand bol de service. Ajouter la sauce aux palourdes et bien mélanger. Saupoudrer de parmesan râpé et servir.

PAR PORTION: 341 Calories, 4 g Gras total, 1 g Gras saturé, 33 mg Cholestérol, 303 mg Sodium, 53 g Glucide total, 6 g Fibres alimentaires, 22 g Protéines, 208 mg Calcium.

PORTION DONNE: 2 pain, 1 fruits/légumes, 1 protéines/lait.

POINTS PAR PORTION: 6.

Croquettes de thon

4 PORTIONS

Nikki Howard
Richmond, Colombie-Britannique

« Nos rencontres Weight Watchers du samedi matin ne sont pas seulement instructives, mais elles sont aussi amusantes », raconte Nikki. La préparation de ces croquettes peut aussi être amusante, mais les déguster est encore plus drôle!

2 boîtes de 180 g (6 oz) de thon conservé dans l'eau, égoutté et défait en flocons

3 blancs d'œufs

45 ml (3 c. à soupe) de chapelure assaisonnée

4 oignons verts, en tranches fines

30 ml (2 c. à soupe) de persil frais, haché

1 ml (¼ c. à thé) de poivre noir fraîchement moulu

1. Dans un bol moyen, mélanger le thon, les blancs d'œufs, la chapelure, les oignons verts, le persil et le poivre. Façonner 4 croquettes de même grosseur avec cette préparation.

2. Vaporiser une grande poêle à revêtement antiadhésif avec de l'enduit anticollant et mettre sur le feu. Ajouter les croquettes et cuire environ 5 minutes de chaque côté, jusqu'à ce qu'elles soient dorées.

PAR PORTION: 137 Calories, 1 g Gras total, 0 g Gras saturé, 32 mg Cholestérol, 462 mg Sodium, 5 g Glucide total, 1 g Fibres alimentaires, 26 g Protéines, 24 mg Calcium.

PORTION DONNE: 1 protéines/lait.

POINTS PAR PORTION: 3.

Salade de riz au saumon et à la papaye

4 PORTIONS

Jane Shaddy
Spokane, Washington

Jane, qui a perdu 18,2 kg (40 lb) grâce au Programme Weight Watchers, ne cache pas que c'est son mari qui est l'auteur de cette recette. « Il a un don naturel pour allier les saveurs, confie-t-elle. » Prenez soin de bien enlever toute la peau du saumon, mais conservez les arêtes (broyez-les à l'aide d'une fourchette) puisqu'elles sont une excellente source de calcium.

1 boîte de 425 g (14 ¾ oz) de saumon rouge ou rose, égoutté et défait en flocons

500 ml (2 tasses) de riz brun, cuit et refroidi

1 grosse papaye, pelée, épépinée et coupée en dés

50 ml (¼ tasse) de persil frais, haché

30 ml (2 c. à soupe) de jus de lime fraîchement pressé

15 ml (1 c. à soupe) de vinaigre de cidre

2 ml (½ c. à thé) de poivre noir grossièrement moulu

12 feuilles de laitue romaine

1. Dans un grand bol, mélanger le saumon, le riz, les papayes, le persil, le jus de lime, le vinaigre et le poivre. Couvrir et mettre dans le réfrigérateur au moins 2 heures pour bien refroidir.

2. Défaire la préparation délicatement avec une fourchette. Recouvrir chacune des 4 assiettes avec 3 feuilles de laitue. Garnir avec la salade de riz.

PAR PORTION: 305 Calories, 7 g Gras total, 2 g Gras saturé, 37 mg Cholestérol, 470 mg Sodium, 39 g Glucide total, 4 g Fibres alimentaires, 21 g Protéines, 264 mg Calcium.

PORTION DONNE: 1 pain, 1 fruits/légumes, 3 protéines/lait.

POINTS PAR PORTION: 6.

CHAPITRE 7

Mets végétariens

Pizza Alfredo

Pizza Alfredo

8 PORTIONS

Roberta (Bobbi) Dannar
Dickinson, Texas

Qui n'aime pas la pizza? Ce mets est encore meilleur quand il est préparé par Bobbi qui maîtrise l'art de marier les saveurs. Voici sa pizza version Weight Watchers.

- 250 ml (1 tasse) de lait écrémé
- 15 ml (1 c. à soupe) de farine tout usage
- 1 oignon, haché
- 2 clous de girofle entiers
- 1 ml (¼ c. à thé) de muscade râpée
- 1 ml (¼ c. à thé) de poivre noir fraîchement moulu
- 1,5 litre (6 tasses) d'épinards, bien nettoyés
- 50 ml (¼ tasse) de parmesan, râpé
- 1 pâte à pizza de 480 g (1 lb) prête à utiliser, réfrigérée
- 3 grosses tomates prunes, en tranches
- 500 ml (2 tasses) de mozzarella partiellement écrémée, finement râpée

(Voir photo.)

1. Préchauffer le four à 230 °C (450 °F). Vaporiser une assiette à pizza de 37,5 cm (15 po) avec de l'enduit anticollant.

2. Dans une grande casserole à revêtement antiadhésif, mélanger 30 ml (2 c. à soupe) de lait avec la farine. Mélanger pour obtenir une pâte homogène. Incorporer le lait restant, les oignons, les clous de girofle, la muscade et le poivre. Cuire à feu moyen, en remuant constamment, environ 4 minutes, jusqu'à ébullition et épaississement. Retirer du feu et jeter les clous de girofle. Ajouter les épinards et le parmesan. Remuer jusqu'à ce que les épinards soient bien humectés et légèrement ramollis.

3. Mettre la pâte à pizza dans l'assiette vaporisée. Pincer tout autour de la pâte pour former un bord. Étendre la préparation aux épinards uniformément sur la pâte. Recouvrir de tomates et de mozzarella. Cuire au four de 12 à 15 minutes, jusqu'à ce que la croûte brunisse et que le fromage soit doré.

PAR PORTION: 261 Calories, 8 g Gras total, 4 g Gras saturé, 19 mg Cholestérol, 542 mg Sodium, 33 g Glucide total, 2 g Fibres alimentaires, 15 g Protéines, 301 mg Calcium.

PORTION DONNE: 2 pain, 1 fruits/légumes, 2 protéines/lait.

POINTS PAR PORTION: 5.

Cheveux d'ange aux tomates prunes et au basilic frais

4 PORTIONS

Sarah, duchesse d'York
Londres, Angleterre

Quel est le secret de Sarah, duchesse d'York? « C'est le vinaigre balsamique qui donne du caractère à ce plat, dit-elle. Je crois sincèrement que nos papilles méritent d'être éduquées. De petites choses telles qu'un soupçon de tabasco ou un jet de jus de lime fraîchement pressé peuvent faire toute la différence. » Depuis qu'elle a adopté le Programme Weight Watchers, la duchesse d'York avoue que ce n'est pas uniquement son goût qui s'est transformé: « J'ai compris que l'expérience Weight Watchers dans son ensemble – les rencontres, le Programme et, surtout, les gens – est une aventure amusante et extraordinaire. »

180 g (6 oz) de cheveux d'ange (pâtes)

15 ml (1 c. à soupe) d'huile d'olive extravierge

1 gousse d'ail, écrasée

6 tomates prunes, pelées, épépinées et hachées

125 ml (½ tasse) de basilic frais, haché

2 ml (½ c. à thé) de sel

Poivre noir fraîchement moulu, au goût

10 ml (2 c. à thé) de vinaigre balsamique

45 g (1 ½ oz) de parmesan, en copeaux

1. Cuire les pâtes en suivant les indications inscrites sur l'emballage. Égoutter et réserver au chaud.

2. Chauffer l'huile dans une grande poêle à revêtement antiadhésif. Ajouter l'ail et faire sauter environ 30 secondes, jusqu'à ce qu'il répande son arôme. Ajouter les tomates et cuire, en remuant au besoin, environ 5 minutes, jusqu'à ce qu'elles soient tendres. Incorporer le basilic, le sel et le poivre. Cuire environ 5 minutes, jusqu'à ce que les tomates soient très tendres. Verser sur les pâtes, ajouter le vinaigre et mélanger. Saupoudrer de parmesan râpé et servir.

PAR PORTION: 268 Calories, 8 g Gras total, 3 g Gras saturé, 8 mg Cholestérol, 504 mg Sodium, 39 g Glucide total, 3 g Fibres alimentaires, 11 g Protéines, 170 mg Calcium.

PORTION DONNE: 2 pain, 1 fruits/légumes, 1 matières grasses.

POINTS PAR PORTION: 5.

Nouilles à la crème primavera

4 PORTIONS

Debbie Price
Battle Creek, Michigan

Debbie est animatrice Weight Watchers depuis trois ans et sa plus grande joie est de surprendre ses membres avec de nouvelles recettes. Ces nouilles font partie des plats qui obtiennent toujours beaucoup de succès.

- 5 ml (1 c. à thé) d'huile d'olive
- 1 oignon, haché
- 500 ml (2 tasses) de bouquets de brocoli
- 125 ml (½ tasse) de lait évaporé écrémé
- 5 ml (1 c. à thé) de basilic séché
- 1 ml (¼ c. à thé) de poivre noir fraîchement moulu
- 1 tomate, grossièrement hachée
- 1 litre (4 tasses) de nouilles (fettuccine), cuites et chaudes
- 125 ml (½ tasse) de parmesan, râpé

1. Chauffer l'huile dans une grande poêle à revêtement antiadhésif. Ajouter les oignons et cuire, en remuant au besoin, environ 5 minutes, jusqu'à ce qu'ils soient tendres.

2. Ajouter le brocoli, le lait, le basilic et le poivre. Cuire à couvert environ 3 minutes, jusqu'à ce que le brocoli soit tendre mais encore croquant. Ajouter les tomates et cuire environ 1 minute pour bien réchauffer.

3. Verser les nouilles dans un bol de service moyen. Recouvrir avec la préparation au brocoli et le fromage. Mélanger pour bien enrober les pâtes.

PAR PORTION: 330 Calories, 7 g Gras total, 3 g Gras saturé, 62 mg Cholestérol, 254 mg Sodium, 51 g Glucide total, 7 g Fibres alimentaires, 17 g Protéines, 292 mg Calcium.

PORTION DONNE: 2 pain, 1 fruits/légumes, 1 protéines/lait.

POINTS PAR PORTION: 6.

Chalupas

Chalupas

2 PORTIONS

Linda Wise
Arlington, Texas

Chalupa signifie « bateau » en espagnol. Il s'agit aussi d'une tortilla de maïs façonnée en forme de bateau et farcie de poulet, de haricots, de légumes et de fromage. Linda a produit une recette végétarienne qui demande peu de préparation puisqu'elle utilise des coquilles à tacos vendues dans le commerce. N'oubliez d'avoir plusieurs serviettes de table en papier à portée de la main avant de commencer à manger.

2 coquilles à tacos rectangulaires de 22,5 g (¾ oz) chacune

125 ml (½ tasse) de haricots sautés sans matières grasses en conserve

45 ml (3 c. à soupe) de cheddar sans matières grasses, finement râpé

1 tomate, hachée

125 ml (½ tasse) de laitue, en fines lamelles

30 ml (2 c. à soupe) de crème sure sans matières grasses

30 ml (2 c. à soupe) de salsa

15 ml (1 c. à soupe) de piments verts du Chili hachés en conserve, rincés et égouttés (facultatif)

(Voir photo.)

1. Préchauffer le four à 180 °C (350 °F).

2. Placer les coquilles à tacos sur une plaque à pâtisserie. Étendre les haricots uniformément au fond des coquilles à tacos. Garnir chacune avec la moitié du fromage. Cuire au four environ 8 minutes, jusqu'à ce que le tout soit bien chaud et que le fromage soit fondu.

3. Garnir chaque taco avec la moitié des tomates, de la laitue, de la crème sure, de la salsa et des piments.

PAR PORTION : 200 Calories, 5 g Gras total, 1 g Gras saturé, 1 mg Cholestérol, 510 mg Sodium, 30 g Glucide total, 6 g Fibres alimentaires, 10 g Protéines, 191 mg Calcium.

PORTION DONNE : 1 pain, 1 fruits/légumes, 1 protéines/lait.

POINTS PAR PORTION : 3.

Pâtes aux poivrons rouges grillés

2 PORTIONS

Vivian Elba
Simsbury, Connecticut

Avec deux enfants et trois emplois, Vivian est débordée. Cette recette a le mérite de lui donner un peu de répit. Voilà un plat facile à faire, délicieux et assez consistant pour satisfaire un mari affamé ou un enfant des plus capricieux.

4 poivrons rouges, grillés* et grossièrement hachés

1 tomate, hachée

75 ml (⅓ tasse) de mozzarella partiellement écrémée, coupée en dés

50 ml (¼ tasse) de persil plat (italien) frais, haché

5 petites olives noires, dénoyautées et coupées en tranches

5 ml (1 c. à thé) d'huile d'olive extravierge

2 ml (½ c. à thé) de poivre noir grossièrement moulu

90 g (3 oz) de nouilles (fettuccine)

2 quartiers de citron

1. Dans un bol moyen, mélanger les poivrons, les tomates, le fromage, le persil, les olives, l'huile et le poivre.

2. Cuire les nouilles en suivant les indications inscrites sur l'emballage. Égoutter et verser dans un bol de service. Ajouter immédiatement la préparation aux poivrons et bien mélanger pour enrober les pâtes. Servir avec les quartiers de citron.

PAR PORTION: 311 Calories, 9 g Gras total, 3 g Gras saturé, 51 mg Cholestérol, 172 mg Sodium, 49 g Glucide total, 6 g Fibres alimentaires, 13 g Protéines, 181 mg Calcium.

PORTION DONNE: 2 pain, 3 fruits/légumes, 1 protéines/lait, 1 matières grasses.

POINTS PAR PORTION: 6.

** Pour griller les poivrons, préchauffer le four. Recouvrir une tôle à pâtisserie de papier d'aluminium et y ranger les poivrons. Griller de 10 à 15 cm (4 à 6 po) de la chaleur, en les tournant souvent à l'aide de longues pinces, environ 10 minutes ou jusqu'à ce qu'ils soient légèrement noircis sur toutes les faces. Placer les poivrons dans un sac de papier, bien fermer et laisser reposer 10 minutes. Peler et épépiner les poivrons au-dessus de l'évier afin de laisser égoutter le liquide.*

Riz aux épinards à la grecque

4 PORTIONS

Irene J. Walker
Gloucester, Ontario

« Toute ma vie devrait être à l'image de cette recette: facile, saine et intéressante », écrit Irene.

- 5 ml (1 c. à thé) d'huile d'olive
- 4 oignons, hachés
- 1 boîte de 796 ml (28 oz) de tomates broyées (sans sel ajouté)
- 1 paquet de 300 g (10 oz) d'épinards hachés, décongelés
- 325 ml (1 ⅓ tasse) de riz blanc à grains longs
- 250 ml (1 tasse) de bouillon de légumes hyposodique
- 1 ml (¼ c. à thé) de poivre noir fraîchement moulu
- 175 ml (¾ tasse) de fromage feta, émietté
- 10 petites olives noires dénoyautées, coupées en deux
- 4 tranches de citron

1. Préchauffer le four à 180 °C (350 °F).

2. Chauffer l'huile dans une grande casserole ou un grand faitout allant au four. Ajouter les oignons et cuire, en remuant au besoin, de 6 à 8 minutes, jusqu'à ce qu'ils soient tendres.

3. Ajouter les tomates, les épinards, le riz, le bouillon et le poivre. Amener à ébullition en remuant au besoin. Couvrir et cuire au four environ 1 heure, jusqu'à ce que le riz soit tendre et que le liquide soit absorbé.

4. Couvrir de feta et d'olives et servir. Garnir avec des tranches de citron.

PAR PORTION: 384 Calories, 8 g Gras total, 4 g Gras saturé, 19 mg Cholestérol, 403 mg Sodium, 69 g Glucide total, 5 g Fibres alimentaires, 12 g Protéines, 286 mg Calcium.

PORTION DONNE: 2 pain, 2 fruits/légumes, 1 protéines/lait, 1 matières grasses.

POINTS PAR PORTION: 7.

Rigatoni à l'aubergine et aux tomates séchées

6 PORTIONS

Amy Goodman
Millville, Utah

Amy a plus d'une corde à son arc et elle s'intéresse autant à l'haltérophilie qu'à la philosophie. Elle s'est amusée à nous envoyer cette recette remplie de couleurs et de goûts intenses. Ce plat contient beaucoup de légumes, ce qui permet de servir une généreuse portion des plus satisfaisantes.

- 125 ml (½ tasse) d'eau bouillante
- 14 demi-tomates séchées (non conservées dans l'huile)
- 20 ml (4 c. à thé) d'huile d'olive
- 1 aubergine moyenne de 600 g (1 ¼ lb), coupée en dés
- 4 gousses d'ail, émincées
- 1 paquet de 300 g (10 oz) d'épinards hachés, décongelés et bien épongés
- 2 tomates, hachées
- 250 ml (1 tasse) de bouillon de légumes hyposodique
- 45 ml (3 c. à soupe) de pignons
- 30 ml (2 c. à soupe) de basilic frais, haché, ou 10 ml (2 c. à thé) de basilic séché
- 1 ml (¼ c. à thé) de poivre noir fraîchement moulu
- 1,12 litre (4 ½ tasses) de rigatoni, cuits et chauds
- 50 ml (¼ tasse) de parmesan, râpé

1. Dans un petit bol, verser l'eau bouillante sur les tomates séchées. Laisser reposer environ 20 minutes pour les attendrir.

2. Chauffer l'huile dans une grande casserole ou un grand faitout à revêtement antiadhésif. Ajouter les aubergines et cuire, en remuant constamment, environ 5 minutes, jusqu'à ce qu'elles commencent à attendrir et à laisser échapper un peu de liquide. Ajouter l'ail et cuire, en remuant constamment, environ 1 minute, jusqu'à ce qu'il brunisse légèrement.

3. Ajouter les épinards, les tomates hachées, le bouillon, les pignons, le basilic, le poivre, les tomates séchées et leur liquide. Amener à ébullition. Réduire la chaleur et laisser mijoter à couvert, en remuant au besoin, environ 5 minutes, jusqu'à ce que les légumes soient tendres. Verser les pâtes dans un bol de service. Recouvrir avec la préparation aux aubergines et bien mélanger pour enrober les pâtes. Saupoudrer de parmesan râpé et servir.

PAR PORTION: 287 Calories, 7 g Gras total, 2 g Gras saturé, 3 mg Cholestérol, 125 mg Sodium, 46 g Glucide total, 6 g Fibres alimentaires, 12 g Protéines, 158 mg Calcium.

PORTION DONNE: 2 pain, 2 fruits/légumes, 1 matières grasses.

POINTS PAR PORTION: 5.

Penne à la vodka

8 PORTIONS

Mary Ann Palestino
Brooklyn, New York

Mary Ann a spontanément inventé cette recette pour son copain qui lui avait demandé un plat à la fois appétissant et pauvre en matières grasses. Quoi de plus romantique que deux amoureux qui savourent un souper santé en tête à tête?

- 10 ml (2 c. à thé) d'huile d'olive
- 1 oignon, haché
- 2 gousses d'ail, émincées
- 1 boîte de 796 ml (28 oz) de tomates entières en purée, grossièrement hachées
- 1 ml (¼ c. à thé) de piment de Cayenne broyé, ou au goût
- 125 ml (½ tasse) de persil frais, haché
- 125 ml (½ tasse) de lait évaporé écrémé
- 30 ml (2 c. à soupe) de vodka
- 2 litres (8 tasses) de penne, cuits et chauds

1. Chauffer l'huile dans une grande casserole à revêtement antiadhésif. Ajouter les oignons et l'ail. Cuire, en remuant au besoin, environ 5 minutes, jusqu'à ce qu'ils soient tendres.

2. Incorporer les tomates et le piment de Cayenne broyé. Amener à ébullition. Réduire la chaleur et laisser mijoter à découvert environ 10 minutes, jusqu'à ce que la sauce épaississe légèrement.

3. Incorporer le persil, le lait et la vodka. Cuire environ 1 minute pour bien réchauffer. Verser les penne dans un grand bol de service. Recouvrir avec la préparation aux tomates et bien mélanger pour enrober les pâtes.

PAR PORTION: 261 Calories, 2 g Gras total, 0 g Gras saturé, 1 mg Cholestérol, 179 mg Sodium, 49 g Glucide total, 3 g Fibres alimentaires, 9 g Protéines, 99 mg Calcium.

PORTION DONNE: 2 pain, 1 fruits/légumes.

POINTS PAR PORTION: 5.

Casserole de riz aux légumes

6 PORTIONS

Vima Dubyna
Las Vegas, Nevada

Vima a servi ce plat il y a dix-sept ans à une tante et à un oncle qui étaient végétariens. Cette recette est encore tout aussi fantastique aujourd'hui et nul besoin d'être végétarien pour en redemander.

- 15 ml (1 c. à soupe) d'huile d'olive
- 2 oignons, hachés
- 2 branches de céleri, hachées
- ½ poivron vert, épépiné et haché
- 1 boîte de 427 ml (14 ½ oz) de tomates en dés (sans sel ajouté)
- 125 ml (½ tasse) de persil plat (italien) frais, haché
- 5 ml (1 c. à thé) de thym séché
- 1 ml (¼ c. à thé) de poivre noir fraîchement moulu
- 625 ml (2 ½ tasses) de riz brun, cuit
- 500 ml (2 tasses) de riz sauvage, cuit
- 250 ml (1 tasse) de cheddar à teneur réduite en matières grasses, finement râpé

1. Préchauffer le four à 180 °C (350 °F).

2. Chauffer l'huile dans une grande poêle à revêtement antiadhésif. Ajouter les oignons, le céleri et les poivrons. Cuire, en remuant au besoin, de 5 à 6 minutes, jusqu'à ce qu'ils soient tendres.

3. Ajouter les tomates, le persil, le thym et le poivre. Amener à ébullition. Incorporer les deux riz. Transvider dans une casserole de 3 litres (3 pintes). Couvrir de papier d'aluminium et cuire au four 10 minutes. Enlever le papier et recouvrir de fromage. Cuire environ 3 minutes de plus, jusqu'à ce que le fromage soit fondu.

PAR PORTION: 235 Calories, 5 g Gras total, 0 g Gras saturé, 3 mg Cholestérol, 326 mg Sodium, 38 g Glucide total, 3 g Fibres alimentaires, 10 g Protéines, 202 mg Calcium.

PORTION DONNE: 2 pain, 1 fruits/légumes, 1 protéines/lait et 1 matières grasses.

POINTS PAR PORTION: 5.

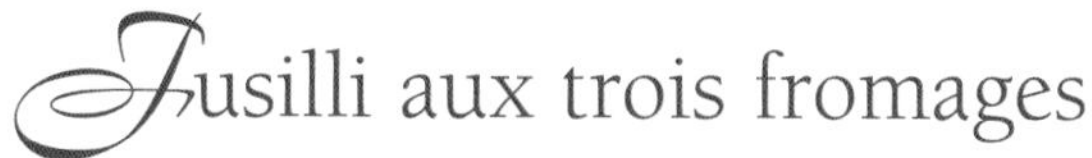

Fusilli aux trois fromages

4 PORTIONS

Joan Jernigan
Kelseyville, Californie

« C'est vraiment trop bon pour être un plat diète », dit-on souvent à Joan qui aime servir ces pâtes particulièrement remarquables à cause de leur belle sauce blanche.

- 10 ml (2 c. à thé) d'huile d'olive
- 500 ml (2 tasses) de champignons, en tranches
- 3 gousses d'ail, émincées
- 125 ml (½ tasse) de lait écrémé
- 75 ml (⅓ tasse) de fromage cottage sans matières grasses
- 45 ml (3 c. à soupe) de feuilles de basilic frais
- 45 ml (3 c. à soupe) de persil frais
- 30 ml (2 c. à table) de farine tout usage
- 5 ml (1 c. à thé) d'origan séché
- 50 ml (¼ tasse) de parmesan, râpé
- 30 ml (2 c. à soupe) de fromage asiago, râpé
- 1 litre (4 tasses) de fusilli
- 240 g (8 oz) de haricots verts, parés et coupés en morceaux de 5 cm (2 po)

1. Chauffer l'huile dans une grande poêle à revêtement antiadhésif. Ajouter les champignons et l'ail. Cuire, en remuant au besoin, de 4 à 5 minutes, jusqu'à ce que les champignons laissent échapper leur eau.

2. Dans le mélangeur ou le robot de cuisine, réduire en purée le lait, le fromage cottage, le basilic, le persil, la farine et l'origan. Ajouter aux champignons dans la poêle. Incorporer le parmesan et l'asiago et cuire, en remuant au besoin, environ 2 minutes pour bien réchauffer.

3. Pendant ce temps, cuire les pâtes en suivant les indications inscrites sur l'emballage en ajoutant les haricots dans l'eau au cours des 4 dernières minutes de cuisson des pâtes. Égoutter et transvider dans un grand bol. Recouvrir immédiatement avec la sauce aux champignons et bien mélanger pour enrober les pâtes.

PAR PORTION: 326 Calories, 8 g Gras total, 4 g Gras saturé, 16 mg Cholestérol, 383 mg Sodium, 44 g Glucide total, 2 g Fibres alimentaires, 18 g Protéines, 300 mg Calcium.

PORTION DONNE: 2 pain, 1 fruits/légumes, 1 protéines/lait, 1 matières grasses.

POINTS PAR PORTION: 7.

Quesadillas aux haricots

2 PORTIONS

Jill Diewald
Billerica, Massachusetts

Jill est mère de deux enfants et elle travaille à temps plein. Elle dit que ces quesadillas épicées nécessitent peu de préparation et connaissent toujours beaucoup de succès.

- 4 tortillas de blé sans matières grasses de 15 cm (6 po) chacune
- 125 ml (½ tasse) de haricots sautés en conserve
- 1 tomate, coupée en dés
- 4 oignons verts, coupés en tranches
- 75 ml (⅓ tasse) de cheddar à teneur réduite en matières grasses, finement râpé
- 30 ml (2 c. à soupe) de salsa
- 30 ml (2 c. à soupe) de crème sure sans matières grasses

1. Étendre les haricots uniformément sur les tortillas. Recouvrir 2 tortillas uniformément avec les tomates, les oignons verts et le fromage. Placer les 2 autres tortillas par-dessus comme pour former deux sandwiches. Presser doucement pour bien les faire tenir ensemble.

2. Vaporiser une grande poêle à revêtement antiadhésif avec de l'enduit anticollant et mettre sur le feu. Cuire les quesadillas environ 3 minutes de chaque côté, jusqu'à ce qu'elles brunissent légèrement. Couper chaque quesadilla en quartiers. Servir avec la salsa et la crème sure.

PAR PORTION: 302 Calories, 4 g Gras total, 2 g Gras saturé, 13 mg Cholestérol, 930 mg Sodium, 51 g Glucide total, 6 g Fibres alimentaires, 16 g Protéines, 220 mg Calcium.

PORTION DONNE: 2 pain, 1 fruits/légumes, 1 protéines/lait.

POINTS PAR PORTION: 5.

Riz et haricots à l'espagnole

4 PORTIONS

Mary Ann Hazen
Rochester Hills, Michigan

Mary Ann est professeur de gestion et elle considère que son plus grand défi est de mener de front sa vie d'épouse et de femme d'affaires. Végétarienne, elle est toujours à la recherche de plats nourrissants et faciles à préparer, comme en témoigne cette recette remplie de saveurs.

- 1 boîte de 540 ml (19 oz) de haricots rouges, rincés et égouttés
- 500 ml (2 tasses) de riz brun, cuit
- 175 ml (¾ tasse) de salsa
- 50 ml (¼ tasse) de persil frais, haché
- 175 ml (¾ tasse) de cheddar sans matières grasses, finement râpé

1. Préchauffer le four à 180 °C (350 °F).

2. Dans un bol moyen, mélanger les haricots, le riz, la salsa et le persil. Transvider dans une casserole de 2 litres (2 pintes). Saupoudrer de fromage et cuire au four à découvert environ 20 minutes, jusqu'à ce que le tout soit bien chaud et que le fromage soit fondu.

PAR PORTION: 302 Calories, 1 g Gras total, 0 g Gras saturé, 2 mg Cholestérol, 646 mg Sodium, 53 g Glucide total, 6 g Fibres alimentaires, 20 g Protéines, 234 mg Calcium.

PORTION DONNE: 1 pain, 2 protéines/lait.

POINTS PAR PORTION: 5.

Scarole et haricots

4 PORTIONS

Christine Damiano
Syracuse, New York

« Je suis une mère italienne et j'aime cuisiner », confie Christine. Elle a élaboré cette recette qui rend hommage à ses origines tout en respectant son Programme de perte de poids. Ne laissez pas vos enfants être repoussés par la couleur de ce plat. Ils apprécieront sa texture crémeuse et son goût poivré. Servez-le avec du riz brun, des pâtes ou du pain italien de blé entier pour faire un souper léger.

10 ml (2 c. à thé) d'huile d'olive

1 oignon, haché

2 gousses d'ail, émincées

1 boîte de 540 ml (19 oz) de haricots cannellini ou rouges, rincés et égouttés

125 ml (½ tasse) de bouillon de légumes hyposodique

30 ml (2 c. à soupe) de persil, haché

1 ml (¼ c. à thé) de poivre noir fraîchement moulu

1 botte (environ 2 litres/8 tasses) de scarole, nettoyée et grossièrement hachée

1. Chauffer l'huile dans une grande poêle à revêtement antiadhésif. Ajouter les oignons et l'ail. Cuire, en remuant au besoin, environ 5 minutes, jusqu'à ce qu'ils soient tendres.

2. Ajouter les haricots, le bouillon, le persil, le sel et le poivre. Amener à ébullition en remuant au besoin. Mettre la scarole sur le dessus de la préparation. Réduire la chaleur et laisser mijoter à couvert, en remuant une seule fois, environ 5 minutes, jusqu'à ce que la scarole soit ramollie. Servir chaud.

PAR PORTION: 197 Calories, 3 g Gras total, 0 g Gras saturé, 0 mg Cholestérol, 170 mg Sodium, 33 g Glucide total, 7 g Fibres alimentaires, 12 g Protéines, 95 mg Calcium.

PORTION DONNE: 2 fruits/légumes, 2 protéines/lait, 1 matières grasses.

POINTS PAR PORTION: 3.

Pilaf d'orge, de riz brun et de lentilles

8 PORTIONS

Nancy Knowlton
Reno, Nevada

Cette recette peut être divisée en deux pour faire quatre portions, mais on peut aussi faire la recette entière et réfrigérer les restes dans un contenant de plastique fermé hermétiquement. On réchauffera les restes au micro-ondes. Nancy sert ce pilaf comme entrée végétarienne ou pour accompagner des plats de viande ou de volaille. Excellent également dans des tortillas avec un soupçon de salsa.

- 4 carottes, coupées en dés
- 1 litre (4 tasses) de bouillon de légume hyposodique
- 325 ml (1 ⅓ tasse) de riz brun
- 2 oignons, hachés
- 125 ml (½ tasse) de lentilles, rincées et égouttées
- 125 ml (½ tasse) d'orge perlé
- 500 ml (2 tasses) de bouquets de brocoli
- 50 ml (¼ tasse) de persil frais, haché

1. Dans une grande casserole ou un grand faitout à revêtement antiadhésif, mélanger les carottes, le bouillon, le riz, les oignons, les lentilles et l'orge. Amener à ébullition. Réduire la chaleur et laisser mijoter à couvert de 30 à 40 minutes, jusqu'à ce que les grains soient ramollis.

2. Ajouter le brocoli et le persil. Laisser mijoter à couvert environ 10 minutes, jusqu'à ce que les grains soient tendres et que le brocoli soit tendre mais encore croquant.

PAR PORTION: 255 Calories, 2 g Gras total, 0 g Gras saturé, 0 mg Cholestérol, 67 mg Sodium, 53 g Glucide total, 8 g Fibres alimentaires, 9 g Protéines, 51 mg Calcium.

PORTION DONNE: 1 pain, 1 fruits/légumes.

POINTS PAR PORTION: 4.

Chili aux lentilles

8 PORTIONS

Christine Jarussi
Columbiana, Ohio

Christine est diététiste et directrice d'une entreprise spécialisée en alimentation. La bonne bouffe, elle connaît ça! Elle apporte souvent ce plat à des repas communautaires et elle reçoit chaque fois de vibrants éloges.

480 g (1 lb) de lentilles, défaites avec une fourchette, rincées et égouttées

1 boîte de 427 ml (14 ½ oz) de tomates en dés (sans sel ajouté)

1 poivron vert, épépiné et haché

250 ml (1 tasse) de bouillon de légumes hyposodique

1 boîte de 170 ml (6 oz) de pâte de tomate (sans sel ajouté)

1 carotte, hachée

1 oignon, haché

30 ml (2 c. à soupe) de vinaigre de vin rouge

10 ml (2 c. à thé) d'origan séché

10 ml (2 c. à thé) de cumin moulu

2 gousses d'ail, émincées

1 ml (¼ c. à thé) de piment de Cayenne broyé

1 ml (¼ c. à thé) de sel

1. Dans une grande casserole ou un grand faitout à revêtement antiadhésif, amener à ébullition les lentilles et 1,25 litre (5 tasses) d'eau. Réduire la chaleur et laisser mijoter à couvert environ 20 minutes, jusqu'à ce que les lentilles commencent à devenir tendres.

2. Ajouter les tomates, les poivrons, le bouillon, la pâte de tomate, les carottes, les oignons, le vinaigre, l'origan, le cumin, l'ail, le piment de Cayenne broyé et le sel. Amener à ébullition. Réduire la chaleur et laisser mijoter à couvert environ 40 minutes, jusqu'à ce que les lentilles soient tendres.

PAR PORTION: 231 Calories, 1 g Gras total, 0 g Gras saturé, 0 mg Cholestérol, 109 mg Sodium, 42 g Glucide total, 8 g Fibres alimentaires, 17 g Protéines, 69 mg Calcium.

PORTION DONNE: 1 fruits/légumes, 2 protéines/lait.

POINTS PAR PORTION: 3.

Lasagne aux lentilles

4 PORTIONS

Jocelyn Kalajian
Mahtomedi, Minnesota

Jocelyne est chanteuse professionnelle et professeur de pause de voix. Elle chante les louanges de cette lasagne qui est faite avec des lentilles plutôt qu'avec de la viande hachée.

- 10 ml (2 c. à thé) d'huile d'olive
- 1 oignon, haché
- 3 gousses d'ail, émincées
- 1 boîte de 427 ml (14 ½ oz) de tomates en dés (sans sel ajouté)
- 250 ml (1 tasse) de lentilles, rincées et égouttées
- 1 boîte de 170 ml (6 oz) de pâte de tomate (sans sel ajouté)
- 5 ml (1 c. à thé) de cumin moulu
- 1 ml (¼ c. à thé) de poivre noir fraîchement moulu
- 0,5 ml (⅛ c. à thé) de piment de Cayenne
- 5 ou 6 lasagnes, cuites
- 250 ml (1 tasse) de fromage ricotta sans matières grasses
- 30 ml (2 c. à soupe) de parmesan, râpé

1. Préchauffer le four à 180 °C (350 °F). Vaporiser un plat de cuisson carré de 22,5 x 22,5 cm (9 x 9 po) avec de l'enduit anticollant.

2. Chauffer l'huile dans une grande poêle à revêtement anti-adhésif. Ajouter les oignons et l'ail. Cuire, en remuant au besoin, environ 5 minutes, jusqu'à ce qu'ils soient tendres.

3. Ajouter les tomates, les lentilles, la pâte de tomate, le cumin, le poivre, le piment de Cayenne et 250 ml (1 tasse) d'eau. Amener à ébullition. Réduire la chaleur et laisser mijoter à couvert de 30 à 35 minutes, jusqu'à ce que les lentilles soient tendres.

4. Couper les lasagnes diagonalement en deux. Dans le plat de cuisson, étendre le quart de la préparation aux lentilles. Recouvrir avec le tiers des lasagnes et le tiers du fromage ricotta. Répéter les couches deux autres fois en terminant par une couche de préparation aux lentilles. Recouvrir uniformément de parmesan râpé. Couvrir et cuire au four 25 minutes. Retirer le couvercle et cuire environ 10 minutes de plus, jusqu'à ce que le fromage soit doré et que des bulles commencent à se former sur les côtés. Laisser reposer 10 minutes avant de servir.

PAR PORTION: 434 Calories, 5 g Gras total, 1 g Gras saturé, 2 mg Cholestérol, 167 mg Sodium, 69 g Glucide total, 9 g Fibres alimentaires, 30 g Protéines, 420 mg Calcium.

PORTION DONNE: 2 pain, 1 fruits/légumes, 3 protéines/lait, 1 matières grasses.

POINTS PAR PORTION: 7.

Lasagne aux épinards et aux haricots blancs

6 PORTIONS

Janine Bologna
Arlington, Virginie

Janine s'est inspirée de la recette de sa grand-mère pour faire ce plat coloré qu'elle partage joyeusement avec ses invités. Elle a tout simplement allégé la recette et rehaussé la saveur.

- 15 ml (1 c. à soupe) d'huile d'olive
- 2 carottes, coupées en dés
- 2 oignons, hachés
- 6 gousses d'ail, émincées
- 2 boîtes de 427 ml (14 ½ oz) de tomates étuvées (sans sel ajouté)
- 750 ml (3 tasses) de champignons, en tranches
- 1 boîte de 540 ml (19 oz) de haricots cannellini, rincés et égouttés
- 1 paquet de 300 g (10 oz) d'épinards hachés, décongelés et bien épongés
- 9 lasagnes prêtes à mettre au four (sans précuisson requise)
- 80 ml (¼ tasse + 2 c. à soupe) de parmesan, râpé

1. Préchauffer le four à 180 °C (350 °F).

2. Chauffer l'huile dans une grande casserole ou un grand faitout à revêtement antiadhésif. Ajouter les carottes, les oignons et l'ail. Cuire, en remuant au besoin, environ 5 minutes, jusqu'à ce qu'ils soient tendres.

3. Incorporer les tomates, les champignons, les haricots et les épinards. Amener à ébullition. Réduire la chaleur et laisser mijoter à couvert environ 15 minutes, jusqu'à ce que les légumes soient tendres.

4. Avec une cuiller, déposer le quart de la préparation aux tomates au fond d'un plat de cuisson de 32,5 x 22,5 cm (13 x 9 po). Recouvrir avec 3 lasagnes. Répéter les couches trois autres fois en terminant avec une couche de préparation aux tomates. Saupoudrer uniformément de fromage. Couvrir et cuire au four 35 minutes. Retirer le couvercle et cuire environ 10 minutes de plus, jusqu'à ce que des bulles commencent à se former et que le dessus soit doré. Laisser reposer 10 minutes avant de servir.

PAR PORTION: 285 Calories, 5 g Gras total, 1 g Gras saturé, 4 mg Cholestérol, 280 mg Sodium, 48 g Glucide total, 10 g Fibres alimentaires, 15 g Protéines, 208 mg Calcium.

PORTION DONNE: 1 pain, 2 fruits/légumes, 2 protéines/lait.

POINTS PAR PORTION: 4.

Chili végétarien

8 PORTIONS

Alison R. Greene
Framingham, Massachusetts

La grande qualité de cette recette, selon Alison, c'est qu'on peut la préparer rapidement avec des ingrédients qu'on a toujours à portée de la main. Elle sert régulièrement ce chili avec du pain de maïs et un peu de yogourt nature sans matières grasses pour adoucir son goût plutôt épicé.

- 20 ml (4 c. à thé) d'huile d'olive
- 3 oignons, hachés
- 1 boîte de 796 ml (28 oz) de tomates broyées (sans sel ajouté)
- 500 ml (2 tasses) de bouillon de légumes hyposodique
- 375 ml (1 ½ tasse) de bulghur (blé concassé)
- 1 boîte de 540 ml (19 oz) de haricots rouges, rincés et égouttés
- 1 boîte de 540 ml (19 oz) de haricots cannellini, rincés et égouttés
- 500 ml (2 tasses) de grains de maïs frais ou décongelés
- 1 poivron vert, épépiné et haché
- 20 ml (4 c. à thé) de poudre chili, ou au goût
- 2 ml (½ c. à thé) de sel
- 1 ml (¼ c. à thé) de piment de Cayenne, ou au goût

1. Chauffer l'huile dans une grande casserole ou un grand faitout à revêtement antiadhésif. Ajouter les oignons et cuire, en remuant au besoin, environ 5 minutes, jusqu'à ce qu'ils soient tendres.

2. Incorporer les tomates, le bouillon et le bulghur. Amener à ébullition. Réduire la chaleur et laisser mijoter à couvert, en remuant au besoin, environ 10 minutes, jusqu'à ce que le bulghur soit tendre.

3. Ajouter les haricots rouges et cannellini, le maïs, les poivrons, la poudre chili, le sel et le piment de Cayenne. Amener à ébullition. Réduire la chaleur et laisser mijoter à découvert, en remuant au besoin, environ 10 minutes, pour bien réchauffer et jusqu'à léger épaississement.

PAR PORTION: 285 Calories, 4 g Gras total, 0 g Gras saturé, 0 mg Cholestérol, 359 mg Sodium, 52 g Glucide total, 13 g Fibres alimentaires, 13 g Protéines, 77 mg Calcium.

PORTION DONNE: 2 pain, 1 fruits/légumes, 2 protéines/lait, 1 matières grasses.

POINTS PAR PORTION: 3.

Poivrons farcis

Poivrons farcis

2 PORTIONS

Carolyn Webb
Sault-Sainte-Marie, Ontario

Carolyn est membre à vie de Weight Watchers et elle compte sur cette recette quand elle a envie d'un bon repas végétarien vite fait. Servez les poivrons avec une salade composée pour un repas complet des plus attrayants.

- 1 poivron rouge, coupé en deux sur la longueur et épépiné
- 1 poivron jaune, coupé en deux sur la longueur et épépiné
- 10 ml (2 c. à thé) de margarine dure sans sel
- 1 branche de céleri, coupée en dés
- 1 oignon, haché
- 250 ml (1 tasse) de riz brun à cuisson rapide
- 250 ml (1 tasse) de jus de légumes hyposodique
- 250 ml (1 tasse) de pois chiches en conserve, rincés et égouttés
- 50 ml (¼ tasse) de persil frais, haché
- 1 pincée de piment de Cayenne
- 75 ml (⅓ tasse) de mozzarella partiellement écrémée, finement râpée

(Voir photo.)

1. Placer les demi-poivrons, face coupée vers le haut, dans une casserole de 2 litres (2 pintes) allant au micro-ondes. Ajouter 30 ml (2 c. à soupe) d'eau. Couvrir et cuire au micro-ondes à chaleur élevée environ 4 minutes, jusqu'à ce qu'ils soient ramollis. Renverser les poivrons pour les laisser égoutter.

2. Pendant ce temps, faire fondre la margarine dans une grande casserole à revêtement antiadhésif. Ajouter le céleri et les oignons. Cuire, en remuant au besoin, environ 5 minutes, jusqu'à ce qu'ils soient tendres.

3. Ajouter le riz et le jus de légumes. Amener à ébullition, en remuant au besoin. Réduire la chaleur et laisser mijoter à couvert environ 8 minutes, jusqu'à ce que le riz soit tendre. Incorporer les pois chiches, le persil et le piment de Cayenne. Cuire, en remuant au besoin, environ 2 minutes pour bien réchauffer.

4. Remplir les demi-poivrons avec une quantité égale de préparation au riz. Saupoudrer uniformément de fromage râpé. Remettre les poivrons dans la casserole. Couvrir et cuire au micro-ondes à chaleur élevée environ 4 minutes, jusqu'à ce que le fromage soit fondu.

PAR PORTION: 494 Calories, 12 g Gras total, 3 g Gras saturé, 12 mg Cholestérol, 231 mg Sodium, 81 g Glucide total, 9 g Fibres alimentaires, 21 g Protéines, 241 mg Calcium.

PORTION DONNE: 2 pain, 2 fruits/légumes, 3 protéines/lait, 1 matières grasses.

POINTS PAR PORTION: 9.

Burritos au tofu

4 PORTIONS

Deborah A. Ciupak
Minneapolis, Minnesota

Ayant décidé d'éliminer la viande de son alimentation, Deborah a pris l'habitude de remplacer la viande par du tofu dans ses recettes d'inspiration tex-mex. Voici une combinaison gagnante.

10 ml (2 c. à thé) d'huile de canola

1 poivron vert, épépiné et haché

1 oignon, haché

4 gousses d'ail, émincées

1 boîte de 796 ml (28 oz) de tomates broyées (sans sel ajouté)

30 ml (2 c. à soupe) de poudre chili

10 ml (2 c. à thé) de basilic séché

5 ml (1 c. à thé) d'origan séché

1 ml (¼ c. à thé) de sel

1 ml (¼ c. à thé) de piment de Cayenne (facultatif)

480 g (1 lb) de tofu ferme à teneur réduite en matières grasses, coupé en cubes

8 tortillas de blé sans matières grasses de 15 cm (6 po) chacune, chaudes

175 ml (¾ tasse) de cheddar sans matières grasses, finement râpé

1. Chauffer l'huile dans une grande casserole ou un grand faitout à revêtement antiadhésif. Ajouter les poivrons, les oignons et l'ail. Cuire, en remuant au besoin, environ 5 minutes, jusqu'à ce qu'ils soient tendres.

2. Incorporer les tomates, la poudre chili, le basilic, l'origan, le sel et le piment de Cayenne. Amener à ébullition. Réduire la chaleur et laisser mijoter à découvert, en remuant au besoin, environ 10 minutes pour bien mêler les saveurs.

3. Ajouter le tofu et cuire, en remuant au besoin, environ 3 minutes pour bien réchauffer. Garnir chaque tortilla avec la préparation au tofu, saupoudrer de fromage râpé et servir.

PAR PORTION: 334 Calories, 5 g Gras total, 1 g Gras saturé, 2 mg Cholestérol, 947 mg Sodium, 53 g Glucide total, 5 g Fibres alimentaires, 22 g Protéines, 325 mg Calcium.

PORTION DONNE: 2 pain, 1 fruits/légumes, 2 protéines/lait, 1 matières grasses.

POINTS PAR PORTION: 6.

Spaghetti à la sauce au tofu

4 PORTIONS

Marcy Lynn Fenton
Aurora, Ohio

Marcy est jeune mariée et elle passe beaucoup de temps à créer un répertoire de recettes végétariennes nourrissantes et bonnes pour la santé. Cette sauce s'inscrit admirablement dans sa nouvelle manière de s'alimenter. « Tout le monde raffole de ce plat », dit-elle avec enthousiasme. Pas étonnant puisque cette sauce est tout à fait délicieuse!

8 gousses d'ail, émincées

2 boîtes de 427 ml (14 ½ oz) de tomates étuvées (sans sel ajouté)

10 ml (2 c. à thé) de basilic séché

5 ml (1 c. à thé) d'origan séché

2 ml (½ c. à thé) de piment de Cayenne broyé

1 ml (¼ c. à thé) de sel

480 g (1 lb) de tofu ferme à teneur réduite en matières grasses, coupé en cubes

1 litre (4 tasses) de spaghetti, cuits et chauds

1. Vaporiser une grande poêle à revêtement anti-adhésif avec de l'enduit anticollant et mettre sur le feu. Ajouter l'ail et cuire, en remuant constamment, environ 1 minute, jusqu'à ce qu'il brunisse légèrement.

2. Ajouter les tomates, le basilic, l'origan, le piment de Cayenne broyé et le sel. Amener à ébullition. Réduire la chaleur et laisser mijoter environ 5 minutes, jusqu'à ce que la sauce épaississe légèrement. Incorporer délicatement le tofu et laisser mijoter environ 5 minutes pour bien réchauffer. Servir les spaghetti recouverts avec la préparation au tofu.

PAR PORTION: 313 Calories, 3 g Gras total, 0 g Gras saturé, 0 mg Cholestérol, 268 mg Sodium, 57 g Glucide total, 7 g Fibres alimentaires, 16 g Protéines, 152 mg Calcium.

PORTION DONNE: 2 pain, 1 fruits/légumes, 2 protéines/lait.

POINTS PAR PORTION: 5.

CHAPITRE 8

Viandes

Rouleaux au bœuf

Rouleaux au bœuf

4 PORTIONS

Tonya Sarina
Aurora, Colorado

« Fascinée par la cuisine vietnamienne, j'ai tenté ma chance avec cette entrée des plus rafraîchissantes », raconte Tonya, une animatrice Weight Watchers très enthousiaste. Ce mélange de saveurs très surprenant et la texture croquante de la laitue s'allient parfaitement. Même s'il s'agit d'un mets plutôt salissant, il s'agit d'un bon truc pour faire manger de la laitue aux enfants et pour vous forcer à manger plus lentement. Vous pouvez couper les pâtes en morceaux avant de les cuire ou encore les remplacer par du riz, mais vous n'aurez pas autant de plaisir…

- 10 ml (2 c. à thé) d'huile d'olive
- 480 g (1 lb) de surlonge de bœuf maigre, coupée en lamelles de 5 x 0,6 cm (2 x ¼ po)
- 30 ml (2 c. à soupe) de sauce soja hyposodique
- 30 ml (2 c. à soupe) de vinaigre balsamique
- 30 ml (2 c. à soupe) de miel
- 2 ml (½ c. à thé) de piment de Cayenne broyé, ou au goût
- 1 litre (4 tasses) de capellini (pâtes cheveux d'ange)
- 1 tête de 600 g (1 ¼ lb) de laitue rouge (feuilles séparées, lavées et bien épongées)

(Voir photo.)

1. Chauffer l'huile dans une grande poêle à revêtement anti-adhésif. Ajouter le bœuf et cuire, en remuant au besoin, de 5 à 6 minutes, jusqu'à ce qu'il brunisse.

2. Ajouter la sauce soja, le vinaigre, le miel et le piment de Cayenne broyé. Cuire, en remuant constamment, environ 1 minute. Ajouter les pâtes et bien mélanger. Cuire environ 1 minute de plus pour bien réchauffer les pâtes. Transvider dans un plat de service.

3. Mettre les feuilles de laitue sur une grande assiette. Placer le plat de service au centre de l'assiette. Avec une cuiller, déposer environ 50 ml (¼ tasse) de la préparation au bœuf sur chaque feuille de laitue. Rouler et manger avec les mains.

PAR PORTION : 429 Calories, 9 g Gras total, 2 g Gras saturé, 69 mg Cholestérol, 381 mg Sodium, 54 g Glucide total, 4 g Fibres alimentaires, 33 g Protéines, 117 mg Calcium.

PORTION DONNE : 2 pain, 2 fruits/légumes, 3 protéines/lait, 1 matières grasses.

POINTS PAR PORTION : 8.

4 PORTIONS

Donna Presberg
Agoura Hills, Californie

Donna, qui est membre à vie de Weight Watchers, a repensé cette recette que l'on se transmet de génération en génération dans sa famille. Ce plat s'intègre maintenant harmonieusement à son nouveau style de vie.

- 10 ml (2 c. à thé) d'huile d'olive
- 480 g (1 lb) de bifteck de ronde maigre, paré, coupé en lamelles de 5 x 0,6 cm (2 x 1/4 po)
- 2 oignons, hachés
- 2 gousses d'ail, émincées
- 15 ml (1 c. à soupe) de farine tout usage
- 500 ml (2 tasses) de champignons, en tranches
- 250 ml (1 tasse) de jus de légumes hyposodique
- 250 ml (1 tasse) de bouillon de bœuf hyposodique
- 15 ml (1 c. à soupe) de sauce Worcestershire
- 50 ml (¼ tasse) de persil frais, haché
- 50 ml (¼ tasse) de crème sure sans matières grasses
- 1 litre (4 tasses) de nouilles aux œufs, cuites et chaudes

1. Chauffer l'huile dans une grande poêle à revêtement antiadhésif. Ajouter le bœuf et cuire, en remuant au besoin, environ 5 minutes, jusqu'à ce qu'il brunisse. Transvider sur une assiette.

2. Vaporiser la même poêle avec de l'enduit anticollant et mettre sur le feu. Ajouter les oignons et l'ail. Cuire, en remuant au besoin, environ 5 minutes, jusqu'à ce qu'ils soient tendres. Ajouter la farine et cuire, en remuant constamment, environ 1 minute, jusqu'à ce qu'elle brunisse légèrement.

3. Remettre le bœuf dans la poêle et incorporer les champignons, le jus de légumes, le bouillon et la sauce Worcestershire. Amener à ébullition. Réduire la chaleur et laisser mijoter à couvert, en remuant au besoin, environ 45 minutes, jusqu'à ce que le bœuf soit tendre.

4. Incorporer le persil et la crème sure. Cuire, en remuant au besoin, environ 2 minutes pour bien réchauffer. Servir les nouilles recouvertes avec la préparation au bœuf.

PAR PORTION: 450 Calories, 10 g Gras total, 3 g Gras saturé, 114 mg Cholestérol, 189 mg Sodium, 52 g Glucide total, 5 g Fibres alimentaires, 35 g Protéines, 68 mg Calcium.

PORTION DONNE: 2 pain, 1 fruits/légumes, 3 protéines/lait, 1 matières grasses.

POINTS PAR PORTION: 9.

Bifteck braisé aux légumes

4 PORTIONS

Frances Libbrecht
Marshall, Michigan

Frances surveille de près son alimentation. Ce plat contient beaucoup de légumes et convient bien à son régime. Servez-le avec une pomme de terre cuite au four pour obtenir un repas bien équilibré.

- 4 biftecks en cubes de 120 g (4 oz) chacun
- 2 oignons, en tranches
- 30 ml (2 c. à soupe) de farine tout usage
- 1 boîte de 427 ml (14 ½ oz) de tomates étuvées (sans sel ajouté)
- 125 ml (½ tasse) de vin rouge sec
- 3 carottes, en tranches fines
- 500 ml (2 tasses) de champignons, en tranches
- 2 feuilles de laurier
- 1 ml (¼ c. à thé) de poivre noir fraîchement moulu
- 2 courgettes moyennes, en tranches

1. Vaporiser une grande casserole à revêtement antiadhésif avec de l'enduit anticollant et mettre sur le feu. Faire brunir les biftecks environ 2 minutes de chaque côté. Transvider sur une assiette.

2. Vaporiser la même poêle avec de l'enduit anticollant. Faire sauter les oignons environ 5 minutes, jusqu'à ce qu'ils soient tendres. Ajouter la farine et remuer constamment environ 1 minute, jusqu'à ce qu'elle brunisse légèrement. Incorporer les tomates et le vin. Ajouter les carottes, les champignons, les feuilles de laurier, le poivre et la viande. Amener à ébullition. Réduire la chaleur et laisser mijoter à couvert, en remuant au besoin, de 30 à 40 minutes, jusqu'à ce que la viande et les légumes soient tendres.

3. Ajouter les courgettes et ramener à ébullition. Réduire la chaleur et laisser mijoter à couvert de 5 à 6 minutes. Jeter les feuilles de laurier. Servir les biftecks nappés avec la préparation aux légumes.

PAR PORTION: 293 Calories, 7 g Gras total, 2 g Gras saturé, 66 mg Cholestérol, 116 mg Sodium, 26 g Glucide total, 6 g Fibres alimentaires, 29 g Protéines, 89 mg Calcium.

PORTION DONNE: 2 fruits/légumes, 3 protéines/lait, 40 calories boni.

POINTS PAR PORTION: 5.

Bœuf farci aux champignons

6 PORTIONS

Marsha Thomas
Reno, Nevada

Marsha dirige une agence de publicité et elle avoue qu'elle n'a pas beaucoup d'efforts à faire pour préparer cette recette. Prenez-en une seule bouchée et vous conviendrez que c'est vraiment délicieux.

- 250 ml (1 tasse) de champignons séchés, reconstitués
- 250 ml (1 tasse) de champignons frais, en tranches
- 1 oignon, finement haché
- ½ poivron rouge, épépiné et haché
- 2 gousses d'ail, émincées
- 125 ml (½ tasse) de chapelure assaisonnée
- 50 ml (¼ tasse) de persil frais, haché
- 5 ml (1 c. à thé) de thym séché
- 720 g (1 ½ lb) d'intérieur de ronde
- 15 ml (1 c. à soupe) d'huile végétale
- 50 ml (¼ tasse) de vin rouge sec

1. Préchauffer le four à 160 °C (325 °F).

2. Dans un bol moyen, mélanger les champignons frais et séchés, les oignons, les poivrons, l'ail, la chapelure, le persil et le thym.

3. Comme pour couper un pain français, couper le bœuf dans la longueur en allant presque jusqu'au fond. Ouvrir le morceau de viande. Étendre la préparation aux champignons uniformément à l'intérieur de la pièce de bœuf. En commençant par le bout le moins large, rouler comme un gâteau roulé. Ficeler solidement.

4. Chauffer l'huile dans un faitout ou une casserole allant au four. Ajouter le bœuf et cuire, en retournant au besoin, environ 10 minutes, jusqu'à ce qu'il brunisse. Verser le vin. Couvrir et cuire au four environ 1 heure, jusqu'à ce que le bœuf soit tendre et bien cuit. Servir avec la sauce.

PAR PORTION: 230 Calories, 6 g Gras total, 2 g Gras saturé, 65 mg Cholestérol, 328 mg Sodium, 12 g Glucide total, 2 g Fibres alimentaires, 28 g Protéines, 30 mg Calcium.

PORTION DONNE: 1 pain, 1 fruits/légumes, 3 protéines/lait, 1 matières grasses.

POINTS PAR PORTION: 5.

Hamburgers au bœuf et aux légumes

6 PORTIONS

Tonya Sarina
Aurora, Colorado

« Ce plat me fait plaisir quand j'ai une faim de loup », nous dit Tonya qui a reçu de nombreux compliments pour ces hamburgers vraiment juteux.

480 g (1 lb) de bœuf haché maigre (10 % ou moins de matières grasses)

2 courgettes moyennes, finement râpées

1 oignon, finement haché

30 ml (2 c. à soupe) d'aneth frais, haché

10 ml (2 c. à thé) de moutarde sèche

1 piment jalapeño, déveiné et émincé (manipuler avec des gants pour prévenir l'irritation de la peau des mains)

1 ml (¼ c. à thé) de poivre noir fraîchement moulu

3 petits pains pitas de blé entier, coupés en deux diagonalement

375 ml (1 ½ tasse) de laitue romaine, déchiquetée

2 tomates, en tranches

1. Vaporiser le gril ou la grille avec de l'enduit anticollant et réserver. Préchauffer le gril.

2. Dans un grand bol, mélanger le bœuf, les courgettes, les oignons, l'aneth, la moutarde, le piment et le poivre. Façonner 6 rouelles.

3. Mettre les rouelles sur le gril et griller à 12,5 cm (5 po) de la source de chaleur de 4 à 5 minutes de chaque côté (à point ou bien cuit). Mettre une rouelle dans chaque pita et recouvrir de laitue et de tomates.

PAR PORTION : 189 Calories, 8 g Gras total, 3 g Gras saturé, 44 mg Cholestérol, 135 mg Sodium, 14 g Glucide total, 2 g Fibres alimentaires, 17 g Protéines, 27 mg Calcium.

PORTION DONNE : 1 pain, 1 fruits/légumes, 2 protéines/lait.

POINTS PAR PORTION : 4.

Chili au bœuf et aux légumes

6 PORTIONS

Sarah J. Egan
Hunt Valley, Maryland

Pour Noël, Sarah a offert à son mari un abonnement à Weight Watchers. Et elle s'est inscrite elle aussi... Aujourd'hui, toute la famille, y compris leur fils de douze ans, apprécie ce nouveau style de vie plus sain et plus actif. Ce chili est l'un des mets préférés du mari de Sarah qui n'a pas jamais perdu son grand appétit.

15 ml (1 c. à soupe) d'huile de canola

240 g (8 oz) de bœuf haché maigre (10 % ou moins de matières grasses)

1 poivron vert, épépiné et haché

1 oignon, haché

1 boîte de 427 ml (14 ½ oz) de tomates à la mode chili

375 ml (1 ½ tasse) de grains de maïs frais ou décongelés

1 boîte de 443 ml (15 oz) de haricots rouges, rincés et égouttés

10 ml (2 c. à thé) de poudre chili

1 ml (¼ c. à thé) de piment de Cayenne broyé

0,5 ml (⅛ c. à thé) de cumin moulu

750 ml (3 tasses) de fusilli

1. Chauffer l'huile dans une grande poêle à revêtement antiadhésif. Ajouter le bœuf, les poivrons et les oignons. Cuire, en remuant au besoin, de 5 à 6 minutes, jusqu'à ce que le bœuf brunisse et que les légumes soient tendres.

2. Ajouter les tomates, le maïs, les haricots, la poudre chili, le piment de Cayenne broyé et le cumin. Amener à ébullition en remuant au besoin. Réduire la chaleur et laisser mijoter à couvert, en remuant au besoin, environ 20 minutes pour bien mêler les saveurs.

3. Pendant ce temps, faire cuire les fusilli en suivant les indications inscrites sur l'emballage. Servir les pâtes recouvertes avec la préparation au bœuf.

PAR PORTION: 408 Calories, 8 g Gras total, 2 g Gras saturé, 23 mg Cholestérol, 521 mg Sodium, 64 g Glucide total, 6 g Fibres alimentaires, 21 g Protéines, 34 mg Calcium.

PORTION DONNE: 2 pain, 1 fruits/légumes, 2 protéines/lait, 1 matières grasses.

POINTS PAR PORTION: 7.

Hamburgers en nids

4 PORTIONS

Lydia J. Goatcher
Edmonton, Alberta

Lydia est microbiologiste et elle se fait un devoir de préparer des repas simples mais variés. Ce mets peut être servi au souper et on peut réchauffer une portion restante au micro-ondes le lendemain pour le lunch. Les enfants raffolent de ces hamburgers et s'amusent même à les préparer avec leurs parents.

- 12 tranches de pain d'avoine hypocalorique
- 125 ml (½ tasse) de bœuf haché maigre (10 % ou moins de matières grasses)
- 1 oignon, haché
- 45 ml (3 c. à soupe) de chapelure assaisonnée
- 1 œuf, légèrement battu
- 2 gousses d'ail, émincées
- 1 ml (¼ c. à thé) de poivre noir fraîchement moulu
- 50 ml (¼ tasse) de sauce barbecue
- 75 ml (⅓ tasse) de cheddar sans matières grasses, finement râpé

1. Préchauffer le four à 180 °C (350 °F). Vaporiser douze moules à muffins de 7 cm (2 3/4 po) avec de l'enduit anticollant. Placer une tranche de pain dans chaque moule en la pressant bien pour lui donner la forme du moule.

2. Dans un bol moyen, mélanger le bœuf, les oignons, la chapelure, l'œuf, l'ail et le poivre. Verser une quantité égale de cette préparation dans chaque moule. Garnir chaque moule avec 5 ml (1 c. à thé) de sauce barbecue et du fromage râpé.

3. Cuire au four environ 25 minutes, jusqu'à ce que le bœuf soit brun et bien cuit.

PAR PORTION: 322 Calories, 11 g Gras total, 3 g Gras saturé, 90 mg Cholestérol, 667 mg Sodium, 39 g Glucide total, 1 g Fibres alimentaires, 23 g Protéines, 184 mg Calcium.

PORTION DONNE: 2 pain, 2 protéines/lait.

POINTS PAR PORTION: 7.

Ragoût de bœuf au four

Ragoût de bœuf au four

6 PORTIONS

Colleen Uehlein
Grafton, Ohio

« La vie est belle! », s'exclame Colleen qui a perdu 27,3 kg (60 lb) au cours des deux dernières années grâce à Weight Watchers. Son ragoût de bœuf à l'ancienne a de quoi faire voir la vie en rose à tous ceux qui ont la chance d'y goûter.

720 g (1 ½ lb) de bifteck de ronde maigre, coupé en cubes de 3,75 cm (1 ½ po)
6 petites pommes de terre de consommation courante, brossées et coupées en quartiers
3 carottes, en tranches
2 branches de céleri, en tranches
2 oignons, hachés
250 ml (1 tasse) de jus de légumes hyposodique
125 ml (½ tasse) de bouillon de bœuf hyposodique
50 ml (¼ tasse) de vinaigre de vin rouge
30 ml (2 c. à soupe) de tapioca ou de riz brun
30 ml (2 c. à soupe) de sauce Worcestershire
15 ml (1 c. à soupe) de paprika
125 ml (½ tasse) de persil frais, haché

(Voir photo.)

1. Préchauffer le four à 160 °C (325 °F).

2. Dans un faitout ou une casserole allant au four, mélanger le bœuf, les pommes de terre, les carottes, le céleri, les oignons, le jus de légumes, le bouillon, le vinaigre, le tapioca, la sauce Worcestershire et le paprika. Couvrir et cuire au four environ 3 heures, jusqu'à ce que le bœuf et les légumes soient tendres. Incorporer le persil et servir.

PAR PORTION: 325 Calories, 4 g Gras total, 1 g Gras saturé, 65 mg Cholestérol, 202 mg Sodium, 40 g Glucide total, 5 g Fibres alimentaires, 31 g Protéines, 50 mg Calcium.

PORTION DONNE: 1 pain, 1 fruits/légumes, 3 protéines/lait.

POINTS PAR PORTION: 6.

Casserole de pommes de terre à la mexicaine

4 PORTIONS

Laurie Love
Midland, Texas

Laurie nous a fait parvenir cette recette qui peut combler les plus gros appétits. Laissez-vous tenter!

- 5 ml (1 c. à thé) d'huile d'olive
- 240 g (8 oz) de bœuf haché maigre (10 % ou moins de matières grasses)
- 2 poivrons verts, épépinés et hachés
- 8 oignons verts, en tranches
- 2 tomates, hachées
- 15 ml (1 c. à soupe) de poudre chili
- 15 ml (1 c. à soupe) de cumin moulu
- 15 ml (1 c. à soupe) de poudre d'ail
- 2 ml (½ c. à thé) de poivre noir fraîchement moulu
- 1 ml (¼ c. à thé) de sel
- 2 grosses pommes de terre pour cuisson au four, brossées et coupées en tranches fines
- 175 ml (¾ tasse) de cheddar sans matières grasses, finement râpé

1. Préchauffer le four à 180 °C (350 °F). Vaporiser un plat de cuisson de 32,5 x 22,5 cm (13 x 9 po) avec de l'enduit anticollant et réserver.

2. Chauffer l'huile dans une grande poêle à revêtement antiadhésif. Ajouter le bœuf, les poivrons et les oignons verts. Cuire, en remuant au besoin, de 6 à 8 minutes, jusqu'à ce que le bœuf brunisse et que les légumes soient tendres.

3. Ajouter les tomates, la poudre chili, le cumin, la poudre d'ail, le poivre et le sel. Cuire, en remuant au besoin, environ 5 minutes pour bien mêler les saveurs.

4. Faire alterner des couches de pommes de terre et des couches de bœuf dans le plat de cuisson. Couvrir de papier d'aluminium et cuire au four 40 minutes. Retirer le papier et recouvrir uniformément de fromage râpé. Cuire environ 10 minutes de plus, jusqu'à ce que les pommes de terre soient cuites et que le fromage soit fondu.

PAR PORTION: 327 Calories, 10 g Gras total, 3 g Gras saturé, 46 mg Cholestérol, 386 mg Sodium, 37 g Glucide total, 6 g Fibres alimentaires, 27 g Protéines, 248 mg Calcium.

PORTION DONNE: 1 pain, 1 fruits/légumes, 2 protéines/lait.

POINTS PAR PORTION: 6.

Pain de viande aux champignons

6 PORTIONS

Odette Maloney
Washington, Pennsylvanie

Tout en perdant plus de 13,6 kg (30 lb) avec son Programme Weight Watchers, Odette a appris à cuisiner des plats à faible teneur en matières grasses qui savent plaire à tous les membres de sa famille. Ce pain de viande a un goût très relevé grâce à la salsa et personne ne s'en plaint.

- 480 g (1 lb) de bœuf haché maigre (10 % ou moins de matières grasses)
- 300 ml (1 ¼ tasse) de salsa hyposodique
- 175 ml (¾ tasse) de flocons d'avoine à cuisson rapide
- 1 carotte, finement râpée
- 2 tomates prunes, coupées en dés
- 125 ml (½ tasse) de champignons, grossièrement hachés

1. Préchauffer le four à 180 °C (350 °F). Vaporiser un moule à pain avec de l'enduit anticollant.

2. Dans un grand bol, mélanger le bœuf, la salsa, l'avoine, les carottes, les tomates et les champignons. Façonner la préparation en forme de pain.

3. Placer le pain de viande dans le moule. Cuire au four environ 1 heure et 5 minutes, jusqu'à ce qu'un couteau inséré au centre ressorte propre et chaud. Laisser reposer environ 10 minutes avant de couper en tranches.

PAR PORTION : 183 Calories, 8 g Gras total, 3 g Gras saturé, 44 mg Cholestérol, 61 mg Sodium, 12 g Glucide total, 2 g Fibres alimentaires, 16 g Protéines, 11 mg Calcium.

PORTION DONNE : 1 pain, 1 fruits/légumes, 2 protéines/lait.

POINTS PAR PORTION : 4.

Spaghetti cinq étoiles

8 PORTIONS

Sandra Irwin
Pasadena, Californie

Sandra est avocate et elle sait bien se défendre dans sa cuisine. La sauce de cette recette a beaucoup de saveur: « Le secret, dit-elle, c'est le clou de girofle et le sucre. » Ce plat se congèle très facilement. Servez-le avec du pain à l'ail pour faire un repas complet.

- 2 oignons, hachés
- 4 gousses d'ail, émincées
- 600 g (1 ¼ lb) de bœuf haché maigre (10 % ou moins de matières grasses)
- 750 ml (3 tasses) de champignons, en tranches
- 1 boîte de 796 ml (28 oz) de tomates broyées (sans sel ajouté)
- 1 boîte de 170 ml (6 oz) de pâte de tomate (sans sel ajouté)
- 125 ml (½ tasse) de basilic frais, haché, ou 30 ml (2 c. à soupe) de basilic séché
- 50 ml (¼ tasse) de vin rouge sec
- 15 ml (1 c. à soupe) de marjolaine fraîche, hachée, ou 5 ml (1 c. à thé) de marjolaine séchée
- 15 ml (1 c. à soupe) d'origan frais, haché, ou 5 ml (1 c. à thé) d'origan séché
- 5 ml (1 c. à thé) de sucre
- 2 ml (½ c. à thé) de poivre noir grossièrement moulu
- 1 ml (¼ c. à thé) de clou de girofle moulu
- 2 litres (8 tasses) de spaghetti, cuits et chauds

1. Vaporiser une grande casserole ou un grand faitout à revêtement antiadhésif avec de l'enduit anticollant et mettre sur le feu. Ajouter les oignons et l'ail. Cuire, en remuant au besoin, environ 5 minutes, jusqu'à ce qu'ils soient tendres. Ajouter le bœuf et les champignons. Cuire, en remuant au besoin, de 5 à 6 minutes, jusqu'à ce que le bœuf brunisse et que les champignons laissent échapper leur eau.

2. Incorporer les tomates, la pâte de tomate, le basilic, le vin, la marjolaine, l'origan, le sucre, le poivre et le clou de girofle. Amener à ébullition. Réduire la chaleur et laisser mijoter à découvert, en remuant au besoin, environ 20 minutes pour bien mêler les saveurs. Servir les spaghetti recouverts avec la préparation au bœuf.

PAR PORTION: 386 Calories, 9 g Gras total, 3 g Gras saturé, 44 mg Cholestérol, 82 mg Sodium, 53 g Glucide total, 5 g Fibres alimentaires, 24 g Protéines, 81 mg Calcium.

PORTION DONNE: 2 pain, 1 fruits/légumes, 2 protéines/lait.

POINTS PAR PORTION: 8.

Côtelettes de porc à la mexicaine

4 PORTIONS

Julie Hessenflow
Prairie Village, Kansas

Cette recette santé aide Julie à ne pas déroger à son régime. Si vous aimez le caractère épicé de la cuisine mexicaine, utilisez de la salsa forte ou des tomates étuvées à la mode mexicaine dans cette préparation.

- 4 côtelettes de porc désossées de 120 g (4 oz) chacune
- 1 poivron vert, épépiné et haché
- 1 oignon, haché
- 1 boîte de 427 ml (14 ½ oz) de tomates étuvées (sans sel ajouté)
- 500 ml (2 tasses) de grains de maïs frais ou décongelés
- 125 ml (½ tasse) de salsa
- 7 ml (1 ½ c. à thé) d'origan séché
- 2 ml (½ c. à thé) de cumin moulu

1. Préchauffer le four à 180 °C (350 °F).

2. Vaporiser une grande poêle à revêtement antiadhésif avec de l'enduit anticollant et mettre sur le feu. Ajouter le porc et faire brunir 2 minutes de chaque côté. Transférer dans une casserole de 3 litres (3 pintes).

3. Vaporiser la même poêle avec de l'enduit anticollant. Ajouter les poivrons et les oignons. Cuire, en remuant au besoin, environ 5 minutes, jusqu'à ce qu'ils soient tendres. Ajouter les tomates, le maïs, la salsa, l'origan et le cumin. Cuire, en remuant au besoin, environ 2 minutes pour bien réchauffer.

4. Verser la préparation au maïs sur les côtelettes. Couvrir et cuire au four environ 45 minutes, jusqu'à ce que le porc soit tendre.

PAR PORTION: 286 Calories, 8 g Gras total, 2 g Gras saturé, 67 mg Cholestérol, 230 mg Sodium, 27 g Glucide total, 6 g Fibres alimentaires, 28 g Protéines, 72 mg Calcium.

PORTION DONNE: 1 pain, 1 fruits/légumes, 3 protéines/lait.

POINTS PAR PORTION: 5.

Rôti de porc au four style barbecue

6 PORTIONS

Margo Johnson
Dubin, Californie

Margot a six petits-enfants et elle a fait le tour du monde. Elle adore le camping, la couture et le bénévolat. Elle aime les plats simples et amusants qui respectent les lignes directrices de son Programme tels que ce rôti de porc qui fait le bonheur de toute sa famille. Elle a perdu 31,8 kg (70 lb) jusqu'à maintenant.

- 1 longe de porc désossée de 720 g (1 ½ lb)
- 2 pommes Délicieuse rouge, pelées, évidées et hachées
- 250 ml (1 tasse) de canneberges fraîches ou surgelées
- 50 ml (¼ tasse) de sauce barbecue
- 30 ml (2 c. à soupe) de cassonade légère bien tassée

1. Préchauffer le four à 160 °C (325 °F).

2. Placer le porc sur la grille d'une rôtissoire peu profonde. Rôtir environ 1 h 20, jusqu'à ce que la viande soit brune et qu'un thermomètre inséré au centre atteigne 74 °C (165 °F).

3. Pendant ce temps, dans une casserole moyenne, mélanger les pommes, les canneberges, la sauce barbecue, la cassonade et 50 ml (¼ tasse) d'eau. Amener à ébullition. Réduire la chaleur et laisser mijoter à découvert, en remuant au besoin, environ 15 minutes, jusqu'à ce que les canneberges éclatent et que la sauce épaississe légèrement. Mettre le porc sur une assiette de service et couper en tranches. Arroser les tranches de viande avec la sauce.

PAR PORTION: 217 Calories, 7 g Gras total, 2 g Gras saturé, 67 mg Cholestérol, 146 mg Sodium, 13 g Glucide total, 1 g Fibres alimentaires, 25 g Protéines, 29 mg Calcium.

PORTION DONNE: 1 fruits/légumes, 3 protéines/lait.

POINTS PAR PORTION: 5.

Côtelettes de porc au four avec légumes et pommes de terre

4 PORTIONS

Kathleen Rushmore
Grand Rapids, Michigan

Kathleen travaille à temps plein et elle voyage souvent. C'est pourquoi les plats tels que celui qu'elle nous suggère ici conviennent bien à son horaire irrégulier.

- 2 grosses pommes de terre pour cuisson au four, brossées et coupées en tranches fines
- 500 ml (2 tasses) de champignons, en tranches
- 2 oignons, en tranches fines
- 50 ml (¼ tasse) de basilic frais, haché
- 2 ml (½ c. à thé) de sel
- 1 ml (¼ c. à thé) de poivre noir fraîchement moulu
- 4 côtelettes de porc désossées de 120 g (4 oz) chacune
- 1 boîte de 427 ml (14 ½ oz) de tomates étuvées (sans sel ajouté)

1. Préchauffer le four à 160 °C (325 °F). Vaporiser un plat de cuisson de 32,5 x 22,5 cm (13 x 9 po) avec de l'enduit anticollant.

2. Mettre les pommes de terre, les champignons, les oignons, le basilic, le sel et le poivre dans le plat. Bien mélanger. Placer les côtelettes sur la préparation aux légumes. Verser les tomates par-dessus. Couvrir et cuire au four environ 1 h 30, jusqu'à ce que le porc et les légumes soient tendres sous la fourchette.

PAR PORTION: 330 Calories, 7 g Gras total, 2 g Gras saturé, 67 mg Cholestérol, 368 mg Sodium, 38 g Glucide total, 7 g Fibres alimentaires, 30 g Protéines, 116 mg Calcium.

PORTION DONNE: 1 pain, 1 fruits/légumes, 3 protéines/lait.

POINTS PAR PORTION: 6.

Porc au gingembre à l'aigre-doux

4 PORTIONS

Beverly Jean Cyr
Windsor, Ontario

« Je ne suis pas frustrée de cuisiner depuis que j'ai découvert des recettes allégées qui plaisent à ma famille », écrit Beverly, une enseignante retraitée qui est maintenant animatrice Weight Watchers.

5 ml (1 c. à thé) d'huile de canola

360 g (12 oz) de filet de porc maigre, coupé en cubes de 2,5 cm (1 po)

2 carottes, hachées

2 branches de céleri, coupées en dés

1 poivron vert, épépiné et haché

1 oignon, haché

2 gousses d'ail, émincées

50 ml (¼ tasse) de sauce chili

50 ml (¼ tasse) de tartinade de raisins

5 ml (1 c. à thé) de gingembre cristallisé, haché

1 litre (4 tasses) de riz brun, cuit et chaud

1. Chauffer l'huile dans une grande poêle à revêtement antiadhésif. Ajouter le porc et faire brunir, en retournant au besoin, environ 5 minutes.

2. Ajouter les carottes, le céleri, les poivrons, les oignons et l'ail. Cuire, en remuant au besoin, de 6 à 8 minutes, jusqu'à ce que le porc soit bien cuit et que les légumes soient tendres mais encore croquants.

3. Ajouter la sauce chili, la tartinade de raisins, le gingembre et 125 ml (1/2 tasse) d'eau. Cuire, en remuant de temps en temps, environ 3 minutes pour bien réchauffer. Servir le riz recouvert avec la préparation au porc.

PAR PORTION: 434 Calories, 6 g Gras total, 1 g Gras saturé, 55 mg Cholestérol, 313 mg Sodium, 70 g Glucide total, 6 g Fibres alimentaires, 24 g Protéines, 59 mg Calcium.

PORTION DONNE: 2 pain, 2 fruits/légumes, 2 protéines/lait.

POINTS PAR PORTION: 8.

Jarrets d'agneau braisés

4 PORTIONS

Marilyn Mehling
Bakersfield, Californie

Voici tout ce qu'il vous faut pour chasser la monotonie d'un soir d'hiver. Cette recette d'agneau est facile à faire… et à savourer.

- 1 boîte de 796 ml (28 oz) de tomates broyées (sans sel ajouté)
- 2 oignons, grossièrement hachés
- 50 ml (¼ tasse) de vin rouge sec
- 4 gousses d'ail, émincées
- 5 ml (1 c. à thé) d'origan séché
- 2 ml (½ c. à thé) de cannelle moulue
- 1 ml (¼ c. à thé) de muscade râpée
- 1 ml (¼ c. à thé) de poivre noir fraîchement moulu
- 3 jarrets d'agneau de 360 g (12 oz) chacun, parés
- 1 litre (4 tasses) de riz brun, cuit et chaud

1. Préchauffer le four à 180 °C (350 °F).

2. Dans un grand faitout ou une grande casserole à revêtement antiadhésif allant au four, mélanger les tomates, les oignons, le vin, l'ail, l'origan, la cannelle, la muscade et le poivre. Amener à ébullition. Retirer du feu et ajouter l'agneau. Couvrir et cuire au four environ 1 h 30, jusqu'à ce que la viande se détache presque de l'os. Laisser refroidir environ 30 minutes, jusqu'à ce qu'on puisse la manipuler sans se brûler.

3. Détacher la viande de l'os. Jeter le cartilage et les os. Remettre la viande dans la préparation aux tomates et cuire à feu moyen environ 10 minutes. Servir le riz recouvert avec la viande et la sauce.

PAR PORTION: 443 Calories, 8 g Gras total, 2 g Gras saturé, 74 mg Cholestérol, 94 mg Sodium, 59 g Glucide total, 6 g Fibres alimentaires, 32 g Protéines, 103 mg Calcium.

PORTION DONNE: 2 pain, 1 fruits/légumes, 3 protéines/lait.

POINTS PAR PORTION: 8.

Ragoût d'agneau et de légumes au romarin

8 PORTIONS

Jay Broyles
Orange, Californie

Offrez cette soupe comme soupe-repas ou comme entrée. Lorsqu'elle est pressée, Jay n'hésite pas à utiliser des légumes frais précoupés vendus en sac pour remplacer les légumes frais.

20 ml (4 c. à thé) d'huile d'olive

960 g (2 lb) d'agneau maigre, coupé en cubes de 2,5 cm (1 po)

3 oignons, hachés

3 gousses d'ail, émincées

5 carottes, coupées en morceaux de 2,5 cm (1 po)

1 boîte de 796 ml (28 oz) de tomates broyées (sans sel ajouté)

5 branches de céleri, coupées en morceaux de 2,5 cm (1 po)

250 ml (1 tasse) de bouillon de bœuf hyposodique

250 ml (1 tasse) de vin rouge sec

15 ml (1 c. à soupe) de romarin séché, émietté

2 ml (½ c. à thé) de poivre noir fraîchement moulu

8 petites pommes de terre rouges, brossées et coupées en morceaux de 2,5 cm (1 po)

8 petits oignons perlés, pelés

125 ml (½ tasse) de persil frais, émincé

1. Chauffer l'huile dans une grande casserole ou un grand faitout à revêtement antiadhésif. Ajouter l'agneau et cuire, en retournant au besoin, de 6 à 8 minutes, jusqu'à ce qu'il brunisse. Ajouter les oignons hachés et l'ail. Cuire, en remuant au besoin, environ 5 minutes, jusqu'à ce que les oignons soient tendres.

2. Ajouter les carottes, les tomates, le céleri, le bouillon, le vin, le romarin et le poivre. Amener à ébullition en remuant au besoin. Réduire la chaleur et cuire à couvert environ 30 minutes, jusqu'à ce que l'agneau soit partiellement cuit.

3. Ajouter les pommes de terre et les oignons perlés. Cuire à couvert, en remuant au besoin, environ 45 minutes, jusqu'à ce que l'agneau et les légumes soient tendres. Incorporer le persil.

PAR PORTION: 353 Calories, 9 g Gras total, 3 g Gras saturé, 70 mg Cholestérol, 147 mg Sodium, 36 g Glucide total, 6 g Fibres alimentaires, 27 g Protéines, 90 mg Calcium.

PORTION DONNE: 1 pain, 2 fruits/légumes, 3 protéines/lait, 1 matières grasses.

POINTS PAR PORTION: 7.

Casserole de jambon et de pommes de terre à la mode cajun

2 PORTIONS

Vicky Stroup
Sioux Falls, Dakota du Sud

Cuisiner a toujours été une grande passion pour Vicky. Quand elle a joint les rangs de Weight Watchers, elle croyait qu'elle serait forcée d'adopter un nouveau passe-temps, jusqu'à ce qu'elle découvre qu'elle pouvait vraiment s'amuser follement en préparant des repas santé plus légers.

15 ml (1 c. à soupe) de vinaigre de vin rouge

15 ml (1 c. à soupe) de moutarde de Dijon

10 ml (2 c. à thé) de poudre chili

1 ml (¼ c. à thé) de cumin moulu

1 ml (¼ c. à thé) de piment de Cayenne

2 petites pommes de terre de consommation courante, brossées et coupées en fines tranches

175 ml (¾ tasse) de jambon de dinde, coupé en dés

1. Préchauffer le four à 180 °C (350 °F). Vaporiser un plat de cuisson carré de 22,5 x 22,5 cm (9 x 9 po) avec de l'enduit anticollant.

2. Dans un bol moyen, mélanger le vinaigre, la moutarde, la poudre chili, le cumin et le piment de Cayenne. Ajouter les pommes de terre, les oignons et le jambon de dinde. Bien mélanger. Transvider dans le plat de cuisson.

3. Couvrir et cuire au four environ 35 minutes, jusqu'à ce que les pommes de terre soient presque tendres. Retirer le couvercle et cuire environ 10 minutes de plus, jusqu'à ce que les pommes de terre soient tendres et brunes.

PAR PORTION: 204 Calories, 3 g Gras total, 1 g Gras saturé, 26 mg Cholestérol, 639 mg Sodium, 31 g Glucide total, 4 g Fibres alimentaires, 12 g Protéines, 32 mg Calcium.

PORTION DONNE: 1 pain, 1 protéines/lait.

POINTS PAR PORTION: 4.

Pâtes à la toscane

Pâtes à la toscane

4 PORTIONS

Renee J. Hense
Chicago, Illinois

Renee ne cuisine plus de plats riches en matières grasses. Ces pâtes nous prouvent qu'elle a appris à aimer les mets plus légers mais vraiment savoureux. « Ce plat est facile à faire et nous aide à ne pas rompre avec nos bonnes habitudes apprises chez Weight Watchers », avoue-t-elle.

- 10 ml (2 c. à thé) d'huile d'olive
- 1 oignon, haché
- 2 gousses d'ail, émincées
- 1 boîte de 540 ml (19 oz) de haricots rouges, rincés et égouttés
- 1 boîte de 427 ml (14 ½ oz) de tomates étuvées à l'italienne
- 120 g (4 oz) de bacon canadien, coupé en lanières
- 50 ml (¼ tasse) de vin rouge sec
- 5 ml (1 c. à thé) de basilic séché
- 2 ml (½ c. à thé) d'origan séché
- 2 ml (½ c. à thé) de poivre noir fraîchement moulu
- 1 litre (4 tasses) de farfalle (pâtes en forme de papillon), cuits et chauds

(Voir photo.)

1. Chauffer l'huile dans une grande poêle à revêtement antiadhésif. Ajouter les oignons et l'ail. Cuire, en remuant au besoin, environ 5 minutes, jusqu'à ce qu'ils soient tendres.

2. Ajouter les haricots, les tomates, le bacon, le vin, le basilic, l'origan et le poivre. Amener à ébullition. Réduire la chaleur et laisser mijoter à découvert environ 15 minutes, jusqu'à léger épaississement.

3. Verser les pâtes dans un grand bol de service. Napper avec la sauce et bien mélanger.

PAR PORTION: 404 Calories, 6 g Gras total, 1 g Gras saturé, 14 mg Cholestérol, 1020 mg Sodium, 65 g Glucide total, 10 g Fibres alimentaires, 21 g Protéines, 78 mg Calcium.

PORTION DONNE: 2 pain, 1 fruits/légumes, 3 protéines/lait, 1 matières grasses.

POINTS PAR PORTION: 7.

Saucisses et pâtes à l'italienne

4 PORTIONS

Kimberley Holl
Portola Valley, Californie

Kimberly aime la lecture et le sport. Elle s'est même déjà rendue de Paris à Rome à bicyclette. Vous pouvez humer les arômes uniques de la campagne italienne dans cette savoureuse recette.

- 2 saucisses de porc fortes ou douces épicées à l'italienne (sans leur enveloppe)
- 1 poivron vert, épépiné et coupé en dés
- 1 poivron rouge, épépiné et coupé en dés
- 1 oignon, haché
- 1 paquet de 270 g (9 oz) de cœurs d'artichauts, décongelés
- ½ paquet de 300 g (10 oz) d'épinards, décongelés
- 8 demi-tomates séchées (non conservées dans l'huile), hachées
- 1 litre (4 tasses) de pâtes (penne, farfalle ou coquilles moyennes), cuites et chaudes
- 45 ml (3 c. à soupe) de pignons

1. Vaporiser une grande poêle à revêtement antiadhésif avec de l'enduit anticollant et mettre sur le feu. Ajouter les saucisses et cuire, en remuant au besoin, environ 6 minutes, jusqu'à ce qu'elles brunissent. Ajouter les poivrons et les oignons. Cuire, en remuant au besoin, de 6 à 8 minutes, jusqu'à ce que les légumes soient tendres.

2. Ajouter les cœurs d'artichauts, les épinards et les tomates. Cuire, en remuant constamment, environ 5 minutes pour bien réchauffer. Réduire la chaleur et laisser mijoter à couvert, en remuant au besoin, environ 5 minutes pour bien mêler les saveurs. Servir les pâtes recouvertes avec la préparation aux saucisses. Garnir de pignons.

PAR PORTION: 402 Calories, 14 g Gras total, 4 g Gras saturé, 22 mg Cholestérol, 272 mg Sodium, 55 g Glucide total, 10 g Fibres alimentaires, 17 g Protéines, 77 mg Calcium.

PORTION DONNE: 2 pain, 2 fruits/légumes, 1 protéines/lait, 1 matières grasses.

POINTS PAR PORTION: 7.

CHAPITRE 9

Desserts

Gâteau aux pommes

18 PORTIONS

Deborah Tisch
Humble, Texas

Deborah a toujours beaucoup de succès quand elle sert ce gâteau dès sa sortie du four avec un peu de yogourt glacé à la vanille sans matières grasses. Quoi de plus réconfortant par une triste soirée d'automne?

825 ml (3 ⅓ tasses) de farine tout usage

5 ml (1 c. à thé) de bicarbonate de soude

5 ml (1 c. à thé) de cannelle moulue

1 pincée de sel

250 ml (1 tasse) de sucre

4 blancs d'œufs

4 pommes, évidées et coupées en dés

375 ml (1 ½ tasse) de compote de pomme non sucrée

10 ml (2 c. à thé) d'extrait de vanille

1. Préchauffer le four à 180 °C (350 °F). Vaporiser un moule à cheminée de 25 cm (10 po) avec de l'enduit anticollant.

2. Dans un bol moyen, mélanger la farine, le bicarbonate de soude, la cannelle et le sel.

3. Dans un grand bol, avec le batteur à main à vitesse élevée, battre le sucre et les blancs d'œufs jusqu'à formation de pics mous. Avec le batteur à main, à faible vitesse, incorporer les pommes, la compote de pomme et la vanille. Ajouter les ingrédients secs. Mélanger juste assez pour avoir une pâte homogène (ne pas trop mélanger).

4. Verser la pâte dans le moule et bien l'étendre. Cuire au four environ 55 minutes, jusqu'à ce que le dessus soit doré et qu'un cure-dent inséré au centre ressorte propre. Mettre le moule sur une grille et laisser reposer 10 minutes. Démouler et laisser reposer sur la grille 20 minutes de plus. Servir chaud.

PAR PORTION: 156 Calories, 0 g Gras total, 0 g Gras saturé, 0 mg Cholestérol, 91 mg Sodium, 35 g Glucide total, 1 g Fibres alimentaires, 3 g Protéines, 8 mg Calcium.

PORTION DONNE: 1 pain, 50 calories boni.

POINTS PAR PORTION: 3.

Gâteau aux carottes

16 PORTIONS

Meryl Lewis
Berkley, Massachusetts

Depuis qu'elle a joint les rangs de Weight Watchers en 1993, Meryl a perdu plus de 56 kg (124 lb). Ce gâteau lui permet de célébrer les anniversaires et autres moments heureux avec sa famille sans déroger à son Programme.

- 425 ml (1 ¾ tasse) de farine tout usage
- 125 ml (½ tasse) de farine de blé entier
- 10 ml (2 c. à thé) de bicarbonate de soude
- 5 ml (1 c. à thé) de cannelle moulue
- 5 ml (1 c. à thé) de piment de la Jamaïque moulu
- 1 ml (¼ c. à thé) de muscade râpée
- 0,5 ml (⅛ c. à thé) de sel
- 125 ml (½ tasse) de cassonade légère bien tassée
- 2 blancs d'œufs
- 6 carottes, finement râpées
- 2 boîtes de 227 ml (8 oz) d'ananas broyés non sucrés, égouttés
- 150 ml (⅔ tasse) de babeurre à 1 %
- 125 ml (½ tasse) de raisins secs
- 45 ml (3 c. à soupe) d'huile de canola
- 10 ml (2 c. à thé) d'extrait de vanille
- 5 ml (1 c. à thé) d'extrait d'amande

1. Préchauffer le four à 180 °C (350 °F). Vaporiser un moule de 32,5 x 22,5 cm (13 x 9 po) avec de l'enduit anticollant.

2. Dans un bol moyen, mélanger les farines, le bicarbonate de soude, la cannelle, le piment de la Jamaïque, la muscade et le sel.

3. Dans un grand bol, avec le batteur à main à vitesse élevée, battre la cassonade et les blancs d'œufs jusqu'à consistance épaisse et mousseuse. Avec le batteur à main à faible vitesse, incorporer les carottes, les ananas, le babeurre, les raisins secs, l'huile et les extraits de vanille et d'amande. Ajouter graduellement les ingrédients secs et mélanger juste assez pour obtenir une pâte humide.

4. Verser la pâte dans le moule. Cuire au four environ 35 minutes jusqu'à ce que le dessus soit doré et qu'un cure-dent inséré au centre ressorte propre. Laisser refroidir complètement dans le moule placé sur une grille.

PAR PORTION : 159 Calories, 3 g Gras total, 0 g Gras saturé, 1 mg Cholestérol, 214 mg Sodium, 31 g Glucide total, 2 g Fibres alimentaires, 3 g Protéines, 41 mg Calcium.

PORTION DONNE : 1 pain, 1 fruits/légumes, 1 matières grasses.

POINTS PAR PORTION : 3.

Gâteau au chocolat sans matières grasses

24 PORTIONS

Michele E. Mosher
Quaker Hill, Connecticut

Michele a le mérite de faire plaisir à tous les véritables amateurs de chocolat avec ce gâteau bon à s'en lécher les doigts que l'on déguste sans avoir le moindre remords.

825 ml (3 ⅓ tasses) de farine tout usage

125 ml (½ tasse) de poudre de cacao, tamisée

7 ml (1 ½ c. à thé) de bicarbonate de soude

2 ml (½ c. à thé) de sel

375 ml (1 ½ tasse) de sucre granulé

125 ml (½ tasse) de yogourt nature sans matières grasses

2 blancs d'œufs

15 ml (1 c. à soupe) d'extrait de vanille

15 ml (1 c. à soupe) de vinaigre blanc

30 ml (2 c. à soupe) de sucre glace

1. Préchauffer le four à 180 °C (350 °F). Vaporiser un moule de 32,5 x 22,5 cm (13 x 9 po) avec de l'enduit anticollant.

2. Dans un bol moyen, mélanger la farine, le cacao, le bicarbonate de soude et le sel.

3. Dans un grand bol, avec le batteur à main à vitesse moyenne, battre le sucre granulé, le yogourt, les blancs d'œufs, la vanille et le vinaigre environ 2 minutes, jusqu'à consistance duveteuse. Avec le batteur à main à faible vitesse, incorporer graduellement les ingrédients secs. Mélanger juste assez pour avoir une pâte homogène (ne pas trop mélanger). Ajouter 500 ml (2 tasses) d'eau et mélanger jusqu'à consistance onctueuse.

4. Verser la pâte dans le moule. Cuire au four environ 40 minutes, jusqu'à ce qu'un cure-dent inséré au centre ressorte propre. Laisser refroidir complètement dans le moule placé sur une grille. Saupoudrer de sucre glace.

PAR PORTION: 124 Calories, 0 g Gras total, 0 g Gras saturé, 0 mg Cholestérol, 133 mg Sodium, 28 g Glucide total, 1 g Fibres alimentaires, 3 g Protéines, 15 mg Calcium.

PORTION DONNE: 1 pain, 60 calories en boni.

POINTS PAR PORTION: 2.

Pain d'épice

24 PORTIONS

Kim Cullison
Bel Air, Maryland

Kim adore le pain d'épice de sa grand-mère, mais elle aime moins le gras, les calories et le cholestérol contenus dans chaque bouchée. Sa solution? Ce dessert qui conserve son caractère à l'ancienne et qui se déguste sans culpabilité.

- 550 ml (2 ¼ tasses) de farine tout usage
- 10 ml (2 c. à thé) de bicarbonate de soude
- 5 ml (1 c. à thé) de cannelle moulue
- 2 ml (½ c. à thé) de gingembre moulu
- 2 ml (½ c. à thé) de piment de la Jamaïque moulu
- 1 ml (¼ c. à thé) de sel
- 250 ml (1 tasse) de compote de pomme non sucrée
- 250 ml (1 tasse) de mélasse légère
- 150 ml (⅔ tasse) de substitut d'œuf sans matières grasses
- 125 ml (½ tasse) de sucre
- 125 ml (½ tasse) de pruneaux, dénoyautés et finement hachés
- 250 ml (1 tasse) d'eau bouillante

1. Préchauffer le four à 180 °C (350 °F). Vaporiser un moule de 32,5 x 22,5 cm (13 x 9 po) avec de l'enduit anticollant.

2. Dans un bol moyen, mélanger la farine, le bicarbonate de soude, la cannelle, le gingembre, le piment de la Jamaïque et le sel.

3. Dans un grand bol, avec le batteur à main à vitesse moyenne, battre la compote de pomme, la mélasse, le substitut d'œuf, le sucre et les pruneaux environ 2 minutes, jusqu'à consistance mousseuse. Avec le batteur à main à faible vitesse, incorporer graduellement les ingrédients secs. Mélanger juste assez pour avoir une pâte homogène (ne pas trop mélanger). Ajouter l'eau et mélanger jusqu'à consistance onctueuse.

4. Verser la pâte dans le moule. Cuire au four environ 40 minutes, jusqu'à ce qu'un cure-dent inséré au centre ressorte propre. Laisser refroidir complètement dans le moule placé sur une grille.

PAR PORTION: 112 Calories, 0 g Gras total, 0 g Gras saturé, 0 mg Cholestérol, 144 mg Sodium, 26 g Glucide total, 1 g Fibres alimentaires, 2 g Protéines, 36 mg Calcium.

PORTION DONNE: 1 pain, 50 calories en boni.

POINTS PAR PORTION: 2.

Gâteau à l'ananas

12 PORTIONS

Kim Cullison
Bel Air, Maryland

Kim a emprunté cette recette à sa famille et l'a adaptée pour la rendre plus légère. « Le plus étonnant, raconte-t-elle, c'est que chez moi personne ne peut deviner que j'ai modifié la recette originale! »

- 125 ml (½ tasse) de compote de pomme non sucrée
- 1 boîte de 227 ml (8 oz) d'ananas broyés non sucrés, égouttés (réserver le jus)
- 75 ml (⅓ tasse) de lait écrémé
- 75 ml (⅓ tasse) de substitut d'œuf sans matières grasses
- 2 ml (½ c. à thé) d'extrait de vanille
- 425 ml (1 ¾ tasse) de farine tout usage
- 75 ml (⅓ tasse) de sucre granulé
- 10 ml (2 c. à thé) de levure chimique (poudre à pâte) à double action
- 50 ml (¼ tasse) de cassonade légère bien tassée

1. Préchauffer le four à 180 °C (350 °F). Vaporiser un moule carré de 22,5 x 22,5 cm (9 x 9 po) avec de l'enduit anticollant.

2. Dans un bol moyen, avec une cuiller en bois, mélanger la compote de pomme, le jus d'ananas, le lait, le substitut d'œuf et la vanille.

3. Dans un grand bol, mélanger la farine, le sucre granulé et la levure chimique. Faire un puits au centre et y verser la compote de pomme. Mélanger juste assez pour obtenir une pâte homogène (ne pas trop mélanger).

4. Verser la pâte dans le moule. Avec une cuiller, garnir le dessus du gâteau avec les morceaux d'ananas. Saupoudrer de cassonade. Cuire au four environ 30 minutes, jusqu'à ce que le dessus soit doré et qu'un cure-dent inséré au centre ressorte propre. Laisser refroidir 10 minutes dans le moule placé sur une grille. Servir chaud.

PAR PORTION: 124 Calories, 0 g Gras total, 0 g Gras saturé, 0 mg Cholestérol, 98 mg Sodium, 28 g Glucide total, 1 g Fibres alimentaires, 3 g Protéines, 65 mg Calcium.

PORTION DONNE: 1 pain, 50 calories en boni.

POINTS PAR PORTION: 2.

Gâteau à la tartinade de fruit

18 PORTIONS

Marcia Morris
Gosport, Indiana

Après avoir perdu 61,8 kg (136 lb) grâce à Weight Watchers, Marcia a mis ses nouvelles connaissances à profit en devenant conseillère en alimentation familiale à l'université. Elle sert souvent ce gâteau certains matins de fête ou pour honorer ses visiteurs.

825 ml (3 ⅓ tasses) de préparation pour crêpes au babeurre à teneur réduite en matières grasses

125 ml (½ tasse) de sucre granulé

45 ml (3 c. à soupe) de margarine dure sans sel, froide, coupée en dés

150 ml (⅔ tasse) de substitut d'œuf sans matières grasses

125 ml (½ tasse) de lait écrémé

5 ml (1 c. à thé) d'extrait de vanille

2 ml (½ c. à thé) d'extrait d'amande

250 ml (1 tasse) de tartinade de fruit, au choix

125 ml (½ tasse) de sucre glace

1. Préchauffer le four à 180 °C (350 °F). Vaporiser un moule à gâteau roulé de 37,5 x 25 cm (15 x 10 po) avec de l'enduit anticollant.

2. Dans un grand bol, mélanger la préparation pour crêpes au babeurre et le sucre granulé. Avec un mélangeur à pâtisserie ou deux couteaux, couper la margarine dans cette préparation jusqu'à ce que le tout forme des miettes grossières. Ajouter le substitut d'œuf, le lait et les extraits de vanille et d'amande. Avec une cuiller en bois, mélanger juste assez pour obtenir une pâte homogène (ne pas trop mélanger).

3. Verser deux tiers de la pâte dans le moule et égaliser le dessus. Étendre uniformément la tartinade de fruit sur le dessus. Déposer la pâte restante avec une cuiller en étendant uniformément. Cuire au four environ 25 minutes, jusqu'à ce que le dessus commence à brunir et qu'un cure-dent inséré au centre ressorte propre. Laisser refroidir 10 minutes dans le moule placé sur une grille.

4. Pendant ce temps, battre le sucre glace avec 15 ml (1 c. à soupe) d'eau jusqu'à consistance onctueuse. Arroser uniformément le dessus du gâteau encore chaud avec ce mélange.

PAR PORTION: 175 Calories, 3 g Gras total, 1 g Gras saturé, 0 mg Cholestérol, 263 mg Sodium, 33 g Glucide total, 0 g Fibres alimentaires, 3 g Protéines, 34 mg Calcium.

PORTION DONNE: 1 pain, 1 fruits/légumes, 1 matières grasses, 50 calories en boni.

POINTS PAR PORTION: 4.

Gâteau minute au fromage de yogourt

8 PORTIONS

Sandra O'Shaughnessy
Centerville, Massachusetts

Un gâteau au fromage? Pourquoi pas! Celui-ci est généreux, sans matières grasses, facile à préparer et, miracle étonnant, sa croûte se fait toute seule.

- 500 ml (2 tasses) de fromage de yogourt*
- 150 ml (⅔ tasse) de substitut d'œuf sans matières grasses
- 155 ml (½ tasse + 2 c. à soupe) de sucre
- 30 ml (2 c. à soupe) de farine tout usage
- 10 ml (2 c. à thé) d'extrait de vanille
- 175 ml (¾ tasse) de crème sure sans matières grasses
- 15 ml (1 c. à soupe) de sirop de framboise

1. Préchauffer le four à 160 °C (325 °F). Vaporiser une assiette à tarte de 22,5 cm (9 po) avec de l'enduit anticollant.

2. Dans un grand bol, fouetter le fromage de yogourt, le substitut d'œuf, 125 ml (½ tasse) de sucre, la farine et la vanille jusqu'à consistance onctueuse. Verser la pâte dans l'assiette à tarte et cuire au four environ 50 minutes, jusqu'à ce que le mélange soit ferme et qu'un couteau inséré au centre ressorte propre.

3. Pendant ce temps, dans un petit bol, mélanger la crème sure et le sucre restant (30 ml/2 c. à soupe). Verser sur le gâteau au fromage. Arroser avec le sirop et cuire au four environ 15 minutes de plus, jusqu'à ce que le dessus soit bien cuit. Laisser refroidir complètement sur une grille. Couvrir et mettre dans le réfrigérateur au moins 2 heures pour bien refroidir.

PAR PORTION: 143 Calories, 0 g Gras total, 0 g Gras saturé, 0 mg Cholestérol, 89 mg Sodium, 25 g Glucide total, 0 g Fibres alimentaires, 8 g Protéines, 175 mg Calcium.

PORTION DONNE: 1 protéines/lait, 80 calories en boni.

POINTS PAR PORTION: 3.

* *Pour préparer du fromage de yogourt, verser 1 litre (4 tasses) de yogourt nature sans matières grasses dans deux filtres à café en papier ou une passoire tapissée de coton fromage que l'on place au-dessus d'un bol. Couvrir et réfrigérer au moins 5 heures ou toute la nuit. Jeter le liquide qui s'est accumulé dans le bol. Donne environ 500 ml (2 tasses) de fromage.*

Muffins aux bananes et aux grains de chocolat

18 PORTIONS

Marsha M. Williams
Boise, Idaho

Marsha aime congeler ces muffins qu'elle prépare au cours du week-end pour les servir à sa famille certains matins de semaine où tout le monde est pressé.

- 550 ml (2 ¼ tasses) de farine tout usage
- 7 ml (1 ½ c. à thé) de levure chimique (poudre à pâte) à double action
- 7 ml (1 ½ c. à thé) de bicarbonate de soude
- 125 ml (½ tasse) de sucre
- 125 ml (½ tasse) de compote de pomme non sucrée
- 2 œufs
- 50 ml (⅓ tasse) d'huile de canola
- 2 bananes très mûres, écrasées
- 125 ml (½ tasse) de babeurre écrémé
- 50 ml (¼ tasse) de grains de chocolat mi-sucré

1. Préchauffer le four à 180 °C (350 °F). Tapisser 18 moules à muffins de 7 cm (2 ¾ po) avec des moules en papier.

2. Dans un bol moyen, mélanger la farine, la levure chimique et le bicarbonate de soude.

3. Dans un grand bol, avec le batteur à main à vitesse moyenne, battre le sucre, la compote de pomme, les œufs et l'huile jusqu'à consistance mousseuse. Avec le batteur à main à faible vitesse, incorporer en alternance les bananes et le babeurre aux ingrédients secs. Mélanger juste assez pour obtenir une pâte homogène (ne pas trop mélanger). Incorporer les grains de chocolat.

4. Avec une cuiller, remplir les moules aux deux tiers. Cuire au four de 20 à 25 minutes, jusqu'à ce que le dessus soit doré et qu'un cure-dent inséré au centre ressorte propre. Démouler et laisser refroidir complètement sur une grille.

PAR PORTION: 150 Calories, 5 g Gras total, 1 g Gras saturé, 24 mg Cholestérol, 161 mg Sodium, 23 g Glucide total, 1 g Fibres alimentaires, 3 g Protéines, 38 mg Calcium.

PORTION DONNE: 1 pain, 1 matières grasses, 50 calories en boni.

POINTS PAR PORTION: 3.

Gâteau au fromage au chocolat et à l'amaretto

Gâteau au fromage au chocolat et à l'amaretto

12 PORTIONS

De'Ann Tollefsrud
Phoenix, Arizona

Ce gâteau s'inscrit agréablement dans le nouveau style de vie adopté par De'Ann et elle s'en trouve comblée. Servez-le avec des petits fruits frais. Il est tellement bon qu'aucun de nos goûteurs ne pouvait croire qu'il s'agissait réellement d'un dessert parfaitement respectueux du Programme Weight Watchers. Une pure merveille!

- 6 biscuits graham au chocolat de 6 cm (2 ½ po), émiettés
- 575 ml (2 ⅓ tasses) de fromage ricotta partiellement écrémé
- 120 g (4 oz) de fromage à la crème sans matières grasses
- 125 ml (½ tasse) de sucre
- 50 ml (¼ tasse) de poudre de cacao non sucrée
- 1 œuf
- 45 ml (3 c. à soupe) de farine tout usage
- 30 ml (2 c. à soupe) d'amaretto
- 5 ml (1 c. à thé) d'extrait de vanille
- 30 ml (2 c. à soupe) de grains de chocolat mi-sucré

(Voir photo.)

1. Préchauffer le four à 150 °C (300 °F). Vaporiser un moule à fond amovible de 20 cm (8 po) avec de l'enduit anticollant. Tapisser uniformément le fond du moule avec les miettes de biscuits graham.

2. Dans le mélangeur ou le robot de cuisine, réduire en purée le fromage ricotta, le fromage à la crème, le sucre, le cacao, l'œuf, la farine, l'amaretto et la vanille. Incorporer les grains de chocolat.

3. Couvrir les miettes de biscuits avec la préparation au fromage. Cuire au four environ 1 h 30, jusqu'à ce qu'un couteau inséré au centre ressorte propre. Laisser refroidir complètement sur une grille. Couvrir et mettre dans le réfrigérateur au moins 3 heures pour bien refroidir.

PAR PORTION: 99 Calories, 2 g Gras total, 1 g Gras saturé, 21 mg Cholestérol, 82 mg Sodium, 17 g Glucide total, 1 g Fibres alimentaires, 3 g Protéines, 50 mg Calcium.

PORTION DONNE: 1 protéines/lait, 70 calories en boni.

POINTS PAR PORTION: 2.

Muffins aux bleuets
et aux canneberges

Muffins aux bleuets et aux canneberges

18 PORTIONS

Annette Snoek
Grafton, Ontario

Annette trouvait qu'elle allait trop souvent au café du coin pour y déguster des muffins plutôt riches en gras. C'est alors qu'elle a décidé de créer une recette de muffins aux bleuets et aux canneberges à faible teneur gras. Elle les congèle pour toujours en avoir à portée de la main. Nos goûteurs ont particulièrement apprécié le contraste entre les trois saveurs de fruits.

625 ml (2 ½ tasses) de farine de blé entier

150 ml (⅔ tasse) de sucre

10 ml (2 c. à thé) de levure chimique (poudre à pâte) à double action

5 ml (1 c. à thé) de bicarbonate de soude

1 ml (¼ c. à thé) de sel

50 ml (⅓ tasse) de margarine sans sel, froide, coupée en dés

175 ml (¾ tasse) de yogourt nature hypocalorique

50 ml (⅓ tasse) de jus d'orange concentré, décongelé

2 œufs

375 ml (1 ½ tasse) de bleuets frais ou décongelés

250 ml (1 tasse) de canneberges fraîches ou décongelées

24 demi-abricots secs, hachés

(Voir photo.)

1. Préchauffer le four à 200 °C (400 °F). Vaporiser 18 moules à muffins de 7 cm (2 ¾ po) à revêtement antiadhésif avec de l'enduit anticollant ou les tapisser de moules en papier.

2. Dans un grand bol, mélanger la farine, le sucre, la levure chimique, le bicarbonate de soude et le sel. Avec un mélangeur à pâtisserie ou deux couteaux, couper la margarine dans les ingrédients secs jusqu'à la formation de miettes grossières.

3. Dans un bol moyen, mélanger le yogourt, le jus d'orange concentré et les œufs. Incorporer dans les ingrédients secs en mélangeant juste assez pour obtenir une pâte homogène (ne pas trop mélanger). Incorporer doucement les bleuets, les canneberges et les abricots.

4. Avec une cuiller, remplir les moules aux deux tiers. Cuire de 15 à 20 minutes, jusqu'à ce que le dessus soit doré et qu'un cure-dent inséré au centre ressorte propre. Laisser refroidir 10 minutes sur une grille. Démouler et laisser refroidir complètement sur la grille.

PAR PORTION: 144 Calories, 3 g Gras total, 0 g Gras saturé, 24 mg Cholestérol, 211 mg Sodium, 28 g Glucide total, 3 g Fibres alimentaires, 4 g Protéines, 63 mg Calcium.

PORTION DONNE: 1 pain, 1 fruits/légumes, 1 matières grasses.

POINTS PAR PORTION: 3.

Muffins aux dattes et au son

18 PORTIONS

Carolyn Webb
Sault-Sainte-Marie, Ontario

Ces muffins sont un délice et non une transgression! Parce qu'ils sont riches en fibres et pauvres en matières grasses, ils permettent à Carolyn de manger à sa faim au petit-déjeuner. Vous pouvez les congeler facilement.

- 375 ml (1 ½ tasse) de babeurre écrémé
- 300 ml (1 ⅓ tasse) de céréales de son entier
- 425 ml (1 ¾ tasse) de farine de blé entier
- 10 ml (2 c. à thé) de cannelle moulue
- 5 ml (1 c. à thé) de bicarbonate de soude
- 5 ml (1 c. à thé) de levure chimique (poudre à pâte) à double action
- 2 ml (½ c. à thé) de sel
- 125 ml (½ tasse) de cassonade légère bien tassée
- 12 pruneaux, dénoyautés et hachés finement
- 1 œuf
- 45 ml (3 c. à soupe) d'huile végétale
- 24 dattes, dénoyautées et hachées finement
- 2 pommes, râpées

1. Préchauffer le four à 200 °C (400 °F). Vaporiser 18 moules à muffins de 7 cm (2 ¾ po) avec de l'enduit anticollant.

2. Dans un grand bol, mélanger le babeurre et les céréales. Laisser reposer 5 minutes.

3. Pendant ce temps, dans un bol moyen, mélanger la farine, la cannelle, le bicarbonate de soude, la levure chimique et le sel.

4. Ajouter la cassonade, les pruneaux, l'œuf et l'huile à la préparation aux céréales. Bien mélanger avec une cuiller en bois. Incorporer les dattes, les pommes et les ingrédients secs en mélangeant juste assez pour obtenir une pâte homogène (ne pas trop mélanger).

5. Avec une cuiller, remplir les moules aux deux tiers. Cuire au four de 20 à 25 minutes, jusqu'à ce que le dessus soit doré et qu'un cure-dent inséré au centre ressorte propre. Laisser refroidir 10 minutes sur une grille. Démouler et laisser refroidir complètement sur la grille.

PAR PORTION: 165 Calories, 3 g Gras total, 0 g Gras saturé, 12 mg Cholestérol, 231 mg Sodium, 34 g Glucide total, 4 g Fibres alimentaires, 4 g Protéines, 77 mg Calcium.

PORTION DONNE: 1 pain, 1 fruits/légumes, 1 matières grasses.

POINTS PAR PORTION: 3.

Biscuits à l'avoine et aux raisins secs

24 PORTIONS

Elizabeth Long
Brooklyn Park, Minnesota

Elizabeth, qui est membre du personnel de Weight Watchers depuis neuf ans, n'a pas eu peur d'alléger la fameuse recette de sa grand-mère. Tous ceux qui ont la joie d'y goûter en redemandent!

- 425 ml (1 ¾ tasse) de flocons d'avoine à cuisson rapide
- 250 ml (1 tasse) de farine tout usage
- 30 ml (2 c. à soupe) de lait en poudre sans matières grasses (non dilué)
- 5 ml (1 c. à thé) de levure chimique (poudre à pâte) à double action
- 5 ml (1 c. à thé) de cannelle moulue
- 1 ml (¼ c. à thé) de sel
- 125 ml (½ tasse) de cassonade légère bien tassée
- 50 ml (¼ tasse) de margarine dure sans sel
- 1 blanc d'œuf
- 125 ml (½ tasse) de lait écrémé
- 175 ml (¾ tasse) de raisins secs
- 5 ml (1 c. à thé) d'extrait de vanille

(Voir photo p. 282.)

1. Placer les grilles du four de façon à le séparer en trois parties égales. Préchauffer le four à 190 °F (375 °F). Vaporiser 2 plaques à pâtisserie à revêtement antiadhésif avec de l'enduit anticollant.

2. Dans un grand bol, mélanger l'avoine, la farine, le lait en poudre, la levure chimique, la cannelle et le sel.

3. Dans un autre grand bol, avec le batteur à main à vitesse élevée, battre la cassonade, la margarine et le blanc d'œuf jusqu'à consistance légère et mousseuse. Avec le batteur à main à faible vitesse, incorporer en alternance le lait écrémé, les ingrédients secs, les raisins secs et la vanille. Mélanger juste assez pour obtenir une pâte homogène (ne pas trop mélanger).

4. Faire 24 biscuits en versant la pâte avec une cuiller à soupe sur les plaques à pâtisserie. Cuire environ 15 minutes, jusqu'à ce que le dessus soit doré. Laisser refroidir complètement sur une grille. Conserver de 3 à 4 jours dans un plat à fermeture hermétique.

PAR PORTION: 95 Calories, 2 g Gras total, 0 g Gras saturé, 0 mg Cholestérol, 52 mg Sodium, 17 g Glucide total, 1 g Fibres alimentaires, 2 g Protéines, 34 mg Calcium.

PORTION DONNE: 1 pain, 1 matières grasses.

POINTS PAR PORTION: 2.

Biscotti aux amandes (p. 284), Biscuits à l'avoine et aux raisins secs (p. 281), Biscuits aux grains de chocolat (p. 283)

Biscuits aux grains de chocolat

24 PORTIONS

Barbara K. McConnell
Richmond, Michigan

Ces biscuits ont une texture qui ressemble à celle d'un gâteau et un petit goût à l'ancienne. Mais leurs qualités nutritives sont résolument modernes.

- 500 ml (2 tasses) de farine tout usage
- 50 ml (¼ tasse) de poudre de cacao, tamisée
- 5 ml (1 c. à thé) de bicarbonate de soude
- 1 ml (¼ c. à thé) de sel
- 125 ml (½ tasse) de cassonade légère bien tassée
- 50 ml (¼ tasse) de margarine dure sans sel
- 50 ml (⅓ tasse) de substitut d'œuf sans matières grasses
- 175 ml (¾ tasse) de yogourt nature sans matières grasses
- 5 ml (1 c. à thé) d'extrait de vanille
- 250 ml (1 tasse) de grains de chocolat mi-sucré

(Voir photo.)

1. Placer les grilles du four de façon à le séparer en trois parties égales. Préchauffer le four à 190 °C (375 °F).

2. Dans un bol moyen, mélanger la farine, le cacao, le bicarbonate de soude et le sel.

3. Dans un grand bol, avec le batteur à main à vitesse élevée, battre la cassonade, la margarine et le substitut d'œuf jusqu'à consistance légère et mousseuse. Avec le batteur à main à faible vitesse, incorporer doucement les ingrédients secs, le yogourt, la vanille et les grains de chocolat. Mélanger juste assez pour obtenir une pâte homogène (ne pas trop mélanger).

4. Faire 24 biscuits en versant la pâte avec une cuiller à soupe sur 2 plaques à pâtisserie non graissées. Cuire environ 10 minutes, jusqu'à ce que les biscuits soient fermes. Laisser refroidir complètement sur une grille. Conserver de 3 à 4 jours dans un plat à fermeture hermétique.

PAR PORTION: 97 Calories, 3 g Gras total, 1 g Gras saturé, 0 mg Cholestérol, 88 mg Sodium, 16 g Glucide total, 1 g Fibres alimentaires, 2 g Protéines, 22 mg Calcium.

PORTION DONNE: 1 pain, 1 matières grasses, 60 calories en boni.

POINTS PAR PORTION: 1.

Biscotti aux amandes

24 PORTIONS

Jan Kiser
Napa, Californie

Jan garde toujours des biscotti dans son garde-manger pour ses invités qui se pointent à l'improviste. Quoi de meilleur pour accompagner un bon café et une agréable conversation!

550 ml (2 ¼ tasses) de farine tout usage

10 ml (2 c. à thé) de levure chimique (poudre à pâte) à double action

125 ml (½ tasse) de sucre

75 ml (5 c. à soupe) de margarine dure sans sel

2 œufs

7 ml (1 ½ c. à thé) de zeste de citron, râpé

5 ml (1 c. à thé) d'extrait de vanille

250 ml (1 tasse) d'amandes tranchées, finement hachées

(Voir photo p. 282.)

1. Préchauffer le four à 180 °C (350 °F). Dans un bol moyen, mélanger la farine et la levure chimique.

2. Dans un grand bol, avec le batteur à main à vitesse élevée, battre le sucre et la margarine jusqu'à consistance légère et mousseuse. Incorporer les œufs, le zeste et la vanille. Avec le batteur à main à faible vitesse, ajouter graduellement les ingrédients secs et les amandes. Mélanger juste assez pour obtenir une pâte homogène (ne pas trop mélanger).

3. Diviser la pâte en deux morceaux. Avec les mains humectées, façonner chaque morceau en forme de bûche de 30 x 3,75 cm (12 x 1 ½ po). Placer les bûches sur une plaque à pâtisserie à revêtement antiadhésif. Avec un rouleau à pâte humecté, abaisser chaque bûche à 1,25 cm (½ po) d'épaisseur. Cuire au four environ 18 minutes, jusqu'à consistance ferme.

4. Placer délicatement les bûches sur une planche à découper. En trempant un couteau dentelé dans l'eau avant chaque opération, couper chaque bûche diagonalement en 12 tranches. Étendre les tranches, côté coupé vers le fond, sur la plaque à pâtisserie. Cuire au four environ 12 minutes, jusqu'à ce que les biscuits soient secs et légèrement dorés. Laisser refroidir complètement sur une grille. Conserver jusqu'à 1 semaine dans un plat à fermeture hermétique ou envelopper dans du papier d'aluminium résistant et conserver dans le congélateur jusqu'à 3 mois.

PAR PORTION: 120 Calories, 6 g Gras total, 1 g Gras saturé, 18 mg Cholestérol, 47 mg Sodium, 14 g Glucide total, 1 g Fibres alimentaires, 3 g Protéines, 42 mg Calcium.

PORTION DONNE: 1 pain, 1 matières grasses.

POINTS PAR PORTION: 3.

Gâteau à l'abricot et à la nectarine

8 PORTIONS

Nancy Haines
Beacon, New York

Nancy a perdu 98,8 kg (217 ½ lb) depuis qu'elle est membre de Weight Watchers. Même si elle est membre à vie, elle continue d'assister aux rencontres hebdomadaires pour obtenir le soutien dont elle a besoin. Les membres de sa famille sont emballés par les recettes santé qu'elle prépare. Ils avouent qu'ils préfèrent ses nouveaux plats à ceux qu'elle avait l'habitude de leur servir dans le passé. Ce gâteau regorge de saveur.

Glaçage

50 ml (¼ tasse) de sucre

45 ml (3 c. à soupe) de farine tout usage

10 ml (2 c. à thé) de margarine dure sans sel, froide, coupée en dés

Gâteau

325 ml (1 ⅓ tasse) de farine tout usage

10 ml (2 c. à thé) de levure chimique (poudre à pâte) à double action

2 ml (½ c. à thé) de cannelle moulue

1 ml (¼ c. à thé) de muscade râpée

0,5 ml (⅛ c. à thé) de sel

125 ml (½ tasse) de lait écrémé

125 ml (½ tasse) de compote de pomme non sucrée

75 ml (⅓ tasse) de substitut d'œuf sans matières grasses

80 ml (¼ tasse + 2 c. à soupe) de sucre

10 ml (2 c. à thé) d'extrait de vanille

3 nectarines, pelées et coupées en fines tranches

30 ml (2 c. à soupe) de tartinade d'abricots

1. Préchauffer le four à 190 °C (375 °F). Vaporiser un moule carré de 20 x 20 cm (8 x 8 po) avec de l'enduit anticollant.

2. Pour préparer le glaçage, mélanger le sucre et la farine dans un petit bol. Avec un couteau à pâtisserie ou deux couteaux, couper la margarine dans la farine jusqu'à formation de miettes grossières.

3. Pour préparer le gâteau, dans un bol moyen, mélanger la farine, la levure chimique, la cannelle, la muscade et le sel.

4. Dans un grand bol, fouetter ensemble le lait, la compote de pomme, le substitut d'œuf, le sucre et la vanille. Incorporer graduellement les ingrédients secs en fouettant jusqu'à ce que toute la farine soit humectée.

5. Verser la moitié de la pâte dans le moule. Recouvrir de nectarines et de tartinade. Verser la pâte restante par-dessus et étendre uniformément. Couvrir avec le glaçage. Cuire au four de 30 à 35 minutes, jusqu'à ce que le dessus soit doré et qu'un cure-dent inséré au centre ressorte propre. Laisser refroidir 10 minutes sur une grille. Servir chaud.

PAR PORTION: 207 Calories, 2 g Gras total, 0 g Gras saturé, 0 mg Cholestérol, 182 mg Sodium, 44 g Glucide total, 1 g Fibres alimentaires, 4 g Protéines, 98 mg Calcium.

PORTION DONNE: 1 pain, 1 fruits/légumes, 70 calories en boni.

POINTS PAR PORTION: 4.

Pommes et fraises au four

6 PORTIONS

Nadine A. Walther
Lebanon, New Jersey

Nadine est la mère adoptive de dix enfants et elle surveille son budget de près. Cela ne l'empêche toutefois pas de servir de bons desserts aux siens. Ce délice convient très bien à son Programme Weight Watchers et peut être servi comme petit-déjeuner, collation ou dessert.

3 pommes fermes (Empire ou autres), pelées, évidées et coupées en fines tranches

500 ml (2 tasses) de fraises entières fraîches ou surgelées non sucrées

60 ml (4 c. à soupe) de sucre

5 ml (1 c. à thé) de cannelle moulue

425 ml (1 ¾ tasse) de farine tout usage

15 ml (1 c. à soupe) de levure chimique (poudre à pâte) à double action

125 ml (½ tasse) de lait écrémé

125 ml (½ tasse) de compote de pomme non sucrée

2 blancs d'œufs

1. Préchauffer le four à 200 °C (400 °F). Vaporiser un plat de cuisson de 25 x 15 cm (10 x 6 po) avec de l'enduit anticollant.

2. Mettre les pommes et les fraises dans le plat et saupoudrer uniformément avec 30 ml (2 c. à soupe) de sucre et la cannelle.

3. Dans un bol moyen, mélanger la farine, la levure chimique et le sucre restant (30 ml/2 c. à soupe). Ajouter le lait, la compote de pomme et les blancs d'œufs. Mélanger juste assez pour humecter les ingrédients secs.

4. Étendre la pâte uniformément sur la préparation aux pommes. Cuire au four de 35 à 40 minutes, jusqu'à ce que le dessus soit doré et que des bulles commencent à se former. Laisser refroidir 20 minutes sur une grille. Servir chaud.

PAR PORTION: 232 Calories, 1 g Gras total, 0 g Gras saturé, 0 mg Cholestérol, 274 mg Sodium, 51 g Glucide total, 4 g Fibres alimentaires, 6 g Protéines, 181 mg Calcium.

PORTION DONNE: 2 pain, 1 fruits/légumes, 40 calories en boni.

POINTS PAR PORTION: 4.

Tarte aux pommes et aux canneberges des jours de fête

8 PORTIONS

Linda Shafritz
Los Angeles, Californie

Linda a servi cette magnifique tarte à l'occasion de l'Action de grâces. Elle a obtenu un tel succès auprès de sa famille et de ses amis qu'elle a cru bon de nous envoyer sa recette. Nous ne pouvons que la remercier.

375 ml (1 ½ tasse) de granola à teneur réduite en matières grasses

1 blanc d'œuf

5 ml (1 c. à thé) de jus de citron fraîchement pressé

6 pommes Granny Smith, pelées, évidées et coupées en fines tranches

50 ml (¼ tasse) de canneberges sèches

30 ml (2 c. à soupe) de sucre

10 ml (2 c. à thé) de cannelle moulue

1. Préchauffer le four à 160 °C (325 °F). Vaporiser une assiette à tarte de 22,5 cm (9 po) avec de l'enduit anticollant.

2. Mettre le granola dans le mélangeur ou le robot de cuisine. Actionner le moteur à quelques reprises pour hacher finement. Ajouter le blanc d'œuf, le jus de citron et 15 ml (1 c. à soupe) d'eau. Actionner le moteur à quelques reprises, jusqu'à ce que le mélange tienne bien. Avec les doigts humectés, presser ce mélange au fond et sur les côtés de l'assiette.

3. Dans un bol moyen, mélanger les pommes, les canneberges, le sucre et la cannelle. Étendre uniformément dans la croûte. Humecter le dessus de la tarte avec 15 ml (1 c. à soupe) d'eau. Couvrir avec du papier d'aluminium et cuire au four de 45 à 50 minutes, jusqu'à ce que les pommes soient tendres. Laisser refroidir 10 minutes sur une grille. Servir chaud.

PAR PORTION: 128 Calories, 1 g Gras total, 0 g Gras saturé, 0 mg Cholestérol, 45 mg Sodium, 29 g Glucide total, 2 g Fibres alimentaires, 2 g Protéines, 16 mg Calcium.

PORTION DONNE: 1 pain, 2 fruits/légumes, 60 calories en boni.

POINTS PAR PORTION: 2.

Tarte brownie

Tarte brownie

8 PORTIONS

Diane Honer
Ivoryton, Connecticut

« Cette tarte est tellement bonne que mon fils a insisté pour que je la lui prépare pour son goûter d'anniversaire », raconte Diane. Nous aussi l'avons beaucoup aimée, surtout avec quelques fraises en tranches.

3 blancs d'œufs

30 ml (2 c. à soupe) de cassonade légère bien tassée

18 biscuits graham au chocolat de 6 cm (2 ½ po), émiettés

50 ml (¼ tasse) de noix, finement hachées

2 ml (½ c. à thé) d'extrait de vanille

500 ml (2 tasses) de yogourt glacé à la vanille sans matières grasses, légèrement ramolli

(Voir photo.)

1. Préchauffer le four à 160 °C (325 °F). Vaporiser une assiette à tarte de 22,5 cm (9 po) avec de l'enduit anticollant.

2. Dans un grand bol, avec le batteur à main à vitesse moyenne-élevée, battre les blancs d'œufs de 3 à 4 minutes, jusqu'à formation de pics mous. Avec le batteur à main avec vitesse moyenne-élevée, ajouter graduellement la cassonade et battre de 2 à 3 minutes, jusqu'à formation de pics fermes.

3. Avec une spatule en caoutchouc, incorporer délicatement les miettes de biscuits, les noix et la vanille en mélangeant jusqu'à consistance homogène. Verser la préparation dans l'assiette à tarte. Cuire au four environ 25 minutes, jusqu'à ce que la tarte soit ferme et qu'un cure-dent inséré au centre ressorte propre. Laisser refroidir complètement sur une grille.

4. Étendre le yogourt glacé sur la tarte. Couvrir et congeler de 2 à 3 heures, jusqu'à ce que le yogourt soit très ferme.

PAR PORTION: 113 Calories, 4 g Gras total, 0 g Gras saturé, 0 mg Cholestérol, 124 mg Sodium, 17 g Glucide total, 1 g Fibres alimentaires, 3 g Protéines, 7 mg Calcium.

PORTION DONNE: 1 pain.

POINTS PAR PORTION: 2.

Chaussons aux pommes

Chaussons aux pommes

6 PORTIONS

Susan Arick
Newark, Ohio

Servez ces chaussons aux pommes chauds avec un peu de yogourt glacé sans matières grasses. Avec ou sans yogourt, ils vous rappelleront la bonne cuisine de votre grand-mère.

- 30 ml (2 c. à soupe) de cassonade légère bien tassée
- 7 ml (1 ½ c. à thé) de cannelle moulue
- 5 ml (1 c. à thé) de fécule de maïs
- 5 ml (1 c. à thé) d'extrait de vanille
- 6 pommes McIntosh, pelées et évidées
- 6 pâtes à egg roll carrées

(Voir photo.)

1. Préchauffer le four à 190 °C (375 °F). Vaporiser 6 moules à muffins de 7 cm (2 ¾ po) avec de l'enduit anticollant.

2. Dans un grand bol, mélanger la cassonade, la cannelle, la fécule de maïs, la vanille et 15 ml (1 c. à soupe) d'eau. Ajouter les pommes et mélanger pour bien les enrober.

3. Placer 1 pomme au centre de chaque pâte à egg roll. Ramener les coins sur le dessus, puis les presser et les replier pour bien sceller. Mettre chaque chausson dans un moule à muffin et vaporiser légèrement le dessus avec de l'enduit anticollant. Cuire au four environ 20 minutes, jusqu'à ce que les chaussons soient dorés. Laisser refroidir 15 minutes sur une grille. Servir chaud.

PAR PORTION: 165 Calories, 1 g Gras total, 0 g Gras saturé, 3 mg Cholestérol, 164 mg Sodium, 36 g Glucide total, 2 g Fibres alimentaires, 3 g Protéines, 28 mg Calcium.

PORTION DONNE: 1 pain, 1 fruits/légumes.

POINTS PAR PORTION: 3.

Croustade aux pêches et aux bleuets

8 PORTIONS

Alice Molter
Cleveland Heights, Ohio

Alice, une ex-animatrice Weight Watchers, a toujours aimé transformer les recettes favorites des membres pour les adopter à leur nouveau Programme de perte de poids. Même si toutes les recettes ne peuvent être allégées, celle-ci est un bon exemple de ce qu'il est possible de faire avec un peu d'imagination.

- 750 ml (3 tasses) de bleuets frais
- 4 pêches, pelées et coupées en tranches
- 45 ml (3 c. à soupe) de sucre granulé
- 15 ml (1 c. à soupe) de fécule de maïs
- 30 ml (2 c. à soupe) de jus de citron fraîchement pressé
- 125 ml (½ tasse) de flocons d'avoine à cuisson rapide
- 50 ml (⅓ tasse) de farine tout usage
- 30 ml (2 c. à soupe) de cassonade bien tassée
- 5 ml (1 c. à thé) de cannelle moulue
- 2 ml (½ c. à thé) de muscade râpée
- 45 ml (3 c. à soupe) de margarine dure sans sel, froide, coupée en dés

1. Préchauffer le four à 190 °C (375 °F). Vaporiser un moule carré de 20 x 20 cm (8 x 8 po) avec de l'enduit anticollant.

2. Dans un bol moyen, mélanger les bleuets, les pêches, le sucre granulé, la fécule de maïs et le jus de citron. Transvider dans le moule et étendre uniformément.

3. Dans un petit bol, mélanger l'avoine, la farine, la cassonade, la cannelle et la muscade. Avec un couteau à pâtisserie ou deux couteaux, couper la margarine dans les ingrédients secs jusqu'à formation de miettes grossières. Étendre uniformément sur la préparation aux fruits. Cuire au four environ 40 minutes, jusqu'à ce que le dessus soit doré et que les fruits soient chauds et commencent à former des bulles. Laisser refroidir 15 minutes sur une grille. Servir chaud.

PAR PORTION: 175 Calories, 5 g Gras total, 1 g Gras saturé, 0 mg Cholestérol, 50 mg Sodium, 33 g Glucide total, 3 g Fibres alimentaires, 2 g Protéines, 19 mg Calcium.

PORTION DONNE: 1 pain, 1 fruits/légumes, 1 matières grasses.

POINTS PAR PORTION: 3.

Soufflé minute aux framboises

2 PORTIONS

Janice Nieder
San Francisco, Californie

Après avoir perdu 9 kg (20 lb) il y a quelques années, Janice est devenue conseillère en alimentation et entraîneuse. Elle conseille maintenant à ses clients obèses de consulter Weight Watchers parce que, dit-elle, « je sais qu'ils y seront entre bonnes mains ». Ce dessert qui met en valeur le bon goût des framboises fraîches est l'un des préférés de ses clients.

- 3 blancs d'œufs
- 10 ml (2 c. à thé) de sucre
- 2 ml (½ c. à thé) d'extrait de vanille
- 175 ml (¾ tasse) de framboises
- 45 ml (3 c. à soupe) de jus d'orange concentré, décongelé
- 1 ml (¼ c. à thé) de cannelle moulue

1. Placer la grille à 15 cm (6 po) de la source de chaleur. Préchauffer le gril.

2. Dans un grand bol, avec le batteur à main à vitesse moyenne-élevée, battre les blancs d'œufs de 3 à 4 minutes jusqu'à la formation de pics mous. Avec le batteur à main à vitesse moyenne-élevée, ajouter graduellement le sucre et la vanille. Battre de 2 à 3 minutes, jusqu'à la formation de pics durs.

3. Dans une grande poêle à revêtement antiadhésif allant au four, mélanger les framboises et le jus d'orange concentré. Cuire environ 2 minutes pour réchauffer. Étendre la préparation aux blancs d'œufs uniformément sur les framboises et saupoudrer uniformément de cannelle.

4. Griller de 3 à 4 minutes, jusqu'à ce que la préparation aux blancs d'œufs soit cuite et que le dessus soit doré. Avec une spatule en caoutchouc, détacher le soufflé des parois de la poêle. Renverser le soufflé sur une grande assiette et servir immédiatement.

PAR PORTION: 111 Calories, 0 g Gras total, 0 g Gras saturé, 0 mg Cholestérol, 83 mg Sodium, 21 g Glucide total, 2 g Fibres alimentaires, 6 g Protéines, 25 mg Calcium.

PORTION DONNE: 1 fruits/légumes.

POINTS PAR PORTION: 2.

Pouding au pain

8 PORTIONS

Carolyn Ladd
Ellington, Connecticut

Carolyn a un long trajet à faire jusqu'à son travail tous les matins et comme elle déjeune très tôt, elle doit manger quelque chose qui la fera tenir jusqu'à midi. Ce pouding au pain, qu'elle réchauffe au micro-ondes, remplit bien ce mandat. On peut aussi l'offrir comme dessert.

- 8 tranches de pain de blé entier hypocalorique, coupées en morceaux de 2,5 cm (1 po)
- 125 ml (½ tasse) de raisins secs
- 1 litre (4 tasses) de lait écrémé
- 325 ml (1 ⅓ tasse) de substitut d'œuf sans matières grasses
- 45 ml (3 c. à soupe) de sucre
- 15 ml (1 c. à soupe) d'extrait de vanille
- 2 ml (½ c. à thé) de cannelle moulue

1. Préchauffer le four à 180 °C (350 °F). Vaporiser une casserole de 2 litres (2 pintes) allant au four avec de l'enduit anticollant.

2. Mettre le pain dans la casserole et couvrir avec les raisins secs.

3. Dans un bol moyen, mélanger le lait, le substitut d'œuf, le sucre, la vanille et la cannelle. Verser uniformément sur le pain.

4. Cuire au four environ 55 minutes, jusqu'à ce qu'un couteau inséré au centre ressorte propre. Laisser reposer 10 minutes dans la casserole placée sur une grille. Servir chaud.

PAR PORTION: 161 Calories, 1 g Gras total, 0 g Gras saturé, 2 mg Cholestérol, 249 mg Sodium, 29 g Glucide total, 3 g Fibres alimentaires, 11 g Protéines, 189 mg Calcium.

PORTION DONNE: 1 pain, 1 fruits/légumes, 1 protéines/lait.

POINTS PAR PORTION: 3.

Crêpes aux fraises

2 PORTIONS

Karen Adcock
Centerville, Ohio

Quand Karen et son mari Frank partent en camping dans leur véhicule récréatif, ils s'amusent à faire ces crêpes délicieuses pour le petit-déjeuner. Il n'est pas nécessairement interdit de commencer sa journée avec son dessert préféré...

500 ml (2 tasses) de fraises, coupées en tranches

10 ml (2 c. à thé) de sucre

50 ml (⅓ tasse) de fromage cottage sans matières grasses

30 ml (2 c. à soupe) de yogourt nature sans matières grasses

0,5 ml (⅛ c. à thé) de cannelle moulue

140 ml (½ tasse + 1 c. à soupe) de préparation pour crêpes au babeurre réduite en matières grasses

125 ml (½ tasse) de lait écrémé

1. Dans une casserole moyenne à revêtement antiadhésif, cuire les fraises avec 5 ml (1 c. à thé) de sucre, en remuant au besoin, environ 5 minutes, jusqu'à ce qu'elles soient tendres et laissent échapper un peu de liquide. Retirer du feu et laisser refroidir légèrement à la température ambiante.

2. Dans le mélangeur ou le robot de cuisine, réduire en purée le fromage cottage, le yogourt, la cannelle et le sucre restant (5 ml/1 c. à thé). Transvider dans un petit bol.

3. Pour faire les crêpes, dans un bol moyen, mélanger la préparation pour crêpes au babeurre et le lait. Remuer pour obtenir une pâte onctueuse. Vaporiser une petite poêle à revêtement antiadhésif avec de l'enduit anticollant. Chauffer la poêle jusqu'à ce qu'elle fasse rebondir et crépiter une goutte d'eau. Verser 30 ml (2 c. à soupe combles) de pâte dans la poêle et faire basculer celle-ci en tous sens pour bien étaler la pâte. Cuire environ 1 minute, jusqu'à ce que le dessous soit cuit. Retourner la crêpe et cuire environ 1 minute, jusqu'à ce que le dessous brunisse légèrement. Faire glisser la crêpe sur une feuille de papier ciré. Répéter la même chose trois autres fois encore pour obtenir 4 crêpes.

4. Garnir chaque crêpe avec une quantité égale de fraises et de préparation au fromage. Rouler et servir.

PAR PORTION: 269 Calories, 5 g Gras total, 1 g Gras saturé, 7 mg Cholestérol, 616 mg Sodium, 44 g Glucide total, 4 g Fibres alimentaires, 14 g Protéines, 190 mg Calcium.

PORTION DONNE: 2 pain, 1 fruits/légumes, 1 protéines/lait, 40 calories en boni.

POINTS PAR PORTION: 5.

Pomme cuite au micro-ondes

1 PORTION

Carolyn Webb
Sault-Sainte-Marie, Ontario

Carolyn aime les desserts et particulièrement celui-ci. Elle en mange même pour le petit-déjeuner à l'occasion. Elle est convaincue qu'en commençant sa journée avec un plat « à la Weight Watchers », elle peut rester sur la bonne voie jusqu'au soir.

1 grosse pomme Granny Smith, évidée

175 ml (¾ tasse) de céréale de blé et d'orge

30 ml (2 c. à soupe) de jus de pomme

1 ml (¼ c. à thé) de cannelle moulue

0,5 ml (⅛ c. à thé) de piment de la Jamaïque moulu

0,5 ml (⅛ c. à thé) de cardamome moulue

50 ml (¼ tasse) de yogourt aux pommes et au caramel sans matières grasses sucré à l'aspartame

1. Vaporiser un plat de 500 ml (2 tasses) allant au micro-ondes avec de l'enduit anticollant. Mettre la pomme dans le plat.

2. Dans un petit bol, mélanger les céréales, le jus de pomme, la cannelle, le piment de la Jamaïque, la cardamome et 15 ml (1 c. à soupe) d'eau. Verser la préparation avec une cuiller dans la cavité et autour de la pomme. Couvrir et cuire 4 minutes à chaleur élevée au micro-ondes, jusqu'à ce qu'elle soit tendre. Laisser refroidir 10 minutes sur une grille.

3. Transvider la pomme et la préparation aux céréales sur une assiette. Napper de yogourt.

PAR PORTION: 473 Calories, 3 g Gras total, 0 g Gras saturé, 0 mg Cholestérol, 561 mg Sodium, 111 g Glucide total, 12 g Fibres alimentaires, 12 g Protéines, 144 mg Calcium.

PORTION DONNE: 1 pain, 2 fruits/légumes.

POINTS PAR PORTION: 7.

Croustade aux pommes et aux poires au micro-ondes

4 PORTIONS

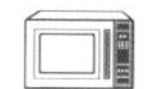

Mary Schilling
Cincinnati, Ohio

Mary est professeur au collège et animatrice Weight Watchers. Elle aime prendre ce dessert l'après-midi à l'heure de la collation. Il s'agit d'une version allégée d'une recette de sa mère.

- 2 pommes fermes (Empire ou autres), pelées, évidées, en fines tranches
- 2 poires, évidées, en fines tranches
- 125 ml (½ tasse) de flocons d'avoine à cuisson rapide
- 50 ml (¼ tasse) de cassonade légère bien tassée
- 45 ml (3 c. à soupe) de farine tout usage
- 5 ml (1 c. à thé) de cannelle moulue
- 1 ml (¼ c. à thé) de muscade râpée
- 20 ml (4 c. à thé) de margarine hypocalorique, froide, coupée en dés

1. Vaporiser un moule carré de 22,5 x 22,5 cm (9 x 9 po) allant au micro-ondes avec de l'enduit anticollant.

2. Mettre les pommes et les poires dans le moule. Couvrir avec un couvercle troué et cuire 6 minutes à chaleur élevée dans le micro-ondes en remuant une fois pendant la cuisson.

3. Pendant ce temps, dans un petit bol, mélanger l'avoine, la cassonade, la farine, la cannelle et la muscade. Avec un couteau à pâtisserie ou deux couteaux, couper la margarine dans les ingrédients secs jusqu'à formation de miettes grossières. Étendre uniformément sur la préparation aux fruits.

4. Cuire à découvert environ 6 minutes à chaleur élevée dans le micro-ondes, jusqu'à ce que les fruits soient tendres et que le dessus soit cuit.

PAR PORTION: 206 Calories, 3 g Gras total, 0 g Gras saturé, 0 mg Cholestérol, 51 mg Sodium, 44 g Glucide total, 4 g Fibres alimentaires, 3 g Protéines, 36 mg Calcium.

PORTION DONNE: 1 pain, 1 fruits/légumes, 1 matières grasses, 50 calories en boni.

POINTS PAR PORTION: 4.

Pouding crémeux au riz brun

8 PORTIONS

Karen Boden
Edberg, Alberta

Même si elle aime ce pouding réconfortant pour le petit-déjeuner, Karen le sert parfois comme dessert en le garnissant alors de quelques raisins secs.

1 litre (4 tasses) de lait écrémé

750 ml (3 tasses) de riz brun, cuit

2 œufs

30 ml (2 c. à soupe) de fécule de maïs

50 ml (¼ tasse) de cassonade légère bien tassée

5 ml (1 c. à thé) de cannelle moulue

10 ml (2 c. à thé) d'extrait de vanille

1. Dans une grande casserole à revêtement antiadhésif, amener à ébullition le lait et le riz en remuant au besoin. Réduire la chaleur et laisser mijoter à découvert, en remuant au besoin, environ 5 minutes, jusqu'à épaississement.

2. Dans un petit bol, battre les œufs légèrement. Ajouter la fécule de maïs et 75 ml (⅓ tasse) d'eau. Remuer pour obtenir une consistance onctueuse. Verser dans la préparation au riz et cuire, en remuant constamment, de 2 à 3 minutes, jusqu'à épaississement. Retirer du feu et incorporer la cassonade, la cannelle et la vanille. Laisser refroidir légèrement à la température ambiante. Servir chaud ou couvrir et mettre dans le réfrigérateur au moins 3 heures pour bien refroidir.

PAR PORTION: 181 Calories, 2 g Gras total, 1 g Gras saturé, 56 mg Cholestérol, 86 mg Sodium, 32 g Glucide total, 1 g Fibres alimentaires, 8 g Protéines, 173 mg Calcium.

PORTION DONNE: 1 pain, 1 protéines/lait.

POINTS PAR PORTION: 4.

Pouding au riz et au gingembre

2 PORTIONS

Carolyn Webb
Sault-Sainte-Marie, Ontario

Tellement crémeux, tellement satisfaisant et tellement bon pour la santé. Carolyn se sert une portion pour dessert et elle garde l'autre pour le petit-déjeuner du lendemain. Meilleur que n'importe quelle céréale en boîte!

- 50 ml (¼ tasse) de raisins secs
- 5 ml (1 c. à thé) de gingembre frais, pelé et râpé
- 1 ml (¼ c. à thé) de cannelle moulue
- 0,5 ml (⅛ c. à thé) de sel
- 0,5 ml (⅛ c. à thé) de piment de la Jamaïque moulu
- 250 ml (1 tasse) de riz brun à cuisson rapide
- 250 ml (1 tasse) de yogourt au citron sans matières grasses sucré à l'aspartame

Dans une casserole moyenne, mélanger les raisins secs, le gingembre, la cannelle, le sel et le piment de la Jamaïque avec 250 ml (1 tasse) d'eau. Amener à ébullition. Incorporer le riz et ramener à ébullition. Réduire la chaleur et laisser mijoter à couvert 5 minutes. Retirer du feu et remuer immédiatement. Couvrir et laisser reposer environ 5 minutes, jusqu'à ce que tout le liquide soit absorbé. Incorporer le yogourt. Servir chaud ou couvrir et mettre dans le réfrigérateur au moins 2 heures pour bien refroidir.

PAR PORTION: 286 Calories, 2 g Gras total, 0 g Gras saturé, 0 mg Cholestérol, 233 mg Sodium, 66 g Glucide total, 3 g Fibres alimentaires, 9 Protéines, 189 mg Calcium.

PORTION DONNE: 2 pain, 1 fruits/légumes.

Points par portion: 5.

Gâteau au fromage et au citron sans cuisson

8 PORTIONS

Leone Ottenbreit
Yorkton, Saskatchewan

Leone est mère de trois jeunes enfants et comme elle est très occupée, elle laisse son réfrigérateur faire la plus grande part du travail pour la préparation de ce gâteau. Quelle ruse!

- 1 sachet (4 portions de 125 ml/½ tasse) de préparation pour gelée au citron sans sucre
- 250 ml (1 tasse) d'eau bouillante
- 45 ml (3 c. à soupe) de jus de citron fraîchement pressé
- 1 contenant de 225 g (7 ½ oz) de fromage frais (sans sel ajouté)
- 125 ml (1/2 tasse) de sucre
- 5 ml (1 c. à thé) d'extrait de vanille
- 1 boîte de 341 ml (12 oz) de lait écrémé évaporé
- 45 ml (3 c. à soupe) de chapelure de graham

1. Dans un bol moyen, mélanger la préparation pour gelée et l'eau. Remuer environ 2 minutes, jusqu'à ce que la préparation pour gelée soit complètement dissoute. Incorporer le jus de citron et laisser refroidir légèrement à la température ambiante.

2. Dans le mélangeur ou le robot de cuisine, réduire en purée le fromage frais, le sucre et la vanille. Ajouter la préparation pour gelée et le lait. Réduire en purée en mélangeant bien. Verser la préparation dans un plat de cuisson en verre de 30 x 20 cm (12 x 8 po). Couvrir et laisser dans le réfrigérateur au moins 4 heures, jusqu'à ce que le dessert soit bien pris. Garnir de chapelure de graham.

PAR PORTION: 144 Calories, 3 g Gras total, 2 g Gras saturé, 12 mg Cholestérol, 191 mg Sodium, 22 g Glucide total, 0 g Fibres alimentaires, 8 g Protéines, 169 mg Calcium.

PORTION DONNE: 1 protéines/lait, 50 calories en boni.

POINTS PAR PORTION: 3.

Gâteau au fromage sans cuisson

8 PORTIONS

Emily F. Fritts
North Haven, Connecticut

Passionnée de jardinage, Emily fait toujours bon usage des fruits et des légumes qu'elle cultive. « Une poignée de framboises fraîchement cueillies ajoute une touche de couleur à ce beau gâteau », dit-elle.

- 15 ml (1 c. à soupe) de jus de citron fraîchement pressé
- 1 sachet de gélatine sans saveur
- 125 ml (½ tasse) de lait écrémé évaporé
- 50 ml (¼ tasse) de sucre
- 500 ml (2 tasses) de fromage cottage sans matières grasses
- 250 ml (1 tasse) de yogourt à la vanille sans matières grasses sucré à l'aspartame
- 30 ml (2 c. à soupe) de crème sure sans matières grasses
- 5 ml (1 c. à thé) d'extrait de vanille
- 0,5 ml (⅛ c. à thé) d'extrait d'amande
- 12 biscuits graham de 6 cm (2 ½ po), émiettés
- 375 ml (1 ½ tasse) de framboises fraîches (ou de fraises fraîches, en tranches)

1. Dans un petit bol, mélanger le jus de citron et 30 ml (2 c. à soupe) d'eau froide. Saupoudrer la gélatine sur le dessus et laisser ramollir 5 minutes.

2. Pendant ce temps, dans une petite casserole à feu doux, faire chauffer le lait et le sucre de 2 à 3 minutes, jusqu'à ce que le sucre soit dissous et que le lait soit chaud. Retirer du feu et incorporer la gélatine. Remuer jusqu'à ce que la gélatine soit complètement dissoute.

3. Dans le mélangeur ou le robot de cuisine, réduire en purée le fromage cottage, le yogourt, la crème sure, les extraits de vanille et d'amande et la gélatine. Verser dans un plat de cuisson en verre de 25 x 15 cm (10 x 6 po). Couvrir uniformément de chapelure de graham. Couvrir et mettre dans le réfrigérateur au moins 3 heures, jusqu'à ce que le gâteau soit ferme. Garnir de framboises fraîches.

PAR PORTION: 158 Calories, 1 g Gras total, 0 g Gras saturé, 6 mg Cholestérol, 303 mg Sodium, 25 g Glucide total, 1 g Fibres alimentaires, 11 g Protéines, 127 mg Calcium.

PORTION DONNE: 1 pain, 1 protéines/lait.

POINTS PAR PORTION: 3.

Oranges au chocolat dans une crème aux fraises

2 PORTIONS

Marsha Thomas
Reno, Nevada

Marsha est animatrice Weight Watchers et elle se surnomme elle-même « la dame aux recettes ». Voici ce qu'elle propose pour la Saint-Valentin. « Je voulais un dessert sensuel au goût de chocolat tout en respectant scrupuleusement mon Programme », écrit-elle. Qui a dit que romantisme et fidélité ne rimaient pas ensemble?

250 ml (1 tasse) de fraises

15 ml (1 c. à soupe) de sucre

15 ml (1 c. à soupe) de liqueur d'orange

15 ml (1 c. à soupe) de garniture à fouetter légère, congelée (10 calories par 15 ml/1 c. à soupe)

10 ml (2 c. à thé) de fécule de maïs

2 oranges navels, pelées et coupées en tranches de 0,6 cm (¼ po)

5 ml (1 c. à thé) de sirop de chocolat léger

Brins de menthe fraîche

1. Dans le mélangeur ou le robot de cuisine, réduire en purée les fraises, le sucre, la liqueur et la garniture à fouetter.

2. Dans une petite casserole, mélanger la fécule de maïs avec 45 ml (3 c. à soupe) d'eau froide. Incorporer la préparation aux fraises. Cuire à feu moyen, en remuant constamment, de 2 à 3 minutes, jusqu'à ébullition et épaississement. Retirer du feu et laisser refroidir légèrement. Couvrir et mettre dans le réfrigérateur 1 ou 2 heures pour bien refroidir.

3. Verser la crème aux fraises dans 2 assiettes à dessert. Garnir le dessus avec les tranches d'orange. Arroser avec le sirop de chocolat, garnir de menthe fraîche et servir.

PAR PORTION: 140 Calories, 1 g Gras total, 0 g Gras saturé, 0 mg Cholestérol, 5 mg Sodium, 31 g Glucide total, 5 g Fibres alimentaires, 2 g Protéines, 57 mg Calcium.

PORTION DONNE: 2 fruits/légumes, 70 calories en boni.

POINTS PAR PORTION: 2.

Fruits à la crème congelés

12 PORTIONS

Garnett L. Stickler
Kenova, Virginie-Occidentale

Garnett s'est laissée influencer par sa belle-mère pour fignoler cette recette rafraîchissante. « Une portion de ce dessert, c'est comme manger une banane royale », confie-t-elle.

- 50 ml (¼ tasse) de noix
- 2 bananes très mûres
- 500 ml (2 tasses) de crème sure sans matières grasses
- 1 boîte de 227 ml (8 oz) d'ananas broyés non sucrés (réserver le jus)
- 75 ml (⅓ tasse) de guimauves miniatures
- 50 ml (¼ tasse) de sucre
- 5 ml (1 c. à thé) d'extrait de vanille
- 6 cerises au marasquin, coupées en deux

1. Tapisser 12 moules à muffins de 7 cm (2 ¾ po) avec des moules en papier.

2. Mettre les noix dans le mélangeur ou le robot de cuisine et actionner le moteur à quelques reprises pour les hacher grossièrement. Ajouter les bananes et actionner le moteur pour bien mélanger. Ajouter la crème sure, les ananas, le jus d'ananas, les guimauves, le sucre et la vanille. Actionner le moteur pour bien mélanger.

3. Verser avec une cuiller 50 ml (¼ tasse) de cette préparation dans chaque moule. Mettre dans le congélateur au moins 2 heures pour bien raffermir. Laisser ramollir légèrement dans le réfrigérateur de 15 à 20 minutes. Garnir chaque portion avec une demi-cerise au marasquin.

PAR PORTION: 94 Calories, 2 g Gras total, 0 g Gras saturé, 0 mg Cholestérol, 28 mg Sodium, 16 g Glucide total, 1 g Fibres alimentaires, 3 g Protéines, 57 mg Calcium.

PORTION DONNE: 1 fruits/légumes, 50 calories en boni.

POINTS PAR PORTION: 2.

Tarte au citron septième ciel

8 PORTIONS

Laurie Rolan
Bloomfield, Ohio

Même si Laurie a perdu 54,5 kg (120 lb) grâce à Weight Watchers, elle n'a pas perdu pour autant son goût pour les desserts. Cette recette, qui est toujours bienvenue pendant l'été, l'aide à maintenir son poids tout en profitant des bonnes choses de la vie.

12 biscuits graham de 6 cm (2 ½ po)

20 ml (4 c. à thé) de margarine hypocalorique, froide

1 sachet (4 portions de 125 ml / ½ tasse) de préparation pour gelée au citron sans sucre

125 ml (½ tasse) d'eau bouillante

1 sachet (4 portions de 125 ml / ½ tasse) de préparation pour pouding à la vanille hypocalorique

500 ml (2 tasses) de yogourt au citron sans matières grasses sucré à l'aspartame

250 ml (1 tasse) de lait écrémé

250 ml (1 tasse) de yogourt nature sans matières grasses

1. Préchauffer le four à 180 °C (350 °F). Vaporiser une assiette à tarte de 22,5 cm (9 po) avec de l'enduit anticollant. Dans le mélangeur ou le robot de cuisine, réduire les biscuits en fines miettes. Ajouter la margarine. Actionner le moteur jusqu'à ce que les ingrédients soient humectés. Presser la préparation au fond et sur les côtés de l'assiette à tarte. Cuire au four de 6 à 8 minutes, jusqu'à ce que la croûte brunisse. Laisser refroidir complètement sur une grille.

2. Dans un petit bol, mélanger la préparation pour gelée et l'eau. Remuer environ 2 minutes, jusqu'à ce que la préparation pour gelée soit complètement dissoute. Laisser refroidir légèrement à la température ambiante.

3. Dans un grand bol, avec le batteur à main à vitesse moyenne, battre ensemble la préparation pour pouding, 250 ml (1 tasse) de yogourt au citron, le lait et le yogourt nature. Ajouter la préparation pour gelée dissoute et bien mélanger.

4. Verser la préparation dans la croûte refroidie. Couvrir et mettre dans le réfrigérateur au moins 8 heures, jusqu'à ce que la tarte soit ferme. Couper en 8 pointes. Napper chaque portion avec 30 ml (2 c. à soupe) du yogourt au citron restant.

PAR PORTION: 122 Calories, 2 g Gras total, 0 g Gras saturé, 1 mg Cholestérol, 345 mg Sodium, 19 g Glucide total, 0 g Fibres alimentaires, 6 g Protéines, 184 mg Calcium.

PORTION DONNE: 1 pain.

POINTS PAR PORTION: 3.

Parfait au tapioca et aux fraises

6 PORTIONS

Marion Timmons
Lower Sackville, Nouvelle-Écosse

Marion ne cache pas qu'il s'agit de l'un de ses desserts favoris. Elle aime varier la recette de temps en temps en remplaçant les fraises par d'autres fruits (les bleuets font parfaitement l'affaire) ou de la compote de pomme non sucrée rehaussée d'une pointe de muscade.

- 750 ml (3 tasses) de lait écrémé
- 60 ml (4 c. à soupe) de sucre
- 45 ml (3 c. à soupe) de tapioca à cuisson rapide
- 1 blanc d'œuf, légèrement battu
- 5 ml (1 c. à thé) d'extrait de vanille
- 750 ml (3 tasses) de fraises, équeutées et coupées en tranches
- Brins de menthe fraîche

1. Dans une grande casserole à revêtement antiadhésif, mélanger le lait, 30 ml (2 c. à soupe) de sucre, le tapioca et le blanc d'œuf. Cuire à feu moyen, en remuant constamment, de 5 à 6 minutes, jusqu'à ébullition et épaississement. Retirer du feu et incorporer la vanille. Couvrir et mettre dans le réfrigérateur au moins 2 heures pour bien refroidir.

2. Dans un petit bol, mélanger les fraises et le sucre restant (30 ml/2 c. à soupe). Couvrir et mettre dans le réfrigérateur de 1 à 2 heures pour bien refroidir.

3. Dans 6 verres à parfait, faire alterner une couche de préparation au tapioca et une couche de fraises (faire 2 couches de chacun). Garnir de menthe fraîche et servir immédiatement.

PAR PORTION: 121 Calories, 1 g Gras total, 0 g Gras saturé, 2 mg Cholestérol, 96 mg Sodium, 24 g Glucide total, 2 g Fibres alimentaires, 5 g Protéines, 162 mg Calcium.

PORTION DONNE: 1 fruits/légumes, 60 calories en boni.

POINTS PAR PORTION: 2.

Tarte aux fraises et au yogourt

6 PORTIONS

Dawn Reed
Meriden, Kansas

« Ma mère nous faisait cette recette pour nous rafraîchir pendant l'été, écrit Dawn. C'est un bon dessert qui peut aussi être servi comme récompense à la fin de la journée et il a le mérite de plaire autant aux adultes qu'aux enfants. »

- 280 ml (1 tasse + 2 c. à soupe) de chapelure de graham
- 30 ml (2 c. à soupe) de margarine dure sans sel, fondue
- 375 ml (3 tasses) de yogourt aux fraises sans matières grasses sucré à l'aspartame
- 125 ml (½ tasse) de garniture à fouetter légère, congelée
- 375 ml (3 tasses) de fraises, grossièrement hachées

1. Préchauffer le four à 180 °C (350 °F). Vaporiser de l'enduit anticollant dans une assiette à tarte de 22,5 cm (9 po).

2. Dans un bol moyen, mélanger les miettes de biscuits et la margarine jusqu'à ce que le tout soit uniformément humecté. Presser la préparation au fond et sur les côtés de l'assiette à tarte. Cuire au four environ 8 minutes, jusqu'à ce que la croûte brunisse légèrement. Laisser refroidir 15 minutes sur une grille.

3. Pendant ce temps, dans un grand bol, fouetter le yogourt et la garniture à fouetter jusqu'à consistance onctueuse. Incorporer les fraises. Verser dans la croûte et mettre dans le congélateur environ 3 heures, jusqu'à ce que la tarte soit ferme.

PAR PORTION : 211 Calories, 6 g Gras total, 1 g Gras saturé, 0 mg Cholestérol, 206 mg Sodium, 32 g Glucide total, 3 g Fibres alimentaires, 6 g Protéines, 186 mg Calcium.

PORTION DONNE : 1 pain, 1 fruits/légumes, 1 matières grasses.

POINTS PAR PORTION : 4.

Sorbet aux fraises

8 PORTIONS

Donna Hill
New York, New York

Puisqu'il est maintenant facile d'acheter des fraises fraîches à n'importe quel moment de l'année, on ne peut résister à la tentation de manger ce sorbet quand on en a envie. Pas besoin de sorbetière pour le préparer et on peut conserver les restes au congélateur pendant un mois!

- 1,5 litre (6 tasses) de fraises, équeutées et lavées
- 125 ml (½ tasse) de sucre très fin
- 50 ml (¼ tasse) de jus de citron fraîchement pressé
- 30 ml (2 c. à soupe) de liqueur de fraise
- Brins de menthe fraîche

1. Dans le mélangeur ou le robot de cuisine, réduire en purée les fraises, le sucre, le jus de citron et la liqueur. Verser la préparation dans un plat de cuisson en verre de 30 x 20 cm (12 x 8 po). Couvrir et mettre dans le congélateur environ 2 heures, jusqu'à ce que la préparation commence à congeler sur les côtés (environ 2,5 cm/1 po tout autour). Avec un fouet, battre de 1 à 2 minutes pour briser les gros cristaux. Couvrir et remettre dans le congélateur au moins 3 heures, jusqu'à ce que le sorbet soit ferme.

2. Laisser ramollir légèrement dans le réfrigérateur pendant 20 minutes. Garnir de brins de menthe fraîche et servir.

PAR PORTION: 95 Calories, 0 g Gras total, 0 g Gras saturé, 0 mg Cholestérol, 1 mg Sodium, 22 g Glucide total, 3 g Fibres alimentaires, 1 g Protéines, 17 mg Calcium.

PORTION DONNE: 1 fruits/légumes, 60 calories en boni.

POINTS PAR PORTION: 1.

Bagatelle tropicale

16 PORTIONS

Stella A. Spikell
Boardman, Ohio

Les invités de Stella savent qu'elle ne les privera pas de dessert même si elle suit son Programme Weight Watchers à la lettre. S'ils sont particulièrement privilégiés, ils se verront offrir ce délice voluptueux.

50 ml (¼ tasse) d'amandes tranchées non mondées

15 ml (1 c. à soupe) de noix de coco râpée non sucrée

1 sachet (4 portions de 125 ml/½ tasse) de préparation pour pouding à la vanille hypocalorique

500 ml (2 tasses) de lait écrémé

15 ml (1 c. à soupe) de zeste d'orange, râpé

500 ml (2 tasses) de garniture à fouetter légère, congelée

1 gâteau des anges de 300 g (10 oz), coupé en cubes de 5 cm (2 po)

250 ml (1 tasse) de jus d'orange

1 boîte de 568 ml (20 oz) de petits morceaux d'ananas non sucrés, égouttés

1 boîte de 325 ml (11 oz) de quartiers de mandarine, égouttés

1. Dans une grande poêle à revêtement antiadhésif, griller les amandes 2 minutes en remuant constamment. Ajouter la noix de coco et griller légèrement en remuant constamment pendant 2 minutes. Transvider dans un plat résistant à la chaleur.

2. Préparer le pouding avec le lait en suivant les instructions inscrites sur l'emballage. Incorporer le zeste d'orange et 250 ml (1 tasse) de garniture à fouetter.

3. Mettre le tiers des cubes de gâteau dans un bol de verre de 2 ou 3 litres (2 ou 3 pintes). Arroser avec un tiers du jus d'orange. Étendre le tiers du pouding par-dessus et recouvrir avec le tiers des ananas et des mandarines. Répéter les couches deux autres fois.

4. Étendre la garniture à fouetter restante (250 ml/1 tasse) sur le dessus. Couvrir et mettre au réfrigérateur au moins 2 heures. Juste avant de servir, garnir avec le mélange d'amandes et de noix de coco grillées.

PAR PORTION: 129 Calories, 2 g Gras total, 1 g Gras saturé, 1 mg Cholestérol, 231 mg Sodium, 25 g Glucide total, 1 g Fibres alimentaires, 3 g Protéines, 76 mg Calcium.

PORTION DONNE: 1 fruits/légumes, 80 calories en boni.

POINTS PAR PORTION: 3.

Tartelettes tropicales

6 PORTIONS

Rebecca Raiewski
Petaluma, Californie

« Je ne peux résister aux desserts crémeux et savoureux et voici une recette qui me satisfait toujours », dit Rebecca. Pendant l'été, elle varie les ingrédients en utilisant plutôt des fraises fraîches et du yogourt aux fraises.

2 pêches ou nectarines, coupées en dés
250 ml (1 tasse) de yogourt à la mangue et à l'abricot sans matières grasses
50 ml (¼ tasse) de garniture à fouetter légère, congelée
6 fonds de tartelettes aux biscuits graham
Brins de menthe fraîche

Dans un bol moyen, mélanger les pêches et le yogourt. Incorporer délicatement la garniture à fouetter. Verser environ 75 ml (⅓ tasse) de préparation aux pêches dans chaque fond de tartelette. Couvrir et mettre dans le réfrigérateur au moins 2 heures pour bien refroidir. Garnir de brins de menthe fraîche et servir.

PAR PORTION: 150 Calories, 7 g Gras total, 2 g Gras saturé, 0 mg Cholestérol, 134 mg Sodium, 18 g Glucide total, 1 g Fibres alimentaires, 3 g Protéines, 63 mg Calcium.

PORTION DONNE: 1 pain, 1 matières grasses.

POINTS PAR PORTION: 3.

Index

TABLE DES MATIÈRES

Achevé d'imprimer au Canada
en mai 2005
sur les presses des Imprimeries Transcontinental Inc.